四川外国语大学重庆非通用语学院

非通用语研究

（第一辑）

FEITONGYONGYU
YANJIU

刘忠政·主编

时事出版社
北京

图书在版编目（CIP）数据

非通用语研究．第一辑/刘忠政主编．—北京：时事出版社，2020.12
ISBN 978-7-5195-0392-5

Ⅰ．①非…　Ⅱ．①刘…　Ⅲ．①外语教学—教学研究　Ⅳ．①H09

中国版本图书馆 CIP 数据核字（2020）第 261081 号

出 版 发 行：时事出版社
地　　　址：北京市海淀区万寿寺甲 2 号
邮　　　编：100081
发 行 热 线：（010）88547590　88547591
读者服务部：（010）88547595
传　　　真：（010）88547592
电 子 邮 箱：shishichubanshe@sina.com
网　　　址：www.shishishe.com
印　　　刷：北京朝阳印刷厂有限责任公司

开本：787×1092　1/16　印张：17.25　字数：265 千字
2020 年 12 月第 1 版　2020 年 12 月第 1 次印刷
定价：98.00 元

本书是“重庆市高校国际化人文特色非通用语项目”系列成果之一

《非通用语研究》编委会

卷首语 Foreword

四川外国语大学重庆非通用语学院是学校紧紧围绕习近平总书记对重庆提出的“两点”定位、“两地”“两高”目标和“四个扎实”要求，着眼于非通用语国际化人文特色，于2018年9月成立的学院。学院践行“外语+”理念，实行“非通用语+通用语”“非通用语+专业”“非通用语+国别研究”的人才培养路径，推动教学科研复合、理论实践复合、产学研用复合，培养复合型、应用型、国际化非通用语精英人才。学院采用复语（非通用语+英语）、复专业［非通用语+外交学、新闻学（国际新闻）、法学（国际经济法）、国际经济与贸易或汉语国际教育］培养模式，并实行“2+1+1”培养方式，学生在第三年有机会通过申请国家留学基金管理委员会项目资助，前往非通用语对象国交流学习。

随着对外开放的持续实施，中国的海外利益与人员在世界逐步扩展开来，急需大量非通用语人才处理对象国相关事务。鉴于此，相关高校纷纷组建非通用语专业，大力培养复合型非通用语人才。然而，国内非通用语研究尚处于起步阶段，亟须专门的非通用语研究平台，支撑非通用语学科专业建设、人才培养和学术研究，学校据此创设《非通用语研究》。从2020年起，《非通用语研究》的研究成果将每年出版一辑，以飨读者。

《非通用语研究》内容包括非通用语语言研究、非通用语文学研究、非通用语翻译研究、非通用语国别区域研究、非通用语跨文化研究、非通用语教育教学研究等板块。

刘忠政
四川外国语大学重庆非通用语学院院长
中国语言教育研究会理事
中国教育学会教学论专业委员会理事
重庆市教育学会教学论专业委员会副理事长
《非通用语研究》主编
2020 年 7 月 25 日

目录 CONTENTS

非通用语语言研究

非通用语文学研究

非通用语翻译研究

非通用语国别区域研究

非通用语跨文化研究

非通用语教育教学研究

非通用语语言研究

基于语料库及认知语言学理论的语义研究及教学

——以韩语的"모습"一词为例

谢　华*

摘　要： 词汇教学是外语教学的重中之重。传统的词汇教学存在在释义上过于依赖词典，对多义词各个词义之间的联系缺乏说明的问题。本文以韩语的多义词"모습"为例，探索了如何使用语料库里丰富的语料资源对词语的语义进行核实、整理，运用认知语言学中的原型范畴理论及隐喻、转喻、图式模型等对多义词各个词义之间的语义关系进行说明，从而帮助学生更加轻松地掌握多义词的各个含义，正确地运用词语。

关键词： 语料库；认知语言学；原型范畴理论；隐喻；转喻；图式模型；모습

一、引言

词汇教学在整个外语教学中的重要性不言而喻，然而传统的外语教学存在诸多问题，妨碍了学生高效、准确地掌握词语。这些问题表现为：第一，在释义上过于依赖词典，尤其是双语词典。大多数双语词典上的解释

---

* 谢华，女，1980 年生，博士，副教授。主要研究方向：朝鲜语（韩国语）语言学。

是给出汉语固定的对应词，然而完全对等的释义是不存在的，这样的释义及教学会给学生带来很大的误导。即便是使用外语原语词典帮助释义，也需要经过核实和推敲，因为有时这些词典当中也存在问题，甚至会有错误释义及遗漏语义的现象。① 第二，缺乏对多义词的各个语义之间联系的说明。孤立地解释一个多义词的各个含义，很少强调词义间的内在联系。从认知的角度来讲，语言本身就是大脑在和世界的交互过程中产生的，语言的产生及发展过程本质上就是一个人类通过大脑认知世界的过程。多义词的词义扩展同样存在这样的认知共性。对多义词的各个词义之间的联系缺乏解释，以致学生只能死记硬背一个词里面的多个含义，不利于提高外语学习效率。

针对外语词汇教学中存在的这些问题，我们可以借助语料库及认知语言学的理论来解决。首先，我们可以使用语料库中丰富的资源对词汇的词典释义进行对照、分析、整理，更正词典中的错误解释，补充漏掉的部分，进而整理出正确的语义。此外，我们可以用认知语言学中的理论对多义词的各个词义之间的关系进行较为合理的说明。

二、认知语言学理论在词汇研究及教学中的应用

（一）认知语言学

认知语言学兴起于20世纪80年代，是认知科学发展的产物。传统的语言学认为语言符号直接反映了客观世界的客观意义。然而，随着语言及认知科学的发展，人们逐渐认识到，语言不能直接反映客观世界，而是加上了人们对客观世界的主观认识，语言是认知对世界重组的结果（赵艳芳，周红2000：53）。

认知语言学的哲学基础是体验哲学，包括心智的体验性、认知的无意识性、思维的隐喻性。其中，心智的体验性认为，我们的范畴、概念、推理和心智并不是外部现实客观的、镜像的反映，而是由我们的身体经验特

① 谢华（2009，2017，2019）在对韩语中的性状名词的语义进行研究时，发现词典中有遗漏语义的现象，“모습”就是其中一词。

别是感觉运动系统形成的。我们推理的最基本形式依赖于空间关系概念，身体、大脑与环境的互动提供了日常推理的认知基础。体验哲学认为，大部分的抽象概念都是通过隐喻来建构的，又是基于身体经验的。认知的无意识性是指人的心智中的所思所想是没有知觉的，大部分推理也不能被意识到。思维的隐喻性是指隐喻是人类认识世界的思考，是人类所有思维的特征。隐喻使我们能够正确理解抽象概念域，将我们的知识扩展到新的领域（王寅 2002b：83－84）。

近年来，认知语言学的研究方法论逐渐在语言学各个领域的研究中显示出较强的说服力。认知语言学中比较重要的概念有范畴、原型范畴理论、隐喻、转喻、图式等。

（二）原型范畴理论

范畴化是人类的思考、感知、行动及语言生活中最重要、最基本的活动（Lakoff 1987：5）。范畴化是范畴和概念形成的基础，范畴和概念是范畴化的结果。关于范畴的基本理论有两个，即传统的经典范畴理论及原型范畴理论。①

传统的经典范畴理论始于亚里士多德，直至20世纪中期一直被各学科领域广泛使用。经典范畴理论认为，一个范畴的成员应满足该范畴的必要充分条件；范畴的界限应清晰、明确；一个范畴内的所有成员具有同等的地位。经典范畴理论在定义数学、物理、化学等自然科学领域的概念时是非常有用的（王寅 2002a：98－99）。然而，并不是所有的范畴都是这样的。

原型范畴理论则是针对经典范畴理论的缺陷建立起来的理论。原型范畴理论认为一个范畴之中的所有成员并不具备同样的特征。各成员之间存在一定的家族相似性。范畴的界限是模糊的，范畴内的成员间的地位也不是等同的。原型范畴认为一个范畴之中都会有原型（或典型）和非原型（或非典型）成员，人们在建立或理解一个范畴时，常以“原型”为基准

① 王寅（2005）将Langacker及Taylor借着图式来实现范畴化的方式视为第三种范畴理论，即图式范畴理论，他认为图式范畴理论是在原型范畴理论的基础上发展起来的。

或“认知参照点”来识别其他成员。[①] 这种原型范畴不仅存在于自然事物或色彩之中，也存在于语言学的音韵、构词、语法之中（Lakoff 1987）。

一个词的语义就构成一个语义范畴，这个范畴更接近原型范畴。每个语义之间的地位也不都是平等的，有的语义是非常典型的凸显的语义，我们可以将其称为“原型语义”；而有的语义则是从“原型语义”中扩展出来的，不能成为这个语义范畴的典型成员。因此，我们可以用原型范畴理论来对词汇的语义范畴进行解释。

（三）隐喻与转喻

隐喻（metaphor）与转喻（metonomy）原本是文学、修辞学中的概念。然而，以 Lakoff 和 Johnson 为首的认知语言学家们却认为隐喻不仅是一种语言现象，更是一种系统的认知现象，是我们概念系统的一部分，是人类最基本的认知方式之一。

Lakoff & Johnson（1980：7）将隐喻分为三类：结构隐喻（structural metaphor）、方位隐喻（orientational metaphor）和本体隐喻（ontological metaphor）。结构隐喻如“TIME IS MONEY”，根据这一概念，就会出现诸如“You are wasting my time.”“It cost me two hours.”“How do you spend your time?”等一系列表达。方位隐喻是用例如“上下”“内外”“前后”“中心—边缘”等表达方位的概念来组织另外一种概念系统。例如“HAPPY IS UP，SAD IS DOWN”，就会出现如“You're in high spirits.”“I'm feeling up/down.”“My spirits sank.”等表达。本体隐喻包括实体隐喻和容器隐喻。其中，实体隐喻把事件、活动、情感、想法等视为实体和物质；容器隐喻则把一些陆地区域、视野、事件、行为、活动和状态等视为容器。

认知语言学对转喻的研究也始于 Lankoff & Johnson（1980）。Lankoff & Johnson（1980：35）认为转喻是利用一个实物来指示另一个实物。前期的认知语言学研究认为隐喻是认知的主要方式，转喻只起辅助作用，然而

① 对于原型（prototype），各个学者有着不同的见解。Rosch（1973，1975）认为“原型”是一个范畴内具体的、典型的、样本性的代表。而 Lakoff（1987）、Ungerer & Schimid（1996）、Taylor（1989，1995，2003：59）却将原型理解为范畴的概念核心的图式表征。

Kövecses & Radden（1998）、Radden & Kövecses（1999）、Kövecses（2002）却将转喻看成比隐喻更为基本的认知方式。

隐喻与转喻这两个概念不仅对语法结构、历史语义学等研究有很大的帮助，在多义词的相关研究中也有广泛的应用（Kövecses 2002：214）。国内外使用隐喻与转喻来对多义词进行研究的成果也有很多。Kövecses（2002：214）就使用隐喻与转喻的概念对英语“climb”和“love”一词的多个语义间的关系做出解释。

（1）a. The monkey climbed up the pole.（猴子爬上了柱子。）

b. The prices are climbing up.（价格在攀升。）

c. She is climbing the corporate ladder.（她正努力在公司里升职。）

（2）a. I was overwhelmed by love.（我被爱所征服。）

b. The love between them is strong.（他们之间的爱很强烈。）

c. Come here，love.（过来，我所爱的。）

（1a，b，c）中的“climb”分别表示“爬”“攀升”“升职”。Kövecses（2002：214）指出，（1a）中的含义为原型语义，而（1b）中价格的“攀升”是根据“MORE IS UP”这个隐喻产生的，（1c）中的“升职”则是根据“A CAREER IS AN UPWARD JOURNEY”这个结构隐喻生成的。（2a，b，c）中的“love”分别表示“强烈的情感”“相爱的关系”及“所爱的人”。其中（2a）为“love”的原型语义，（2b）中的“love”则是由“相爱的强烈情感”来代替“由这种相爱的情感产生的关系”的转喻产生的，（2c）中的“所爱的人”也是由用原型语义“相爱的强烈情感”来代替“这种强烈情感的对象”的转喻形成的。

（四）Langacker 的图式模型

图式模型是 Langacker（1987，2000，2008）在解释范畴化方式时采用的一种模型。Langacker（2000：102）认为同属于某一范畴内的语义［A］之所以能扩展到语义（B），是因为二者之间存在某种抽象的共性，并将这种共性称为图式（schema）。他认为语义的扩展具有伴随着图示化的倾向,① 并将这种语义扩展的方式表述为图1—1。

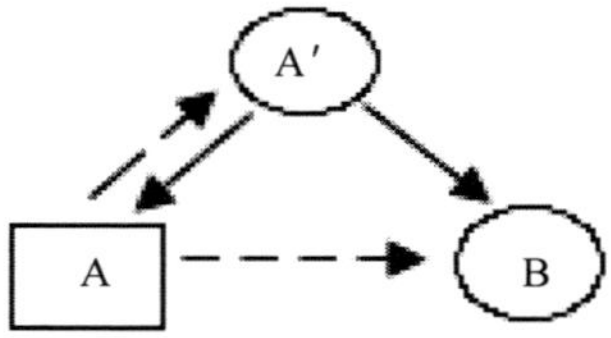

图1—1　语义的扩展

资料来源：Langacker（2000：102）。

该图中的［A］是原型语义，（B）为［A］的扩展语义，与语义［A］相似。（A′）是基于［A］与（B）的共性的抽象图式。［A］与（B）之间用带箭头的虚线连接，表示语义的扩展；（A′）与［A］及（B）之间用带箭头的实线连接，表示［A］与（B）都是（A′）的例示。

原型语义通过扩展及抽象图式产生了很多语义，形成一个复杂的“网”（net），Langacker将其称为“图式网”，如图1—2所示。我们在整理多义词间的复杂关系时，可以使用图式网模型。

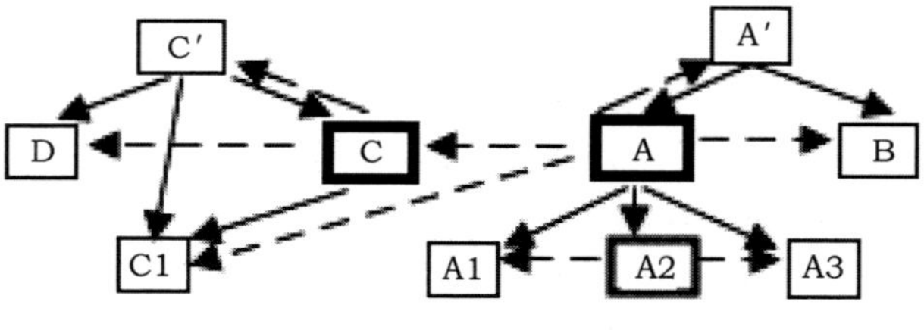

图1—2　图式网模型

资料来源：Langacker（2000：103）。

① Langacker（2000：102）认为范畴化有语义扩展及实例化两种方式。在同一个范畴之内的语义［A］能在语义（B）中被认识到，则二者具有例示的关系。（B）为［A］的例示（例如，“水果”和“苹果”）。如果二者的意义有明显的差异，则认为其关系为语义扩大（例如，英语的“mouse”所具有的“老鼠”与“鼠标”这两个语义）。

三、韩语“모습”的语义研究及教学

(一) 基于语料库资料对“모습”的语义进行核实、整理

在对“모습”的语义进行核实、整理时，首先对词典里的解释进行考察，然后根据从《21 세기 세종계획 최종성과물（수정판)》[《21 世纪世宗计划最终成果（修正版)》] 的语料库中检索到的例句再对其进行核对、修改。

让我们来看一下“모습”的词典释义。① 下面的（3）为韩语“모습”在韩国的《标准国语词典》及《高丽韩国语大辞典》中的解释及相关例句。②

（3）① 사람의 생긴 모양.

人的长相。

a. 웃는 모습.

笑的样子。

b. 엄마의 모습을 쏙 빼닮은 아기.

长得很像妈妈的孩子。

② 사물, 자연, 사회 따위의 겉으로 나타난 모양.

事物、自然及社会等的外在样子。

c. 깨끗이 정돈된 사무실의 모습.

整理得干净有序的办公室的样子。

d. 한겨울 지리산의 모습은 정말 아름다웠다.

冬天的智异山的样子真是非常美。

e. 조국의 발전된 모습.

祖国发展的景象。

---

① 韩汉/朝汉双语词典中对“모습”的解释基本可以整理为：（1）长相、相貌、面貌；（2）样子、形象、景象；（3）身影、照面。Naver 的韩中词典则是在汉语的对应词语后面添加了韩语的解释。如前文所述，这样单纯地给出对应词的方式很难让学生正确地掌握词语的含义。

② 中文译文为笔者为了帮助读者理解而添加上去的。

f. 그는 아들 녀석이 아장아장 걷는 모습을 보고 기뻐했다.
他看到小儿子蹒跚走路的样子非常高兴。

③ 어떤 것이 남기고 간 자취나 흔적.
一些东西留下的痕迹或踪迹。

g. 연쇄 살인범이 모습을 감춘지 두 달이 지났다.
连环杀人犯销声匿迹两个多月了。

h. 길의 어느 곳에서도 그들의 모습은 보이지 않았다.
在路上的任何一处都看不到他们的踪迹。

i. 그는 그 성터에서 고구려의 옛 모습을 찾고 싶었다.
他想要在那个城墙遗址上找到高句丽过去的影子。

j. 순영에게서 더 이상 어린 소년일 적의 모습은 찾아볼 수 없었다.
在顺英的身上再也找不到年少时的模样了。

首先看“모습”的第一个词典解释:“사람의 생긴 모양（人的长相)。”例句（3b）中的“모습”是指人的长相，但例句（3a）“웃는 모습（笑的样子)”并不是指长相，而是指表情。谢华（2015：207）曾指出“모습”除了表示人的长相之外，还表示人的表情及衣着等外貌。因此，我们可以试着将词典的第一个语义修改为“사람이 생긴 모양 및 표정, 옷 차림의 모양.（人的长相、表情及衣着等外貌)”。这类例句在语料库中检索出许多，下面的例句（4）是其中的一部分。

（4）a. 그들은 파리에서 짧게 자른 내 머리 모습이 별난지 모두 나를 돌아보았다.
不知道是不是因为觉得我在巴黎剪的短发很特别，都回头看我。

b. 머리를 묶고 얼굴을 전부 드러낸 그녀의 모습을, 그는 처음 보았다.
她把头发扎起露出整个脸的样子，他还是第一次见。

c. 거울 속의 내 얼굴 모습을 찬찬히 살펴보았다.
我慢慢地看了镜子里我的脸（的样子)。

d. 그녀의 활짝 웃는 모습이 머리에 떠올랐다.

我脑海当中浮现出她灿烂的笑容。

e. 반시간 후에 그 녀가 모습을 달리해서 대학생으로 변신했다.

半个小时之后她换了装束，变成大学生。

f. 앞치마 두른 모습 마치 주부 같아 보였다.

扎着围裙的样子，像个主妇。

再看词典的第二个语义为“사물，자연，사회 따위의 겉으로 나타난 모양（事物、自然及社会等的外在样子）”，例句（3c～f）是字典当中列出的例句，其中（3c）中的“모습”用来描写办公室整洁的样子，（3d）描述的是智异山冬天的景象，（3e）描述的是“祖国”蓬勃发展的景象。然而，（3f）中“아장 아장 걷는 모습”描写的儿子摇摇摆摆走路的样子却不属于词典中第二条解释中的任何一个语义，既不是事物的样子，也不是自然的景象，更不是社会的景象。因此，该例句放到这里不恰当。

此外，第二条语义太过于概括，对于解释及理解语义的变化方向不利。事物与自然的面貌能够用人的肉眼直接看到，较为具体，而社会的景象则属于较为抽象的。因此，谢华（2015：208）将第二条语义分为两条，即“자연이나 구체적인 사물의 겉으로 나타난 모양（自然及具体事物的外在样子）”以及“추상적인 사물의 겉으로 나타난 모양（抽象事物的外在表象）”。具有这两个语义的“모습”在语料库中也检索出很多，部分例子如下面的（5）（6）：

（5）자연이나 구체적인 사물의 겉으로 나타난 모양.

自然及具体事物的外在样子。

a. 사람들은 헐벗은 산의 모습 을 보면서, 저 산은 처음부터 나무가 없는 산이라고 생각한다.

人们见到山光秃秃的（样子），以为那山原来就没有树呢。

b. 우리가 지금 보고 있는 저 별은 지금의 모습이 아니라 몇 천 년 전의 모습일수도 있다.

我们现在所看到的那颗星星，也可能不是它现在的样子，而是它几千年前的样子。

c. 국토의 모습 의 일부가 만들어졌다.

国土的一部分（样子）成型了。

（6）추상적인 사물의 겉으로 나타난 모양.

抽象事物的外在表象。

a. 그는 이 책에서 국경 없는 세계경제의 모습, 영어의 위력 등을 설명했다.

他在这本书中对没有国界的经济景象及英语的威力等进行了说明。

b. 이들이 일으킨 ‘스캔들’에 당시 사회와 문화의 모습이 보인다.

从他们所引发的“丑闻”中能够窥见当时社会及文化的景象。

c. 내수와 수출이 균형 있게 증가하는 모습을 보이고 있다.

内需及出口呈现均衡增长之势。

那么，上文提到的（3f）中的“모습”该怎样处理呢？这样的例子在语料库中也发现了不少，其中一部分如例句（7），我们可以为这类例句中的“모습”设置一个新的语义，即“어떤 장면과 동작의 모양（某种场景或动作的样子）”（谢华 2015：208）。

（7）어떤 장면과 동작의 모양.

某种场景或动作的样子。

a. 이 사진은 우주비행사들이 우주선에 올라가는 모습을 보여준다.

这张照片向我们展示了宇航员们登上宇宙飞船的场景。

b. 연예인들이 자연스럽게 서로 얘기를 나누는 모습이 가끔 눈에 띈다.

偶尔能够看到演艺界的明星们自然地交谈的场面。

c. 병수씨는그저 뚝방 동네를 빌빌 다니면서 살아가는 주민들의 모습을 쳐다본다.

炳洙只是在堤坝一带转悠，看居民们生活的景象。

下面，我们一起来考察一下词典中的第三个语义“어떤 것이 남기고 간 자취나 흔적（一些东西留下的痕迹或踪迹）”。例句（3g，h）是《标准国语大辞典》中的例句，（3i，j）是《高丽韩国语词典》中的例句。然而，

我们仔细观察就会发现，这样的例句里面的含义并不是痕迹或踪迹。这些例句中的“모습”虽然可以用“자취（踪迹）”“흔적（痕迹）”来代替，但是并不能就将它们解释为“痕迹”和“踪迹”。谢华（2015：209，2017：94－95）曾指出，即使是发现了人（“杀人犯”或“他们”）留下来的痕迹（脚印，或诸如他们的一些物件）等，但却没有找到杀人犯时，仍旧可以说“살인범/그들이 모습을 감춘다/모습이 보이지 않았다”，因此不能将例句（3g，h）中的“모습”解释为“어떤 것이 남기고 간 자취나 흔적（一些东西留下的痕迹或踪迹）”，而应理解为借着人的外貌来指代这个人。这就是前面我们提到的认知语言学中的转喻。这样的例句在语料库中也检索出很多，其中一部分例句如下：

（8）a. 어제 동창회 모임에서 혁진의 모습이 보이지 않았다.
昨天同学会没有看到革镇的身影（样子）。
b. 그녀가 남편과 데이트를 시작할 때 둘은 나란히 교회에 모습을 나타냈다.
她和丈夫交往的时候，两个人曾经一起在教会露过面（样子）。
c. 그녀의 모습이 어둠 속으로 사라졌다.
她的身影（样子）消失在黑暗之中。

让我们再来看看（3i，j）例句中的“모습”。它在（3i）中表示的是高句丽从前的样子，在（3j）中则表示的是顺英年少时的模样。谢华（2015：209，2017：95）指出，之所以将这两个例句中的“모습”理解为“一些东西留下的痕迹或踪迹”，是因为“모습”前面的修饰词“옛（从前）”及“어린 소년일 적의（年少时候）”，排除这些修饰成分的干扰，这里的“모습”只不过是前面提到的“人的长相”及“具体事物的样子”而已，并不是痕迹或踪迹。

然而，从语料库检索出的很多例句中的“모습”不能归入上述根据字典所整理的任何一种语义之下。例如：

（9）a. 각 팀은 한국 팀의 달라진 모습에 모두 혀를 내두르고있다.
各队都对韩国队发生的惊人变化感到震惊。
b. 나는 앞으로 새로운 모습을 보여주어야겠다는 마음을 먹

었다.

我决心以后一定展现一个全新的面貌。

c. 나는 안락함에 대해 회의하는 내 모습을 보여주기 위해 폭음을 한다.

我狂饮，以表现我对安逸的怀疑。

（10）a. 10대들이 원하는 엄마의 모습.

十几岁孩子想要的理想型妈妈。

b. 그가 우리에게 고독한 킬러의 모습을 보여줄 것이다.

他将要向我们展示一个孤独的杀手的形象。

c. 정말 왜 이러는데? 내가 알고 있던 강신애의 모습이 아니잖아.

你怎么这样？这不是我认识的姜信爱啊。

（9）中的“韩国队变化的面貌”“新的面貌”“我安逸的状态”不属于前面所罗列的任何一种含义，表示的是一种抽象的精神面貌。（10a）中的“엄마의 모습”指的不仅是妈妈的穿着和长相，还包括妈妈的行动、精神状态、性格等，它是一个由这些要素构成的“形象”。[①]（10b）中的“고독한 길러의 모습”其实也是一个由各种样子、场面等构成的综合形象。(10c) 中的“내가 알고 있던 강신애의 모습”指的也不是“강신애”的长相、外貌，而是一个由各种精神层面要素构成的人的“形象”。我们可以将（9）和（10）例句中的“모습”的语义分别整理为“마음의 자세（人的精神面貌）”和“사람의 행동, 외모, 정신상태 등을 아우르는 속성이나 이미지（由人的行动、外貌、精神面貌等构成的人的形象）”。

综上，我们可以将“모습”的语义整理为以下七个。

A. 사람의 생긴 모양、표정이나 옷 차림 등 겉모양.

人的长相、表情及衣着等外貌。

B. 자연이나 구체적인 사물의 겉으로 나타난 모양.

① 有一个韩国的研究机构针对十几岁的少年就“내가 원하는 엄마의 모습”进行了问卷调查，结果中包括“身材好”“会穿衣服”“当我考试考得好时，具备能够给我任何我想要的东西的能力”“不随便进入我的房间”“和爸爸和平相处”“聪明”等内容。

自然或具体事物的样子。

C. 추상적인 사물이 겉으로 나타난 모양.

抽象事物的外在表象。

D. 어떤 장면과 동작의 모양.

场景或动作的样子。

E. 사람의 생김새나 겉모습으로서 그 사람 자체를 가리킴.

以人的长相及外貌来指代人本身。

F. 마음의 자세.

人的精神面貌。

G. 사람의 행동, 외모, 정신상태 등을 아우르는 속성이나 이미지.

由人的行动、外貌、精神状态等构成的人的形象。

为了方便对比，我们将“모습”的词典释义与核实、整理后的语义用表1—1进行展示。

表1—1 “모습”的词典释义及核实、整理后的语义对比表

“모습”的词典释义	核实、整理后的“모습”语义
1. 사람의 생긴 모양 人的长相	A. 사람의 생긴 모양、표정이나 옷 차림 등 겉모양 人的长相、表情、衣着等外貌
2. 사물, 자연, 사회 따위의 겉으로 나타난 모양 事物、自然、社会等的外貌或表象	B. 자연이나 구체적인 사물의 겉으로 나타난 모양 自然或具体事物的样子
	C. 어떤 장면과 동작의 모양 场面或动作的样子
	D. 추상적인 사물이 겉으로 나타난 모양 抽象事物的外在表象
3. 어떤 것이 남기고 간 자취나 흔적 什么东西留下来的痕迹或踪迹	E. 사람의 생김새나 겉모습으로서 그 사람 자체를 가리킴 以人的长相及外貌来指代人本身
——	F. 마음의 자세 人的精神面貌
——	G. 사람의 행동, 외모, 정신상태 등으로 아우르는 이미지 由人的外貌、行动、精神面貌等构成的人的形象

资料来源：作者自制。

整理后的语义对词典释义（1）进行了修改、补充。如前所述，“모습”不仅可以指人的长相，还可以指人的衣着、表情等外貌特征。笔者还对词典释义（2）进行了分类整理。词典释义过于笼统，将具体事物、抽象事物以及一些场面和动作混在一起，不利于学生理解。因此，本文将其分为 B、C、D 三个语义。而词典释义（3）“什么东西留下来的痕迹”则是错误的，根据字典当中的例句，可以将“어린 소년 적의 모습”“고구려의 옛 모습”等例句分别归为“人的长相”及“自然或具体事物的外貌”，而与“사라지다”“나타나다”“감추다”等词语结合的“모습”则可理解为语义 E“以人的长相及外貌来指代人本身”。语义 F、G 为词典释义中漏掉的语义。语义 G 在一些合成词中也有广泛的应用，因此应该是一个比较重要的语义。①

（二）阐明整理出的语义的内在联系

在整理出“모습”的语义之后，我们还要找到各语义之间的内在联系，并就词义的拓展方向加以说明，这样才更利于学生正确地理解、记忆及使用该词语。

首先，我们要确认“모습”的这七个语义之中的哪一个语义是原型语义。人类认知事物的普遍规律就是由人至物，由具体至抽象。由此不难看出，语义 D、F、G 相对于其他语义而言较为抽象，因此不能成为原型语义。语义 B“用人的长相或外貌来指代人本身”，如前文所述，是从语义 A 经过转喻产生的，因此也不能成为原型语义。这样，在剩下的语义 A、C 及 E 中，A“人的长相、表情及衣着等外貌”是最为基本、使用频率最高的语义，如果将 A 设为原型语义，那么将更有利于说明从语义 A 向其他语义扩展的过程。

下面，我们来看一下如何向学生阐述这些语义的具体关系。语义 A“人的长相、表情及衣着等外貌”是原型语义，如果将自然和事物也以隐喻的方式比作有外貌和长相的人的话，那么自然和事物也应该有它们外在

---

① 例如：“겉모습”“앞모습”“뒷모습”“본모습”“참모습”里面的“모습”都具有表示形象的含义。“겉모습”“앞모습”“뒷모습”“본모습”“참모습”分别表意为“外表”“前面的样子”“后面的样子”“本来的样子（本貌）”“真正的样子（真貌）”，具体参照谢华（2017：101－112）。

的样子，因此语义 A 借着隐喻机制就产生了语义 B“自然或具体事物外在的样子”。人所认知的外在的样子，除了人的外貌和长相这种静的之外，还有一些动的，例如某一个场面、动作等。因此，借着隐喻机制，原本指“人的长相、表情及衣着等外貌”的语义 A，扩展为可以表示每一个场面或是动作的语义“C”。无论是人的外貌、自然或具体事物的外貌，还是某一动作的样子或场面等语义，都是人们通过肉眼所能看到的非常具体的事物，这样就形成一个新的图式语义：人或自然及具体事物的外在样子（为了与其他语义区分，将其标为 A′），语义 A、B、C 则是 A′的例示。那么，抽象事物有没有所表现出来的一些外在的样子呢？通过隐喻我们可以想象，一些抽象的事物，例如社会、经济、文化等，也有自己的外在表象，因此就从表示人或自然、具体事物外在样子的语义 A′产生新的语义 D“抽象事物的外在表象”。语义 B、C、D、E“모습”都是从语义 A 依据（人或事物的）具体样子到抽象样子的原理产生的。语义“A”借着转喻生成语义“E”“用人的长相或外貌来指代人本身”，语义“E”常常被翻译成“身影”。

然而，我们还能看到另外一些句子中的“모습”表示的是人的精神面貌，如果说我们用肉眼见到的人有其外貌和长相，那么我们人的精神也应该是有面貌的。这样，语义 A 依照隐喻的原理，产生出语义 F。表示“人的形象”的语义 G 又该如何说明呢？我们从之前的例句（十几岁的孩子所喜欢的妈妈形象、孤独的杀手的形象）中也不难看出，这个人的形象是由与人相关的外貌、精神面貌及某些场景综合形成的一个抽象性的形象，这样我们就可以设置一个包含语义 A（人的长相、表情、衣着等外貌），C（场面或动作样子），F（精神面貌）的图式语义“人的内在及外在面貌”（为了与其他语义区分，将其标为 A″）。这样就可以说明语义 G 的产生了。

我们可以将这个复杂的说明整理为图 1—3 的语义图式网模型。根据这张图再去讲解“모습”的语义时，学生就会对“모습”的语义及各语义间的联系一目了然。

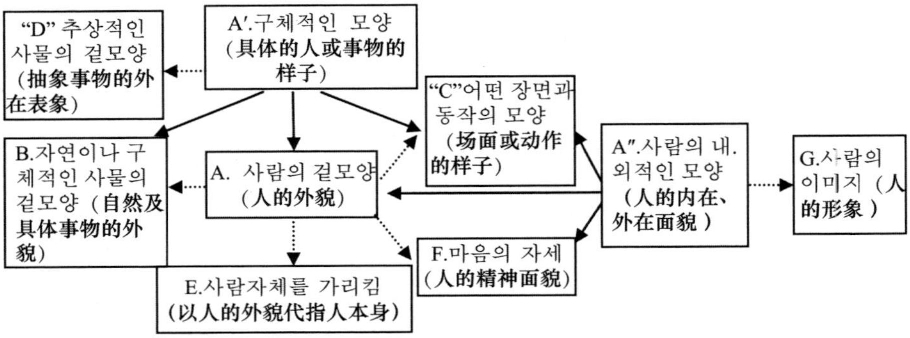

图 1—3 "모습"的语义扩展图

资料来源：该图引用自谢华（2017：98），本文为了方便说明，将其中的字母顺序稍微做了调整。

四、结论

本文以韩语"모습"一词为例，详细阐述了如何应用语料库的资料及认知语言学的理论对语义进行核实、修改，并使用认知语言学的理论对多义词的各个语义之间的联系进行了说明。这样，不仅能整理出词汇的正确语义，还能使学生清楚地掌握各个语义间的联系，帮助学生更好地记忆并正确地使用词汇，希望此种方法能对外语词汇的研究及教学有所帮助和启发。

参考文献

［1］ Kövecses，Z. and G. Radden. Metonymy：Developing a cognitive linguistic view ［J］. Cognitive Linguistics 1998（9－1）.

［2］ Kövecses，Z. Metaphor：A Practical Introduction ［M］. Oxford · New York：Mouton de Gruyter. 2002.

［3］ Langacker，R，W. Foundations of Cognitive Grammar. Vol. I：Theoretical Prerequisites ［M］. Stanford：Stanford University Press. 1987.

［4］ Langacker，R. W. Grammar and Conceptualization ［M］. Berlin：

Mouton de Gruyter. 2000.

[5] Langacker, Ronald W. Cognitive Grammar: a Basic Introduction [M]. New York, Oxford: Oxford University Press. 2008.

[6] Lakoff, G. Women, Fire, and Dangerous Things: What Categories Reveal about the Mind [M]. Chicago: The University of Chicago Press. 1987.

[7] Lakoff, G. & M. Johnson. Metaphors We Live By [M]. Chicago: The University of Chicago Press. 1980.

[8] Lakoff, G. & M. Johnson. Philosophy in the Flesh—The Embedied Mind and Its Challenge to Western Thought [M]. New York: Basic Books. 1999.

[9] Radden, G. & Z. Kövecses. Towards a Theory of Metonymy, in Panther. K. U. and G. Radden (eds.). Metonymy in Language and Thought [M]. Amsterdam and Philadelphia: JohnBenjamins Publishing Company. 1999.

[10] Rosch, E. On the internal structure of perceptual and semantic categories [A]. T. E. Moore (ed.). Cognitive Development and the Acquisition of Language [C]. New York: Academic Press. 1973.

[11] Rosch, E. Cognitive Representations of Semantic Categories [J]. Journal of Experimental Psychology: General 104. 1975.

[12] Taylor, J. Linguistic Categorization—Prototypes in Linguistic Theory [M]. Oxford: Oxford University Press. 1989/1995/2003.

[13] Taylor, J. Cognitive Grammar [M]. Oxford: Oxford University Press. 2002.

[14] Ungerer, F. & H. J. Schmid. An Introduction to Cognitive Linguistics [M]. London: Longman. 1996.

[15] 谢华. 모양 명사의 어휘·형태론적 연구 [D]. 서울: 서울대학교 석사학위논문, 2009.

[16] 谢华. '모습', '꼴', '模樣' 의意味差異比較 [J]. 語文研究, 2015 (166).

[17] 谢华. 모양 명사의 어휘의미론적 연구 [D]. 서울: 서울대학교 박사학위논문, 2017.

[18] 谢华. 모양 명사의 어휘의미론적 연구 [M]. 서울: 신성

출판사，2019.

［19］고려대학교 민족문화연구원 국어사전편찬실 편.（고려대）한국어대사전.고려대학교민족문화연구원，2011.

［ 20 ］ 국립국어연구원 편. 표준국어대사전. 서울:두산동아，1999/2008.

［21］문화관광부·국립국어원. 21 세기 세종계획 최종 성과물（수정판），2010.

［22］王寅．认知语言学 Congnitive Linguistics ［M］．上海：上海外语教育出版社，2002.

［23］王寅．认知语言学的哲学基础：体验哲学［J］．外语教学与研究，2002（34－2）.

［24］王寅．范畴三论：经典范畴、原型范畴、图式范畴——论认知语言学对后现代哲学的贡献［J］．外文研究，2013，1（1）.

［25］赵艳芳，周红．语义范畴与词义演变的认知机制［J］．郑州工业大学学报（社会科学版）．2000. 18（4）.

论当代印地语语法发展及西方语法理论对其的影响

——以《印地语句法学》一书为例*

段孟洁**

摘　要：印地语语法经历了一百多年的发展，大致可以分为两个大的阶段：第一阶段是印地语传统语法阶段，目前已较为完备，以1920年出版的《古鲁语法》为代表，至今仍影响着印度印地语教学甚至全世界各地区的印地语语法教学；第二阶段是印地语新兴语法受20世纪中期以乔姆斯基为代表的转换生成语法及以韩礼德为代表的系统功能语法等西方语法派系的影响较大，正处于探索发展的阶段。本文对比了两类语法理论的异同，并以《印地语句法学》一书为例分析了西方新兴语法理论对印地语语法研究的影响。

关键词：印地语语法；印地语句法学；传统语法；转换生成语法；系统功能语法

印地语是印度的官方语言之一，在印度乃至世界范围内都有着广泛的使

* 四川外国语大学校级教改项目“印度慕课发展路径及借鉴意义”（项目编号：JY2062237）课题项目资助，2020年度重庆国家战略研究院研究项目（项目编号：CIIFTGB2015）成果之一。

** 段孟洁，女，1994年生，硕士。主要研究方向：印度语言文学、印度区域国别问题研究。

用人群。据2001年印度人口普查的数据显示，印地语是超过4.2亿人的母语，仅次于汉语，排名世界第二，随着近年来印度政府的大力推行，印地语在印度的使用人数稳步提升，并且有越来越多非印地语区的印度人开始使用印地语作为交流语言。根据荷兰学者亚伯拉姆·德·斯瓦安（Abram de Swaan）对全球语言体系的界定，印地语是约12种超中心语言（Super Central Languages）之一，[①] 受其影响，已形成广大的语言集团。要想全面了解印地语，必然需要关注其语法研究。关于印地语语法的发展，目前已经有了一定的研究成果，而且其在发展过程中受到梵语、英语等语法体系的深刻影响，形成传统语法与新型语法两大派别。

一、印地语传统语法与新兴语法的异同

印地语传统语法是基于自然语言归结出来的一个语法体系，以迦姆达·普拉沙德·古鲁的经典代表作《印地语语法》为代表。他的这本《印地语语法》在印地语语法界评价很高，较之以前印度出版的印地语语法更为全面，出版以后在印地语界一直有着较高的学术地位。按照古鲁语法的语法体系，印地语传统语法分为语音学、词法学和句法学三个大框架。第一部分语音学简单论述了现代印地语的语音体系、字体、重音和连音规则等。第二部分词法学论述了词类、词形变化和构词法。第三部分句法学主要包括句子结构及句子分析。从其框架可以看出，这是一套规范的、以语言教学及使用为目的的规范语法。与结构主义语法学说一样，这个语法系统“主要是规定性的”（Prescriptive），[②] 告诉印地语使用者什么是规范的表达。

20世纪中期，新兴语言理论的发展在印度语法学界引起广泛的讨论。其中的一些理论引起巨大反响，另一些则反应平平。在印地语界，影响较大的语法理论是乔姆斯基的转换生成语法和韩礼德的系统功能语法，这两种语法理论传入印度后，为印地语语法研究提供了一定的研究方法，产出

---

① 转引自：党甜．印地语重叠研究［D］．西安外国语大学，2015：2.

② 卢英顺．语言学讲义［M］．复旦大学出版社，2015：64.

一些新的语法著作，但并没有完全取代印地语传统语法，目前也未能普及到印地语基础教育当中。按照《印地语句法学》一书中的说法，在过去的15—20 年中，在新的语法理论的基础上，印地语语言学家做过许多探究，但仍然十分有限，没有系统的著作。① 有些新兴语法著作的局限在于使用的表达过于艰深，因此只能作为语言学家或语言爱好者讨论研究使用。

传统语法与新兴语法的区别主要在于是否使用专用符号来描述语言，“传统语法惯于使用自然语言，生成语法则常常用 NP、VP 等专用符号来代表某一语类，用箭头、斜线等惯用记号来写规则。自然语言的描写被称为非形式化描写，用专用符号所做的描写被称为形式化描写。生成语法使用的描写为形式化描写”。② 而其中两者的根本区别在于，传统语法学界侧重于使用语法规则来描写规定语言，以自然语言为例，由规则构成系统，追求的是完美的描述语言，从而方便印地语学习者更好地学习印地语。而使用新兴语法理论的学者，以生成语法学家为例，侧重于用符号来构拟生成语法规则系统，并用以模拟人们内在的语法规则，“生成语法规则系统是人们内在的生成语法知识的模式。人脑中的内在语法知识分为句法部分、音系部分和语义部分”，③ 追求的是总结出普遍语法。

印地语的传统语法与新兴语法之间的差异主要表现在：传统语法目的单一，即用规则来规范语言，旨在让学习者掌握规范的印地语，同时用系统的结构来描述印地语；而新兴语法，以影响巨大的转换生成语法为例，目的在于探索人类固有的普遍语法，是从不同的自然语言出发，模拟出一种普遍的语法规则。因此，印地语传统语法与新兴语法虽然在体系分类上有相似之处，但在根本目的上是背道而驰的。另外一个主要的区别在于研究方法及标识方式的不同，也就是所谓的形式化表达和非形式化表达。因为印地语与英语同属印欧语系，且印地语的规范化语法形成时期正处于英国殖民期间，印地语受到英文语法体系的巨大影响，所以在某种程度上，刨去印地语语法受到梵语语法影响的部分，印地语的传统语法是典型的结

① 翻译整理自：डॉ. सूरज भान सिंह. हिंदी का वाक्यात्मक व्याकरण [M]. साहित्य सहकार. दिल्ली.१९८५ 1985。

② 袁晓红，戴卫平. 乔姆斯基“语法”解读 [J]. 外语学刊，2009：47.

③ 袁晓红，戴卫平. 乔姆斯基“语法”解读 [J]. 外语学刊，2009：47.

构主义语法。

二、目前西方代表性的语言学理论

目前西方代表性的语言学理论主要有形式主义和功能主义两大流派。“形式主义流派以乔姆斯基的转换生成语法为代表，而功能主义流派主要以韩礼德的系统功能语法为代表。”[①] 这两个流派的区别在于，形式主义流派强调语言的客观性，而功能主义流派强调语言的主观性。从语言学研究方法上看，形式主义流派主要采用自然科学的研究方法，而功能主义流派重视对语言形式的真实自然功能解释。从研究目标上看，形式主义流派以乔姆斯基为代表的转换生成语法研究的目标是找到适合所有人类语言的普标语法，而功能主义流派以韩礼德为代表的系统功能语法则认为语言学应该“研究不同语言之间的差异”。[②]

（一）转换生成语法

转换生成语法（transformational generative grammer）是由美国学者阿费莱姆·诺姆·乔姆斯基（Avram Noam Chomsky）于20世纪50年代提出的，这给当时位居主流的美国结构主义语言学构成极大的挑战，因而乔姆斯基也被称为“美国结构主义的反动”，这次变革也被人称作“乔姆斯基革命”。几十年来，为了修正与完善生成语法，乔姆斯基发表了大量成果，进行了几次重大调整，主要经历了以下六大时期：第一语言模式时期（the first linguistic model）、标准理论时期（standard theory）、扩展的标准理论时期（extended standard theory）、修正的扩展的标准理论时期（revised extended standard theory）、管辖和约束理论时期（the theory of government and binding）以及最简方案时期（minimalist program）。[③] 谈及转换生成语法的发展潜力，当代语言学家约翰·莱茵斯曾评论道：“无论转换生成语法理论正确与否，都

① 高丽佳，戴卫平．刍议乔姆斯基和韩礼德的语言观［J］．广西社会科学，2008：167.

② 高丽佳，戴卫平．刍议乔姆斯基和韩礼德的语言观［J］．广西社会科学，2008：167.

③ 赵美娟．乔姆斯基的语言观［D］．上海外国语大学，2007：1.

是当前最有生命力、最有影响力的语法理论。”①

乔姆斯基的转换生成语法的核心在于“普遍语法”的概念，他认为人类都具有相同的语言能力，人类的语言能力在某种程度上是作为一种机能内置在人类的大脑之中的，各种语言的语法虽然各有不同，但其本质却是完全一样的，都是在普遍语法的基础上变化发展而来的。乔姆斯基提出，人类在幼儿时期接受短期且有限的语言刺激后便能掌握语言，这说明人类大脑中存在一种天生能够掌握语言的语言机能。在后天的语言环境中，接受有限的语言刺激后，人类儿童能够完整掌握不同的语言，这就类似于同样的原则搭配不同的参数而得出不同的结果，而这个同样的原则就是“普遍语法”。因此，转换生成语法的目的在于透过表面现象去抓本质，通过分析各语言的语法来描述普遍语法。所以，“生成语法理论是一种关于人类特有的、固定的生物天赋理论”。②

转换生成语法学的研究方法在于其科学性。在生成语法出现之前，结构主义语言学的研究就是基于对语料的分类，这种研究方法，即按发音方法给某种语言的元音或辅音分类、按前后缀给词汇分类、按出现的语境给状语和形容词分类等，都不是生成语法学家所要研究的目标。正如上文提到的，转换生成语法的核心是找出“普遍语法”。结构主义语法学家使用语法规则来描写语言，而生成语法学家构拟语法规则系统来模拟人类内在的语法知识。人脑中的内在语法知识包括音系部分、语义部分和句法部分，三部分构成一个完整的语法系统，而“人类潜意识地掌握各套规则，就能鉴别句子在句法、音系和语义方面是否正确，就能造出句法、音系和语义都正确的句子”。③

（二）系统功能语法

系统功能语法学（System-functional linguistics）是由英国著名的语言学家韩礼德（Halliday）创立的，系统功能语法学较为注重语义功能。系统

① 转引自：靳凡．乔姆斯基转换生成语法［J/OL］．海外英语，2016：189.

② 袁晓红，戴卫平．乔姆斯基“语法”解读［J］．外语学刊，2009：47.

③ 袁晓红，戴卫平．乔姆斯基“语法”解读［J］．外语学刊，2009：48.

功能语言学家认为，“语言本质上是一个语义系统网络，并通过概念功能、人际功能和语篇功能提供意义潜势”。① 与传统的语法不同的关键在于，传统语法是将语言放在一个“理想化”的环境中来分析语言构成，而系统功能语法是将语言放在语义这一点上来分析的，语言环境不同，可能表达的语义也会不同，并不把语言看作“所有合乎语法的句子的集合，也不把它看作一种组合关系”。②

系统功能语言学家认为，语言是一种符号，它之所以能成为交流的媒介，是因为它所承载的语义。韩礼德借鉴吸收了社会学的思想，认为人类是社会人，语言交际是人的一种活动，因而语言是一种社会行为。因此，韩礼德“通过研究语言与社会需求、社会结构、社会文化背景的关系来探索语言的本质”。③ 他认为语言是有层次的，至少包括音系层、词汇语法层及语义层。而语言交际是通过语篇来实现的，意义也就是语义，是存在于“意义潜势”（《印地语句法学》一书中经常出现的“मंतव्य”一词对应的就是“意义潜势”这一含义）当中的，只有通过语篇才能表达出来。

因此，在系统功能语法学家看来，社会与人的思想之间具有十分密切的联系，同样地，语言与人的思想之间也存在十分密切的联系。语言在一个人从儿童发展到一个社会人的过程中起着至关重要的作用，不仅用于表达，而且用于外部知识或经验的吸收。因为语言不仅可以反映社会，反映自己的思想，同时也有一定的能动性，可以反过来影响甚至改变思想和社会。总而言之，系统功能语法是一种强调自然语言的功能性，也就是语义的重要性的语法，同时它还强调了语言的主观性，这与转换生成语法强调语言的机能性（即客观性）从本质上而言就是截然不同的。

三、新兴语言学理论在《印地语句法学》一书中的代表性运用

《印地语句法学》是由苏乐吉·庞·辛格（Suraj Bhan Singh）教授于

① 高丽佳，戴卫平．刍议乔姆斯基和韩礼德的语言观［J］．广西社会科学，2008：169.

② 高丽佳，戴卫平．刍议乔姆斯基和韩礼德的语言观［J］．广西社会科学，2008：169.

③ 高丽佳，戴卫平．刍议乔姆斯基和韩礼德的语言观［J］．广西社会科学，2008：169.

1985 年写作出版的一本介绍印地语句法学的著作。苏乐吉教授并未采用单一一种语法理论，而是博采众长，有取舍地使用了从古至今各大家的语言理论，并从中总结出一套符合印地语语言特点的句法学说，更为细致地描述了印地语句法构造，突破了传统语法的局限，是新兴语法理论应用到具体语言上的代表性句法学著作。

《印地语句法学》一书的开篇从八个不同的理论角度出发对印地语句子进行定义，从传统的梵语语法学到当代的格语法学说和认知语法学等都有涉猎，并由此归结出印地语特有的句法结构（见图 2—1），这也是贯穿整本书的核心线。

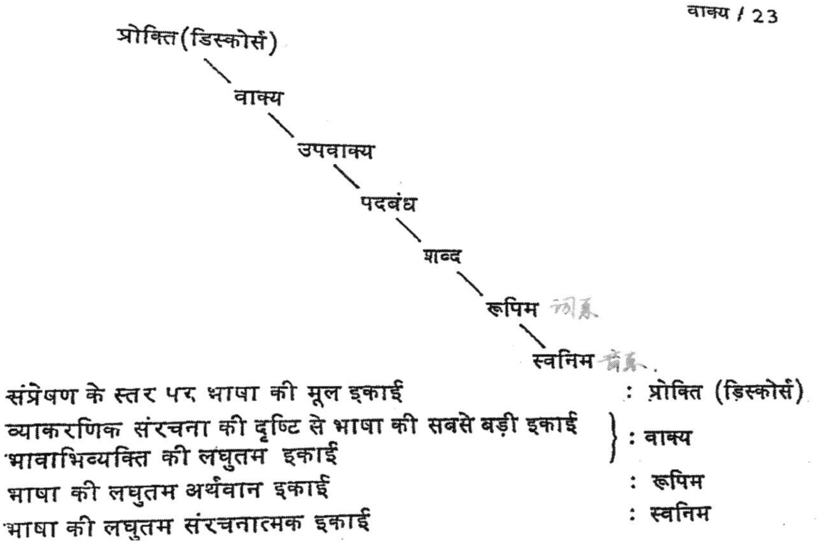

图 2—1　印地语句法结构

资料来源：हिंदी का वाक्यात्मक व्याकरण.

由图 2—1 我们可以看出，苏乐吉教授将印地语句子归结出七层结构，第一层是语篇，他认为语篇是语言交际的基本单位，这是对系统功能语言学的借鉴与肯定，也是对印地语传统语法以句子为最大语言单位定义的突破。

另外，我们也可以从《印地语句法学》一书中找到例证，从以下三个代表性方面浅论西方语法理论对印地语语法发展的促进和影响：

（一）成分—层次分析法

成分—层次分析法是传统语言学中的中心词分析法与后来的层次分析法的结合，这种分析方法“同时兼顾到语言组合的层次性和直接成分之间的结构关系”。[①] 苏乐吉教授将这种分析法应用在印地语上，而且进行了扩充，将印地语句子以下的层级直接分成表语言层次性的副句结构（उपवाक्य）和表语法成分的词或词组结构（पदबंध）并分别给出定义词。这种分析方法比单纯的成分分析法或层次分析法都更为合理。“成分是几个词完成同一功能的单位”,[②] 传统语法学中使用的中心词分析法，主要是为了对句子进行主谓宾成分分析，这一点在表语法成分的词或词组（पदबंध）这一层级有所继承，而苏乐吉教授在这一层级之上引进运用了层次分析法，增添了表语言层次性的副句结构（उपवाक्य），兼顾了印地语的语言层次性，使印地语句法学的分层更加合理分明。

（二）树状图分析法

《印地语句法学》一书中大量使用了树状图分析法（见图2—2），这种分析法是转换生成语法进行句子分析时使用的一种基本分析方法，在传统印地语语法中并不常见，被苏乐吉教授引入印地语句法分析当中。这种分析可以直观地表现印地语句子的构成及句法的变化。

（三）义素分析法

义素分析法在《印地语句法学》一书中也得到广泛的应用（见图2—3）。义素这一概念是从我们平常所说的词义再分解而来的，为了与一般词相区别，习惯把义素加上括号以及加减号（＋－）来表示某个词或某个词组的义素，这种分析方法可以简单明了地说明某些词的意义，也可

① 卢英顺．语言学讲义［M］．复旦大学出版社，2015：93.

② 杨彦．句法学——生成语法入门［J］．语文学刊（外语教育与教学），2010，（1）：59.

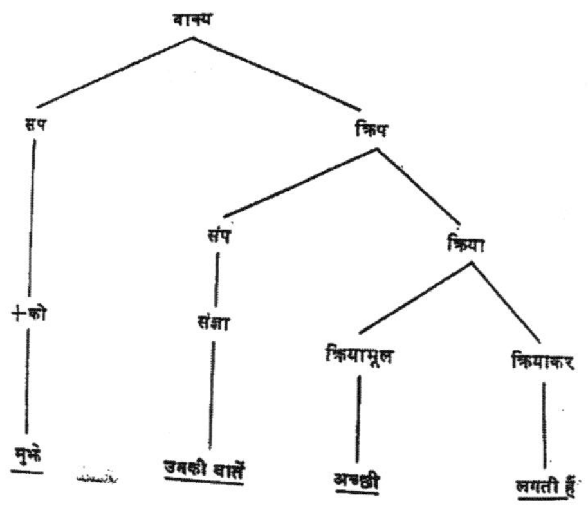

图 2—2　树状图分析法使用示例

资料来源：हिंदी का वाक्यात्मक व्याकरण.

以用以清晰地区别近义词。苏乐吉教授将这种分析方法运用到印地语当中后还进行了一定的拓展，不仅达到说明词义、拆分词义以准确描述词或词组这一目的，还将这一词或词组对句子造成的语法影响融入其中。图 2—3 中四个词组的含义都为“知道”，但程度有深有浅，对于句子语法成分的影响（是否加को）也有所不同，义素分析法的使用明确了这些用传统语法表达而容易混淆的部分，使人一目了然。

आना : <+को-वाक्य, +ज्ञान, +कौशल, +कर्म, —कि>
मालूम होना : <+को-वाक्य, +ज्ञान, —कौशल (+तथ्य), +कर्म, +कि>
पता होना : <+को-वाक्य, +ज्ञान, —कौशल(+तथ्य), +कर्म/विषय, +कि>
जानना : <—को-वाक्य, +ज्ञान, ±कौशल, +कर्म, +कि>

图 2—3　义素分析法使用示例

资料来源：हिंदी का वाक्यात्मक व्याकरण.

四、印地语语法研究未来展望

目前的印地语语法研究与印地语语法教学是分道扬镳的，教学上仍然以传统的结构主义语法即古鲁语法为蓝本；研究上都开始采取新式的研究方法，转换生成语法、格语法与系统功能语法结合并行，整体处在探索研究阶段，有一定的成果，但未能应用于语言教学当中。原因有二：一是与传统语法相比，新兴语法理论指导下的印地语语法仍未能成体系；二是表述上较为艰深复杂，不适用于初学者或者低层次语言学习者。

语言是非常复杂多变的现象，印地语受外来语言影响深且自身发展快速，因此应用新兴语言理论来进行研究归纳是十分有必要的。《古鲁语法》从 1920 年出版至今，还未有能取代这部语法的著作出现，一方面说明了这部语法的系统性与实用性，另一方面也说明了印地语语法研究的缺乏，语言是不断变化的，与此相适应，语法也需要不断进步与改革。各地区语言的复杂性也决定了其研究方法的多变性，无论是传统也好、新兴也罢，不同的语言学派往往有自己的目标和研究方法，既有其长处，也有其短处，只有博采众长，取其精华，去其糟粕，应用到当代印地语当中，才能全面且系统地描述印地语，并在此基础上对别的语言研究产生启发，甚至为普遍语法的研究提供帮助。

参考文献

［1］डॉ. सूरज भान सिह. हिंदी का वाक्यात्मक व्याकरण ［M］. साहित्य सहकार. दिल्ली.१९८५.

［2］杨彦．句法学——生成语法入门［J］．语文学刊（外语教育与教学），2010，（1）．

［3］袁晓红，戴卫平．乔姆斯基“语法”解读［J］．外语学刊，2009，（4）．

［4］靳凡．乔姆斯基转换生成语法［J/OL］．海外英语，2016，（18）．

［5］高丽佳，戴卫平．刍议乔姆斯基和韩礼德的语言观［J］．广西社会科学，2008，（3）．

［6］卢英顺．语言学讲义［M］．复旦大学出版社，2015.
［7］赵美娟．乔姆斯基的语言观［D］．上海外国语大学，2007.
［8］党甜．印地语重叠研究［D］．西安外国语大学，2015.

对分课堂在基础朝鲜语课程中的应用及反思

——以表让步的连接语尾“-더라도”教学为例*

王倩倩**

摘　要：复旦大学张学新教授提出的对分课堂模式自推出以来，在全国各个阶段的教育领域引起热烈反响，以讲授词汇及语法点为主的基础朝鲜语课程作为国内朝鲜语专业的必修专业基础课，其重要性不言自明。为提高学生学习的积极性，取得更好的教学效果，笔者尝试将对分课堂模式应用到基础朝鲜语教学中，本研究以表让步的连接语尾“-더라도”教学为例，将其在对分课堂各环节的具体应用进行了说明，并基于教学实践从课前准备、课堂教学、课后作业的布置与反馈、课堂学习效果等方面进行了反思和总结，以期在今后的教学中能进一步完善对分课堂模式在该课程中的应用，进而提升教学效果。

关键词：对分课堂；基础朝鲜语；让步连接语尾；-더라도

---

* 本文为四川外国语大学青年项目“与汉语常用关联词相应的韩语语法教学研究”（项目编号：sisu201319）、2018 年重庆市教改项目“对分课堂教学模式的理论与实践探索研究”（项目编号：183180）、2018 年四川外国语大学教改项目“‘对分课堂’教学模式在大学教学中的实践探索研究”（项目编号：JY1869111）、四川外国语大学非通用语教学类团队“高素质复合型朝鲜语国际化人才培养模式改革研究”项目的阶段性研究成果。

** 王倩倩，女，1983 年生，博士，副教授。主要研究方向：韩国语言文化、韩国语教育。

一、引言

自1992年中韩建交以来，中韩关系迅速发展，两国在政治、经济、文化各领域的交流日益频繁，对韩国语人才的需求逐渐增大，在这一时代背景下，国内各大院校纷纷开设朝鲜语专业。[①] 伴随着朝鲜语专业的快速发展，朝鲜语教育教学研究的重要性愈发凸显。朝鲜语精读、基础朝鲜语等以词汇、语法讲述为主的课程在各院校课程设置中所使用的名称虽有所不同，但多为专业核心课程。在外语学习上，基础词汇及相关语法的学习效果直接影响到该外语的整体学习效果，该类课程的重要性不言而喻。

有关国内朝鲜语精读课程的教学法，梁海胜、包娟（2015：109—111）将其划分为四个阶段，即语法翻译教学法盛行时期（1945年至1972年）；听说教学法盛行时期（1972年至1992年）；以听说教学法与语法翻译教学法相结合的教学法为主、综合教学法并存时期（1992年至2000年）；以综合教学法为主，同时出现诸如交际教学法、文化教学法等多样教学法并存时期（2000年至今）。他们同时指出，国内韩国语学者关于精读课程教学法的研究成果倾向于各自所在专业教学经验的陈述、缺乏与前沿教学法理的紧密结合、以学生为中心系统深入的教学法研究不足等问题，指出应结合外语教学理论，将多种教学法融入课堂实践。复旦大学张学新教授提出的对分课堂模式在教学活动的整个过程中，全面系统地贯彻了人本主义、认知主义、建构主义、行为主义四大学习理论及发展性教学理论、发现式教学理论和范例教学理论所倡导的主要原则，在全国范围内引起巨大反响。目前将对分课堂模式与外语精读（语法）教学相结合的研究主要集中在英语教学方面，另有部分针对对分课堂在基础日语课程教学及西班牙语精读教学方面的研究，而将对分课堂应用在朝鲜语精读（语法）课程方面的研究除吕娜（2017）的研究之外，其余相关研究极为

① 有关专业名称，大部分高等院校称之为“朝鲜语专业”，也有个别院校称之为“韩国语专业”，在实际教学过程中大部分高校在课程设置、使用教材及教学内容安排上主要是以韩国首尔标准发音为准。考虑到名称使用上的统一，本文使用“朝鲜语”一词，该词也指代目前韩国语教育中的“韩国语”。

有限。

作为担任基础朝鲜语（朝鲜语精读）课程教学的教师，笔者尝试将对分课堂模式运用到该课程的教学中，本文以表让步的连接语尾“－더라도”的教学为例来说明对分课堂模式各环节在基础朝鲜语教学过程中的应用，并对其进行反思和总结，以期能进一步完善该模式在基础朝鲜语教学中的运用，进而取得更好的教学效果。

二、对分课堂的核心理念与基本模式

对分课堂结合了传统课堂与讨论式课堂的优势，其核心理念便是把一半课堂时间分配给教师进行讲授，另一半课堂时间分配给学生以讨论的形式进行。其教学过程主要由讲授（presentation）、内化吸收（assimilation）、讨论（discussion）三部分构成，也简称为 PAD 课堂。其最核心的特点便是“隔堂讨论”，即在课后让学生进行内化和吸收，本堂课讨论上堂课的内容。在讲授环节，教师基本不提问，不组织讨论，只介绍教学内容框架、重点和难点，不覆盖细节。在内化吸收环节要求学生独立学习、独立做作业。讨论环节可以细分为小组讨论和全班交流两个环节。在对分课堂的时间安排上，可以对半分割，即前半节讨论上次讲授的内容，后半节讲授新内容，根据情况，也可以划分为四六分割或三七分割。实施对分课堂时，根据教学需要，既可采用“隔堂对分”的模式，也可采用“当堂对分”的模式。

三、对分课堂在基础朝鲜语课程中的应用

笔者在针对大一朝鲜语专业学生第二学期开设的基础朝鲜语（2）的教学过程中尝试使用了对分课堂教学模式，而在具体教学中主要采取了“隔堂对分”的模式。以表示让步的连接语尾“－더라도”的教学为例，在课堂讲授、课后内化吸收及课堂讨论等各环节的具体应用如下：

（一）课堂讲授环节

对分课堂模式强调在课堂讲授环节要“精讲留白”，即在精讲环节要在宏观层面告诉学生所要学习的框架、重难点，点明学习内容的意义与价值，提供学习方法，以便学生能有效完成课后学习，并根据自身学习的程度调整“留白”的量。

笔者在讲授表让步的连接语尾“-더라도”的过程中，考虑到学生掌握的基础词汇及语法知识有限，在“留白”方面并未留白过多，在说明上重点指出其核心用法“用于用言后，表示假设、让步，类似于所学的表让步的连接语尾‘-아도/어도/여도’，但可能性更弱”，并结合中文相关的关联词进行了对比说明，同时对课文例句及补充例句进行了详细解释。

对分课堂模式认为应有专门的互动时间，基本不鼓励教师通过提问等方式进行课堂互动，但笔者认为在外语学习上，某一新的语法点在了解其基本含义及用法之后，及时的反复练习可以进一步强化学生对该语法的理解，并能初步确认学生是否准确理解该语法，故在语法讲解之后，给学生提供了可以运用这一语法的前后分句（场景），并通过教师提问、学生单独或集体回答的形式进行了难度较低的替换模仿练习。

（二）课后内化吸收环节

对分课堂认为，课后内化吸收环节所涉及的理想作业要有“相关性、基本性、挑战性、开放性、选择性、个性化、梯度性”等特点。考虑到这一点，笔者在讲授完“-더라도”这一语法点之后，主要给学生安排了三个方面的作业：一是课本上关于这一语法的基础练习题，二是自行阅读并理解含有该语法点的课文段落，三是利用该语法造句。课本上的基础练习题在形式上大体与课堂上讲授语法点时所做的基本练习相似，属于基本练习题，对于大部分同学而言没有太大的难度；相关课文理解因涉及其他相关词汇语法的应用，各个同学的基础不同，其难度也因人而异，对于多数同学而言虽略有挑战，但基本也能顺利完成。利用语法造句具有开放性，学生可根据自己的关注点造出合适的句子，但因涉及写作，能否正确造句直接反映出学生对该语法的掌握情况，难度最大。在布置作业的过程中，

考虑到所学语法内容及含义相对清晰，在课后学习及作业过程中并不是所有学生都能找出“亮点”“考点”“帮点（疑问点）”，便要求学生尽可能在课后学习及作业过程中找出“亮考帮”，未做强制要求。

作业提交方面，对分课堂建议利用“对分易”平台，整理浏览后给分，作业中出现的错误或问题由学生在小组讨论中解决，并辅以教师解答。基础朝鲜语的学习着重点在于语法的正确使用，而学生因个人外语知识水平有限，在随后的课后讨论环节发现不了有些语法错误，仍需教师予以明确指导和修改。考虑到课本上的相关练习题有参考答案，课文也有参考译文，笔者要求学生仅提交难度最大且无参考答案的造句作业，并对学生在讨论中未能发现的问题或错误进行补充复核。考虑到基础朝鲜语课周一至周五每天都有 2 节课程安排（每节 45 分钟），每日课后均有相关作业，且第二天又需要对所做作业进行讨论，基本上按照每周集中收取一次集中反馈一次的频率进行作业复核。在作业反馈过程中，因需要对学生造句作业中的错误进行明确标记或修改，而在后续的讨论环节，学生也需携带作业讨论，若要求学生利用“对分易”提交电子版或拍照版作业，在作业的批改及反馈时需多次下载标注，相较于此，纸质作业本则更为直观方便，同时在课堂讨论环节，纸质作业本也更方便学生之间相互传阅评价。因此在课程教学中，笔者将“对分易”仅作为存档功能使用，真正的作业评阅及反馈依旧沿用了传统的纸质作业本形式。

（三）课堂讨论环节

对分课堂中讨论环节分为小组讨论和全班交流两大部分，具体由教师简要回顾上堂课的内容和作业后，随即依次进行小组讨论、教师抽查、自由提问、教师总结，后三个环节均属于全班交流部分，讨论时主要围绕作业及“亮考帮”进行。

本课程在实际操作时，要求学生主要讨论两个方面的内容：一是个人所找出的上堂课教师在精讲过程及个人内化学习过程中的“亮考帮”，另一个是共同探讨课本上的习题及对课文的理解，相互交换评阅彼此所造的句子，并找出小组作业中的“亮考帮”。该课程为初级的基础朝鲜语课程，每堂课课堂上所教授的语法点有限，且含义及用法较为明确，学生对于上堂课精讲部分所涉及的语法、例句等几乎不会提出相关的“亮考帮”，因此针对该部分内容的讨论就较少，而主要集中在对作业中问题点的讨论。根据小组讨论的结果来看，学生们提出的“帮点（疑问点）”最多，“亮点”其次，“考点（考对方）”相对较少。其中，“亮点”主要集中在课文段落中的惯用型以及造句作业中学生所写的美文，“帮点”主要集中在课后作业题及课文理解上的疑难部分以及造句中的争议部分。

举例来讲，在有关让步连接语尾“－더라도”的学习过程中，学生结合自己的情况，在表述“即便学了一年的韩语，还是不能和韩国人交流”这一语义时，写出如下句子：

a. 한국어를 배운 지1년 되었더라도 한국 사람과 말할 수 있는 수준은 못됩니다.

经过讨论和修改，将上述句子改为：

a′. 한국어를 배운 지1년 되더라도 한국 사람과 말할 수 있는 수준은못됩니다.

a″. 한국어를 배운 지1년 되었는데도 한국 사람과 말할 수 있는 수준은 못됩니다.

同样在表示“即便你个子不高，（但）和我（个子）相搭就行”这一句子时，有学生造句如下：

b. 당신의 키가 큰 편이 아니더라도 내 키와 걸맞으니까 좋아요.

经过讨论修改，将句子改为：

b′. 당신의 키가 큰 편이 아니지만 내 키와 걸맞으니까 좋아요.

b″. 당신의 키가 큰 편이 아니더라도 내 키와 걸맞으면 돼요.

通过上述 a、b 两个错误句子，可以了解到学生由于受中文母语的影响，会将“－더라도”等同于中文的“即使……也……”，而当需表示 a 与 b 句的语义时，需明确分辨前一分句是现实情况还是一种假设，同时需要考虑前后两个分句在语义上是单纯的让步关系还是蕴含着转折关系。通过小组讨论和全班交流，学生们进一步明确了同样表示让步含义的“－더라도”相较于之前学过的连接语尾“－아도/어도/여도”更侧重于用于对非现实情况的假设，并进一步理解了表示转折的连接语尾和表示让步的连接语尾间的细微差别。

小组讨论和全班交流环节会涉及分组及小组代表发言。由于该班学生整体学习情况较好，学习水平属中上游的学生居多，为方便移动及教学，分组时以学生座位为基础进行了分配，仅对个别基础相对薄弱的同学的座位进行了调整。因该课程每天均有课，学生们自发以月为单位进行座位调整，进而保证自己整个学期内可以与不同的学生组成小组并进行交流。在有关小组代表的选择上，对分课堂模式认为可以采用教师抽查的方式，不事先指定，强调随机性，以免有的学生懈怠。由于本课程是朝鲜语专业的基础必修课程，学生在心理上普遍重视该课程，学习的自主性和积极性相对较高。考虑到班级规模相对适中，要保护每个学生的学习积极性，同时顾及发言机会的公平性，笔者在实践过程要求每个小组均需推出组长代表发言，解释说明本组所找出的“亮考帮”。各小组代表由小组成员自发选出，轮流担任，人人参与，小组代表需引导、督促并确保全体小组成员发言，同时做好记录。

在全班交流环节，几乎每个小组经过讨论交流均会提出各自小组的“亮考帮”，同时出现了两个或两个以上的小组“亮考帮”一致的情况。对于各小组提出的“帮点（疑问点及难点）”，根据其他小组的回答情况，如果别的小组未出现这一问题点，且又是学过的知识点，笔者预测学生应该有能力解答时，会要求其他小组代表予以解答；若根据全班学生的反应判断学生提出的问题是共性问题，则由教师进行解答。因在小组讨论环节多数学生已经就自己的疑问点进行了讨论，自由提问环节便没有或仅有极个别的学生会进行提问。教师总结发言时应对学生所做作业中出现的典型问题进行整理说明，进一步强化学生对所学语法点及核心词汇的理解。以上述“-더라도”的教学为例，在总结发言时，笔者回顾了该连接语尾表示让步、假设的核心用法，同时强调了该语法更侧重于对非现实情况的假设。

四、课堂实践总结及反思

在基础朝鲜语教学课堂上实践对分课程模式的过程中，笔者发现了对分课堂模式带来的可喜的课堂效果，同时在实施过程中也遇到不少需要进一步摸索及解决的问题。

（一）课前准备方面

从课前准备方面来看，教师作为教授主体，对分课堂强调要“精讲留白”，也肯定了在教材好的情况下，可以不用 PPT，采用“导读式讲授法”，但基础朝鲜语课程作为核心的语法必修课程，面对的是对相关语法现象毫无基础或基础相对薄弱的学生，笔者认为在课堂上的“精讲”环节，必要的讲述和基本练习必不可少，因此在 PPT 等课件的制作准备上也需花费必要的精力。如此一来，课前准备环节更需要思考的便是，在基础朝鲜语的对分课堂中如何更好地实现精讲，更准确地把握传统教学在精讲中的比例，以及在有限的精讲时间安排中如何更有效地利用多媒体网络等大量资源，进一步提高学生在精讲环节的学习兴趣，进而提升学习效果。

学生作为学习的主体，在课前准备方面，对分课堂模式不主张其进行课前预习。在实践过程中，笔者未要求学生进行课前预习，不过就学生们实际的学习情况来看，多数学生由于在初高中阶段已养成提前预习的习惯，均会自觉地进行课前预习。笔者认为课前预习是学生自发主动的学习行为，可以让学生根据个人需求及习惯来安排，不做强制性要求。

（二）课堂教学方面

从课堂教学方面来看，教师在精讲环节投入精力更多，需要直接去讲授，在这一环节也需积极调动学生的积极性；而在小组讨论环节，教师主要发挥的是监督作用，相对较为轻松，这一环节需积极关注课堂上各个小组的讨论情况，对各小组的讨论进度予以引导，并督促各组员积极发言。在讨论环节，学生之间的互动增多，气氛热烈，大多数同学能积极参与讨论，笔者观察后发现个别学习成绩稍微落后的同学，也能积极参与讨论，整体课堂氛围良好。通过课堂讨论，在处理习题及作业时，教师可以有效避免在学生已经掌握的题目或短文理解上浪费课堂时间，从而更有效地将时间用在学生们疑难点的解答之上。

笔者通过观察发现，讨论环节同时存在一些问题，诸如部分同学存在未能充分开展课后自主学习的情况，最为典型的就是有部分同学抱着“反正讨论时大家也会一起学”的思想，从而疏忽了“课文段落理解”这一作业。课后未能对课文进行自主学习的同学，必然不能主动参与到讨论学习中去，只能被动接收其他同学的讨论结果，进而影响到课文的实际学习效果。课后习题和造句等类型的作业需要学生在课本或作业本上直接标注作答，教师可以有效予以监督；而课文阅读理解类型的作业在很大程度上依赖于学生的自觉性，如何更好地督促学生完成该类型的作业需进一步探讨。笔者试想可以尝试利用朗诵并上传音频的方式来予以监督。大部分学生在诵读的过程中，会对课文中的疑难点进行圈点，即便有的同学是出于应付作业的心理提交，但通过诵读，对课文段落及句子也会有一定的理解，某种程度上也可以算是在为讨论做出一定的准备。另外，讨论环节也存在个别同学虽根据老师要求完成作业，但因为性格原因或是对专业本身不感兴趣，而表现出在讨论时不积极、不情愿的现象。笔者在教学实践过程中，虽要求全体同学必须提出“亮考帮”，也有小组代表督促成员参与讨论，但如何从根本上促使此类同学自发积极地参与课堂，是一个需要探索的难题。

（三）课后作业布置及反馈方面

就课后作业布置来看，由于基础朝鲜语课程是每日必上的必修课程，课程间隔时间短，学生写作业的时间相对有限。如前文所述，目前笔者在教学过程中，根据情况主要布置课后相关语法练习、课后造句、课文理解三种类型的作业。每种类型的作业量均不太大，根据实际情况来看，大部分同学均可按时完成作业。三种类型中的造句作业属于开放型作业，大多数学生写作业的态度非常认真，笔者曾多次建议学生在写造句作业时，要利用已学过的语法和词汇去表述自己所想，但在实践过程中发现，当部分同学所写的句子优美，被小组同学推选为亮点而经过全班讨论后，班内会逐渐形成在造句时努力想造出美文的风气，诸如尝试将中国的俗语、对偶句、名诗古词、文学色彩浓厚的语句等利用所学语法进行翻译造句的情况。学生们的这种尝试和努力是非常值得肯定的，在相应语法练习上也达到一定的效果。但需要注意的是，该类句子对大一学生而言翻译起来难度较大，多会涉及陌生词汇或语法。而对于所涉及的陌生词汇，大部分学生会通过查找电子词典找出相应单词的方式来造句。但是，很多词在不同语境下有着不同的译法，而学生因为自身所学知识的局限性，并不能意识到这一点，进而会出现该类词汇及语法误用的情况。而在全班交流环节对学生所造句子进行讨论、评价、纠错时，则会出现当堂课所学的目标语法点无误，但需对句子中其他未学词汇及语法进行讲解的情况。诚然，通过对此类句子的讲解可以在某种程度上扩充学生的词汇及语法知识面，但不可避免地会出现课程重心偏离既定目标核心语法点的情况，间或会出现因涉及的未知词汇或语法点过难，讲解过程中耗时过多，整个课程进度受到影响的情况。针对该情况，如何在保护学生学习积极性的同时把控讲解的深度及内容，也需要进一步摸索。对句子进行修改时，是对所学句子进行完全纠错，还是针对核心语法进行部分纠错，也需要进一步探讨。此外，作业的多样性、趣味性也需在今后的实践中进一步摸索。

（四）课堂学习效果方面

就课堂学习效果来看，整体而言大部分学生课堂参与度高，期末考试也能取得不错的成绩，学习效果良好。① 但仍有部分同学按照要求在课堂上积极参与了讨论，认真完成了作业但期末成绩仍然不理想，笔者采访了这些同学，有学生称“这些知识点，我明明都学过了，也都复习了，但是看到考卷时感觉就是新的”。笔者了解后发现，学生不是在对分课堂模式中所涉及的课堂参与和课后学习环节出了问题，而是缺少了外语学习中必不可少的及时回忆与反复的环节。作为外语专业的学生，大部分同学会自觉地对所学语法、词汇及课文刻意进行重复和回忆，但不排除有的同学缺乏这一意识或未养成相应的习惯，或因记忆强度不够而导致学习效果不佳，如何在使用对分课堂的过程中最大限度地促使、引导学生做到有效复习和回顾，也是需要逐步摸索的一个课题。

① 因涉及平行班，本课程在考核中与其他平行班的考核方式一致，并未刻意提升平时成绩所占比重，但在学期初明确告知学生课堂讨论、课后作业等将计入平时成绩。

五、结语

本文以表让步的连接语尾“－더라도”的教学为例，具体说明了基础朝鲜语课程在课堂讲授、课后学习及课堂讨论等对分课堂各环节的具体应用。通过实践，笔者意识到课前准备、课堂教学、课后作业的布置及反馈、课堂学习效果等方面仍有诸多问题需要进一步探讨及解决。如何在基础朝鲜语课堂上充分利用好对分课堂模式，根据学生学情适度调整各个环节的比例和具体操作方式，如何将其他多媒体教学资料及教学模式融入对分课堂，在充分反映对分课堂教育理念的同时，博采众家之长，实现更有效的基础朝鲜语教学效果，是摆在我们面前的一道难题，仍需进一步探索。

参考文献

［1］姜春晓．중국어권 한국어 학습자를 위한 양보 연결어미 교육 연구－‘－아/어도，－더라도，－（으）ㄴ들’을 중심으로－［D］．전남대학교 석사학위논문，2015.

［2］오열명．한국어 양보 연결어미의 중국어 번역 양상 연구－‘－아/어도’，‘－더라도’，‘－ㄹ지라도’를 중심으로－［D］．동국대학교 석사학위논문，2014.

［3］정유라．양보의 연결어미 한국어 교육 방안 연구－의미 재검토를 바탕으로［D］．한림대학교 석사학위논문，2016.

［4］李明达．韩中让步关系表现形态对比［D］．延边大学博士学位论文，2017.

［5］梁海胜，包娟．本科院校韩国（朝鲜）语精读课程教学法的历史变迁［J］．盐城师范学院学报（人文社会科学版），2015（6）．

［6］吕娜．韩语精读教学模式的改革与创新——对分课堂［J］．韩国语教学与研究，2017（3）．

［7］张学新．对分课堂中国教育的新智慧［M］．北京：科学出版社，2017.

印地语的全球视野*

熊晨旭**

摘　要： 印度人的祖先们在生产生活中使用梵语，印地语是在梵语的基础上发展而来的。莫罕达斯·卡拉姆昌德·甘地从非洲回到印度之后致力于印地语的国语化事业，但是直至辞世，他的愿望也没有达成。印度共和国成立之后，印地语成为第一官方语言，此时印地语在印度国内逐渐盛行起来。印地语不仅是印度的主流语言，几十年来也在努力成为一门国际性的语言。世界印地语大会为印地语的国际化发展做出巨大的贡献。随着印度的快速发展，印地语也在印度以外的其他国家变得越来越受欢迎。除此之外，把印地语设为联合国官方语言的呼声也日渐高涨。然而，在印地语国际化发展的道路上，挑战与机遇并存，解决各类问题需要印度政府和人民共同付出努力。

关键词： 官方语言；国际语言；世界印地语大会；联合国；挑战；变革

---

* 本文受到四川外国语大学教学改革研究项目（JY2062261）和四川外国语大学非通用语教学团队项目“《电影镜头下的印度国情面面观》教材建设研究”的资助。

** 熊晨旭，男，1992年生，印度尼赫鲁大学硕士研究生，四川外国语大学重庆非通用语学院助教。主要研究方向：印地语语言应用与教育、印地语文学、印度社会人文。

一、印地语的发展历程

（一）印地语的历史

任何语言的发展都存在两种形式，一种是人民群众日常生活的交流语言，另一种是文学艺术的语言。日常生活的交流语言以其标准语的形式运用于文学创作当中。最初，雅利安人来到南亚次大陆后所使用的语言是吠陀梵语，后来逐步发展为民间梵语的形式。民间梵语也被称为古代印度俗语，意为淳朴自然的语言。印度有很多早期文学作品是以古代印度俗语创作而成的。此后，古代印度俗语进入中古印度俗语阶段，中古印度俗语被认为是现代印度雅利安语言的开端。早期印地语也是源自中古印度俗语，早期的西部印地语、东部印地语、比哈尔语、拉贾斯坦语和山地印地语便是中古印度俗语的分支方言，这些早期印地语方言在公元1000年前后以中古印度俗语的形式逐渐兴起。从吠陀梵语时期到中古印度俗语时期，印度雅利安语言以方言的形式不断发展演变，早期印地语各方言的发展就是此过程的一个缩影。总体而言，印地语的发展经历了三个阶段：早期发展（公元1000—1500年）、中期发展（公元1500—1800年）和现代发展时期（公元1800年至今）。①

在印地语漫长的发展历程中，印地语的语音、语法、词汇等各方面都在不断变化着。在现代印地语中，梵语、阿拉伯语、波斯语和英语的影响相互交织，由此印地语与时俱进，其表意的能力和功效得到塑造与提升。然而，近代以来英语对印度社会的广泛渗透影响，也对印地语的独立发展造成冲击。在现代印地语的发展过程中，克里方言印地语逐渐以标准语的形式出现在人们的日常生活里。

克里方言即印地语的现代标准语，是印度梅拉特及周边地区的地方方言，类似于汉语普通话是北京及其周边地区的方言。克里方言包括印地语和乌尔都语，是印地语区的主要方言。

① ［印度］博拉那特·迪瓦里．印地语简史［M］．德里：智慧印度出版社，1981.

"印地语"（Hindi）这个词源于波斯语，最初主要以口头语的形式传播，后来逐渐用阿拉伯语字母书写，19 世纪前后天城体逐渐取代阿拉伯语字体来表述印地语。独立运动时期的印度，印地语得到长足发展，在教育、文学、国政和科学等多个领域都获得空前普及。印度独立以后，印度宪法规定印地语作为印度的官方语言，是各邦之间交流的公共语言，所以印地语在印度发挥着独特的作用。印地语成为印度社会中大多数人的语言，即使不少印度人的母语并非印地语，但他们也能理解印地语，并通过印地语正常地生活工作。

印地语作为印度人民相互交流的共通语言，广泛地被不同地区的人们所接受。如今，印地语不仅在印度广为使用，而且在世界其他有印度人的地方通行。非印地语母语的印度人见面的时候，习惯用印地语交流。当然，在印地语被淬炼成大众语言的过程中，融合梵语语言传统并加入乌尔都语和其他语言的词汇是十分必要的。然而，在英语单词逐渐涌入印地语的时候，只有那些印地语里没有相应表达的词语才适合用英语来代替表述。从这个方面看，甘地的语言理念是富有时代意义的。莫罕达斯·卡拉姆昌德·甘地曾经倡导印地语应该作为唯一的国语来推行，其他任何一门语言都不能成为国语，因而在印地语的标准形式中应该强调其统一性。

（二）甘地和印地语

甘地在非洲旅居的时候看到有很多印度人同样来到非洲工作，他们来自印度的不同地方，有着各自不同的母语，如印地语、泰米尔语、泰卢固语、古吉拉提语、马拉提语等。当时，甘地见到来非洲做劳工的天南海北的印度同胞，无论自己的母语是否为印地语，他们都使用印地语彼此交流。这一幕让漂泊在外的甘地深受感动，也在他心中燃起新的希望的火焰。在印度，若是不同的语言中间存在一门能够连通彼此的语言，那会是哪门语言呢？甘地认为只能是印地语。他认识到印地语的重要性，并在心中暗自给予印地语最崇高的地位。

1915 年 1 月，甘地从非洲返回印度，之后便开始在印度大力支持印地语国语化运动。1916 年 2 月 5 日，在印度迦尸城举办的天城体宣传大会上，甘地呼吁与会的所有官员、嘉宾还有学生在日常生活中真正掌握并运用印地语。1916 年 12 月 29—31 日，在勒克瑙举行的国大党会议期间的一次会见上，甘地说道：“如果印度国内所有的行政事务没有用印地语执行，那么国家就不会有进步；倘若国大党不使用印地语处理自己的全部事务，那么就不可能实现国家独立。在此，我不是要求所有的邦都放弃自己的语言而只学习使用印地语，在邦的层面上各邦当然应该使用自己的地方语言。然而，对于国家问题的商讨则应该用国语。其实要做到这一点并不困难，如今我们在大力推行英语，实则应该大力推行我们的印地语。”①

甘地极力支持印地语的国语化和全民普及化。他在 1916 年 12 月 29 日的勒克瑙“全印普通书法语言大会”上谈道：“请找出五位到十位印地语使者，让他们去到马德拉斯宣传印地语。”② 甘地的决心和努力不光体现在他的演说中，而且贯穿于他个人的日常生活。为了印地语的传播教育事业，他将自己的儿子戴维达斯·甘地派去马德拉斯，并在给儿子的一封家书中写道：“我读了你这两个月来在马德拉斯做印地语教育的情况报告，感到很欣慰。希望神保佑你长命百岁，让印地语能在马德拉斯的上空永恒缭绕，让北部和南部间的鸿沟消除，让这两地的人民能够团结一心。”③ 此外，甘地还参加了阿拉哈巴德的印地语文学大会的相关活动。

1919 年 4 月 18 日，甘地在印地语文学大会上语重心长地说：“此时此刻，国内兴起的坚持真理运动也是为了印地语的。如果我们对真理有一份真挚的敬畏之情，那么就不得不接受印地语这门无与伦比的语言，只有它值得我们推崇为国语，其他任何一种地方语言都承担不起这个重任。”④

在 1920 年 8 月 20 日甘地承担起印度领导者的伟任以后，他逐渐发现印度的穆斯林群体似乎对印地语有着天然的仇视情绪，因而对印地语的热情渐渐平息下来。在强调印地语重要性的同时，他也开始强调对乌尔都语的重视。为了缓和印度国内宗教派系的矛盾，甘地开始倡导将印度斯坦语（天城体的印地语和阿拉伯语字母的乌尔都语的合称）推向国语的位置。甘地担任印地语文学大会主席将近 27 年，他知道自己在印地语文学大会里

① ［印度］拉金德尔·米歇尔博士. 人民的语言印地语［M］. 德里：学生出版社，2015.
② ［印度］拉金德尔·米歇尔博士. 人民的语言印地语［M］. 德里：学生出版社，2015.
③ ［印度］拉金德尔·米歇尔博士. 人民的语言印地语［M］. 德里：学生出版社，2015.
④ ［印度］拉金德尔·米歇尔博士. 人民的语言印地语［M］. 德里：学生出版社，2015.

的声望和尊荣，但是他也清楚印地语文学大会是不会同意大力宣传阿拉伯语字母的。因此，甘地在印地语文学大会里就任的时间越长就越容易失望，最终在1945年7月25日辞去了印地语文学大会主席的职务。

1947年8月14日，印度在宗教分裂的火焰中被烧成两块，甘地的印度斯坦语之梦也随之破碎。

甘地曾经的梦想是，印度能通过语言文化上的统一成为一个独立而团结的国家。为了实现这个远大的梦想，甘地终其一生都在努力。然而，通往成功的道路从来都不是平坦的，这个遗留下来的时代任务将会流传给一代又一代的印度儿女。

（三）世界印地语大会

印度共和国成立之后，印地语和英语都作为官方语言确立下来。其中，印地语是印度国内最为通行的语言。在这样一个时代背景下，旨在把印地语打造成国际性语言的世界印地语大会开始筹备起来。截至目前，世界印地语大会从1975年到2018年共成功举办过十一届，分别在那格普尔（印度）、路易港（毛里求斯）、新德里、西班牙港（特立尼达和多巴哥）、伦敦、帕拉马里博（苏里南）、纽约、约翰内斯堡（南非）、首尔等城市举办。①

在世界印地语大会的不懈努力下，印地语教育事业可谓硕果累累：在印度沃尔塔成立了甘地国际印地语大学，在阿格拉建立了印度中央印地语学院。此外，通过印地语大会的帮助，印地语教育在世界范围内也得到广泛发展。印度籍印地语教师被派往世界各地从事印地语教学，而与印度合作的国家政府、大学和独立机构也能得到印方提供的便利和协助。未来，世界印地语大会还将在科学技术、经济发展、通信工程和信息技术等领域促进印地语的广泛发展和使用。世界印地语大会还有一个更为远大的目标，即促使印地语成为联合国官方语言。

未来，我们一起期待世界印地语大会带来更多的成果，也一同关注在

---

① ［印度］拉维德尔·加里亚．语言的个性与印地语的全球视野［M］．德里：印度政府外交部印地语处，2012.

印地语国语化和国际化道路上世界印地语大会的非凡贡献。

二、国际化道路上的印地语

印地语不光在印度本国通行，在印度以外的一些国家也有一定的使用度。印地语按日常使用人口计算，是世界上仅次于汉语的第二大语言。

现如今，印地语在印度之外世界范围内传播的方式主要有两种：一种方式是通过印度海外移民传播，印度移民移居海外之后仍然使用印地语，故而把印地语带到当地；第二种方式是外国高校将印地语作为一门外语在当地开展相关的教育和研究工作，从而起到在世界范围内传播推广印地语的作用。

无论印度人去到世界的哪个地方，印度的文化、文学和语言就会被带到那里。他们在新的地方安居，并把自己的母语世世代代传授给自己的孩子。目前，世界上印裔人群比例较大的国家有毛里求斯、斐济、苏里南、特立尼达和多巴哥、圭亚那等。现今，印度以外的国家和地区也逐渐有印地语的杂志或刊物出版发行，比如在斐济、毛里求斯、英国、美国等国相继出现不同种类的印地语杂志或刊物。普列姆昌德的长篇小说《戈丹》被翻译成多国语言在全球享有知名度。近年来，印地语教学在全球越来越受欢迎，中国、欧洲、美国、日本、俄罗斯、韩国、尼泊尔和斯里兰卡等国的印地语教育体系已经形成。随着印度的崛起，印地语教育研究事业在全球将会欣欣向荣。

随着全球化的推进，世界日趋变成一个不可分割的整体。今天，没有一个国家能够完全摆脱其他国家的影响。印度和中国一样是亚洲强国，也是世界性大国，有其独立而完整的文化传统。近年来，在世界各地定居的印度人越来越多。在世界舞台上，印度是有自己独特光环的国家。如今，越来越多的跨国公司更倾向于聘请懂印地语的人员来从事印度相关的工作，他们知道打开印度无限市场的钥匙是印地语。

今天，印地语在教育、新闻、媒体、广告、音乐、电影和文学创作等不同领域不断发展。印地语是一门顺应全球化时代潮流的语言。作为一门语言，它可以满足广大印度人民的表达需要并能在实践运用中不断变化发展，印地语是“活的”语言。所有这些语言特点都为印地语走上国际化道路增添了助力。

三、印地语漫长的“入联”之路

联合国致力于维护世界和平，其宗旨是在世界各国人民之间建立友好亲善的桥梁。如果一门语言能够拉近世界各地人们的距离，在不同文化之间起到相互融合的作用，那么这门语言就是值得被全世界尊重的。印地语是一门和平、友善且具有包容性的语言。在印地语产生和发展的过程中，它的文化底蕴便是反对失德、暴力、奴役和殖民主义，这也是印度民族个性里的一个组成部分。

印地语在联合国取得官方语言的地位一直是印度大国梦的一部分。在文化层面，语言被看作一个国家的软实力，潜移默化地发挥着重要作用。联合国五大常任理事国都十分注重本民族语言的作用，印度也想借助印地语的文化软实力来提升印度的全球影响力。因此，近年来印度正致力于在联合国提高印地语的地位。

从大国身份的角度看，若印度想在世界上树立自己的大国风范，那么使用自己民族的语言印地语则是非常有必要的。如果将印地语舍弃而使用其他语言表达印度，将会是一个不明智的选择。随着印度社会对外开放程度的不断提升，如果想让外界更加了解和尊重自己，那么让外国人学习并理解印地语则是非常必要的。

印地语应该获得与印度大国身份对等的地位。印地语至今未能列入联合国官方语言，可以说是对世界第二发展中大国印度的消极回应。印度国内和世界范围内的印地语爱好者应该看到印地语面临的挑战。印度政府有责任在全国范围内全面推广印地语。否则，若是印度人自己都不使用自己的语言，那么在联合国确立官方语言地位又有什么意义呢？

总体来说，印度在印地语联合国官方语化的这件事上主观感情的成分比较多，而实际行动并不充分，以至于印度驻联合国代表在工作时仍然使用英语，因而在印地语入联这件事上，联合国不少成员国并不支持印度的主张。因此，印度政府在全面鼓励使用印地语的同时，也在通过外交手段争取外国的支持和协助。在政治层面以外，经济层面的因素也尤为重要。因为如果联合国要将一门新的语言纳为官方语言，那么就意味着联合国内部的经费预算会相应提高，每年会增加1500万美元左右的赞助经费。除联合国官方语言专项赞助经费外，聘请笔译、口译办公人员的费用以及联合国内部的渠道经费等更是一笔不小的支出。所以印度政府想要推动印地语联合国官方语化，也需要有充足的财政准备。

虽然印地语在推广的过程中取得一些成果，但是印地语入联的道路将是一段漫长的过程。其中一个很大的原因是，印地语在印度国内的影响力虽然广泛，但仍然被英语和其他地方官方语言所分散。

如今，印度正积极成为联合国安理会常任理事国，印地语若被确立为联合国官方语言，那么对于印度扩大在联合国的影响力将是一种助益。与此同时，随着印度的不断发展，其自己的民族语言也会担负起提升国家软实力的责任。

四、关于印地语的一些思考

（一）印度社会发展的文化基础——印地语

印度的发展和印度最大的语言印地语之间的关系是重要的。据统计，目前印度国内以印地语为母语的人达到近6亿，还有近3亿把印地语作为第二语言使用。印地语的总体使用人数达到近9亿，印地语已经成为印度使用人数最多的语言。

现代印度社会中最严重的问题是贫困问题，而解决贫困问题的一个治本之法便是教育。获取教育机会和教育资源的不公平，会造成社会的不平衡。教育状况无形中塑造了一个社会的经济生态和整体发展水平。同时，教育和语言的关系是深厚且不间断的，因为人们思考的基础是语言，教育离不开语言。在教育中运用何种文化底蕴的语言进行教学研究，抑或学习什么语言来提升学生的综合素质，这些都对教育的内涵和效果产生了深刻影响。

印度的大多数小孩是讲着印地语长大的，然而在印度的教育体系尤其是高等教育领域，英语享有最高礼遇，除了印度各民族语言文学专业是用本地民族语言授课外，其他专业都是用英语授课。这种状况对教育质量有一定的负面影响。在农村生长的孩子，英语水平通常很有限，因此对他们来说，获得受高等教育的机会就更不易了。

在印度有这样一个趋势：人们看到英语在印度社会的崇高地位，普遍认为国家的发展和个人的事业只有借助英语才能实现。因此，印度的大多数父母都希望自己的孩子能学好英语。由于印度复杂多样的语言政策，孩子会逐渐成为多语言掌握者，然而事实上大多数孩子同时会变成半语言掌握者，换句话说就是不能精通任何一门语言。现在的问题是，如果一个人不精通任何一门语言，个人又如何在受教育的过程中充分发展呢？个人素质得不到充分发展，势必会影响全社会的教育成效，进而不利于社会的整体发展。

民族语言包含一个国家的传统文化底蕴，对整个国家社会思想形态的塑造是长期且深刻的。因此，印度政府正努力在世界范围内给印地语定义更为合适的位置。然而，现在最关键的是要在印度国内给予印地语足够的支持。强大而主流的印地语可以成为印度全面发展的关键性因素。

（二）印地语的全球视野：挑战和机遇

近六七十年来，印度政府在推广印地语和提升印地语国际影响力方面做了很多努力，其中包括世界印地语大会、由甘地国际印地语大学主办的印地语日、给外国学生的奖学金等。同时，印度政府近年来在印地语事业上也投入了不少资金。尽管如此，印地语的发展现状并不尽如人意。在印度，语言问题错综复杂。综合起来看，有两方面原因：第一，印度各邦有各自不同的地方语言，并且各地方语言的书写方式都不尽相同；第二，英语仍作为官方语言在印度通行。

英国人从南亚次大陆离开以后，各类种姓、宗教、政治、经济和社会矛盾在印度不断激化，其中语言矛盾便是一个最为棘手和尖锐的问题。由于担忧自身经济、政治、文化各方面的利益受到损害，非印地语邦对将印地语设为唯一国语大多持反对态度。为了平复非印地语邦的反对浪潮，印度中央政府通过宪法将印地语和英语同时确立为印度的官方语言。除此之外，在地方主义势力的压力下，印度政府还根据地方语言的不同在各地建立了不同的语言邦，在这些语言邦内部，各自的地方语言被设立为各邦的官方语言。这样一来，印度国内便出现多官方语言并行的独特现象。

如今，印度实行的可谓是“三语模式”，即印地语、英语和各地方语言并行，也就是在国家层面印地语和英语并列为官方语言，同时各非印地语邦有各自的地方官方语言。但是在部分非印地语邦内，印地语没有受到足够的重视，实际上是英语和当地语言发挥了关键性作用。此外，印度人普遍有一个这样的观念：通过学习英语能够解决问题，那么就没有什么必要学习其他语言，英语为什么不可以成为印度自己的语言呢？这样一来，英语便逐渐成为印度教育事业里的主导语言。印度教育中英语通行的现状一定程度上也是印度长期缺乏统一的语言政策的结果。

在全球化的今天，英语作为最为主流的语言，在世界各地拥有强势而广泛的影响力。英语以世界性语言的姿态，给人们带来客观的经济和社会效益。除去外在的大环境，从被殖民时期到独立后，英语一直是印度一个特殊而重要的语言。所以，时至今日，英语在印度的影响力非但没有减弱，而且有逐步提升的趋势。过去两个世纪以来，英语在印度被视为高级的语言，熟练掌握英语被看作是身份地位的象征，因此在一些官方场合，印度人更倾向于使用英语而非印地语。

印度作为一个大国，其语言问题的症结在于偌大的一个国家没有一门统一的国语作为官方语言，也没有一门语言是真真正正被全体国民所接受的。国语是民族信念和民族团结的基石，语言问题会给国家意志的统一带来阻碍，多官方语言会造成社会资源的浪费。英语作为外邦语言，并不能很好地表达自己国家的文化和历史。从这一层面看，英语对印度自身文化和国家意志的统一与发展而言并不是适合的语言。语言不仅是一项社会工具，更是一种文化。在印度，接受英语教育的社会精英们受到西方文化思想的深刻影响，他们的思维方式已经西化了。因而在实践中，这些西化的印度精英有时并不能很好地理解印度社会深层次的问题，他们所制定的国家政策和经济发展模式有时候并不能和印度社会发展的状况相适应。因此，印度的发展潜能不能得到充分释放，印度社会的平衡发展也会面临一些问题。由此看来，印度自己的民族语言印地语的强势振兴对印度自身的发展而言十分重要。印度政府不应该迫于地方民族主义的压力和国内英语的冲击而丧失勇气与执行力。

对于任何一个独立国家而言，自己的民族语言是其民族自尊心的支撑。因此，合理解决印地语面临的问题对印度而言是必要的。对此，笔者有几点建议：印地语应该作为印度的教育媒介语言；在印度高中成绩考核里，印地语应该作为必修课程，学生需要通过印地语的考试才能取得高中毕业证；并且，这些语言举措需要覆盖到每一个邦。印地语的传播发展需要得到印度联邦政府的大力支持：印度国会、立法议会、法院、各政府办公室和联邦委员会等各政府部门都应该使用印地语；所有政府文件和会议演说都应该用印地语来表述。文学艺术领域应该加强各语言的统一联合，大力发展印地语和其他各印度语言的文学互译事业。

印地语是印度其他语言的合作者，而非竞争者。在发展壮大印地语的同时，印度的其他语言也可以发展。以印地语为主导并不是要阻止其他语言的发展，只是将印地语立为印度的联邦共同语言，赋予印地语最高的社会文化地位。印地语是人民的语言，因此印度政府一直以来把它定义为官方语言。如果印地语能真真正正被印度全体国民接受为印度的共同民族语言，那么印地语必定会在世界范围内获得广泛影响力。印地语的出路在于能被人们敞开心扉地接纳，但这个过程需要时间。

参考文献

[1]［印度］博拉那特·迪瓦里．印地语简史［M］．德里：智慧印度出版社，1981.

[2]［印度］拉金德尔·米歇尔博士．人民的语言印地语［M］．德里：学生出版社，2015.

[3]［印度］拉维德尔·加里亚．语言的个性与印地语的全球视野［M］．德里：印度政府外交部印地语处，2012.

韩语中表推测词尾的对比研究*

——以“-은/는/을 것 같다”“-은/는/을 모양이다”“-나 보다”为例

黄进财** 杨小寒***

摘　要：韩语中表示推测的词尾在日常交流中的使用频率非常高，本文以“-은/는/을 것 같다”“-은/는/을 모양이다”“-나 보다”为例，从统辞论的角度出发，针对主语、时态、句子类型以及翻译角度等方面进行对比，希望能给韩国语学习者提供简单易懂的辨别方法。

关键词：韩语；推测词尾；统辞论

一、引言

我们在日常交流中用推测句型来表达可能性、希望等，使用推测语法能使语言生活变得更加丰富多彩，因此它在日常交流中占据了重要的地

---

* 本文为重庆市高校国际化人文特色建设项目（非通用语）教学团队：“高素质复合型朝鲜语国际化人才培养教学团队、重庆市高校国际化人文特色建设项目（非通用语）科研团队：非通用语国家跨文化哲学思想研究团队、四川外国语大学外国语言文学学科科研创新团队：非通用语跨文化交际科研创新团队阶段性成果。

** 黄进财，男，1978年生，硕士，副教授，硕士生导师。主要研究方向：韩国语言、文化教育，中韩互译，中韩语言、文化比较。

*** 杨小寒，女，1996年生，朝鲜语笔译硕士在读。

位。韩语中推测词尾很多，其形态多样且相互间存在细微的差异。如果无法正确分辨出其中的差异，就无法准确理解说话人的态度，同时也无法准确表达自己的想法。

韩语教材中最常见的推测词尾可被细分为初级、中级和高级三个水平。初级水平的推测词尾如“-겠-”“-은/는/을 것이다”“-은/는/을 것 같다”“-을 까”等；中级水平的推测词尾有“-나 보다”“-을 테니까”“-을 텐 데”“-을 걸요”等；高级水平的推测词尾则是“-은/는/을 모양이다”“-은/는/을 듯하다”“-기가 쉽다”“-을 법하다”等。而日常交流中使用最多的推测词尾为“-은/는/을 것 같다”“-은/는/을 모양이다”“-나 보다”，同时也是使用时最容易用错的词尾。其主要原因有两个：首先，韩语是黏着语，需要借助助词和词尾来表达语法关系，而在使用助词和词尾时有诸多限制，导致在使用时容易出错。其次，受母语的影响，这是一个最常见也是最大的影响因素，母语是学习者的第一语言，在学习韩国语的过程中，学习者始终须通过母语来阅读理解，尤其是对于中国的韩语学习者来说，上述三个推测词尾都能被翻译为“好像”的意思，因此受汉语思维的影响，中国韩语学习者难以准确判断这三个推测词尾的使用区别。

迄今为止，有很多学者对韩国语中表推测的语法进行了研究，本文在前人研究的基础上，以韩国语中使用频率最高的推测词尾“-은/는/을 것 같다”“-은/는/을 모양이다”“-나 보다”为例，从统辞论的角度出发，就主语、时态、句子类型和翻译角度四个方面进行比较研究。希望本文能给韩国语学习者在区分、理解和使用“-은/는/을 것 같다”“-은/는/을모양이다”“-나 보다”时提供借鉴。

二、韩国语中表推测语法的对比研究

此部分将以“-은/는/을 것 같다”“-은/는/을 모양이다”“-나 보다”为中心，从统辞论的角度，围绕主语、时态、句子类型（句末使用的终结词尾类型）等方面进行对比研究。

（一）主语

“-은/는/을 것 같다”“-은/는/을 모양이다”“-나 보다”均可表示推测，但对于主语的限制各有不同。

“-은/는/을 것 같다”表示基于说话人自己的亲身经历或回忆做出的推测，可用来表达强烈的主观想法，因此在使用时对句子的主语没有限制。

例句：

(1) 가. 내가 어젯밤에 악몽을 꾼 것 같다. 我昨晚好像做噩梦了。

나. 그가 어젯밤에 악몽을 꾼 것 같다. 他昨晚好像做噩梦了。

(2) 가. 내가 중국에서 한국어를 가르치고 있나 보다. 我好像是在中国教韩语。(×)

나. 철수가 중국에서 한국어를 가르치고 있나 보다. 哲洙好像是在中国教韩语。

从例句（1）中可得知，“-은/는/을 것 같다”在使用时没有主语限制。而“-나 보다”则是表示基于所见的现象或客观依据做出的推测，不可用于亲身经历的事情，因此不能用于第一人称，而是多用于第三人称。所以像例句（2가）中第一人称“我”做主语是不适用的。

“-은/는/을 모양이다”和“-나 보다”一样，都表示基于客观事实做出的推测，因此二者都是多用于第三人称。

例句：

(3) 가. 옷 차림의 모양. 我好像考试挂科了。(×)

나. 우울해 보이니 시험에 떨어진 모양이다. (他）看起来挺沮丧的，好像是考试挂科了。

如例句（3）中主语为说话人时，叙述的是自身经历的事情，因此不能用“-은/는/을 모양이다”。但如果是基于“看起来沮丧”这一客观事实时，则表示主语为第三人称，如“他”。

值得注意的是，极少数情况下，“-나 보다”可用于第一人称。

例句：

(4) 요즘 너무 바빠서 (내가) 정신이 없었나 봐. 最近太忙了，

（我）好像有些手忙脚乱了。

(5) 내가 어제 너무한 모양이다. 我昨天好像太过分了。

例句（4）当中，说话人将自己的事当作别人的事来叙述，这时“-나 보다”可与第一人称共用。同理，例句（5）中的“-은/는/을 모양이다”也可与第一人称共用，且这时表示的是说话人对自己经历的事情难以准确判断。

（二）时态

“-은/는/을 것 같다”“-은/는/을 모양이다”“-나 보다”在实际使用时，适用的时态略有不同。

“-은/는/을 것 같다”和“-은/는/을 모양이다”都可通过冠形词形“-은/는/”来分别表示过去时、现在时和将来时，因此在使用时没有时态限制。

而“-나 보다”中词尾“-나”前多搭配现在时和过去时使用，且说话人是基于自己当前所见的客观情况做出的推测，所以“보다”后只可用现在时。

例句：

(6) 가. 철수가 그녀와 같이 저녁을 먹는 것 같다. 哲洙好像和她一起在吃晚饭。

나. 철수가 그녀와 같이 저녁을 먹은 것 같다. 哲洙好像和她一起吃了晚饭。

다. 철수가 그녀와 같이 저녁을 먹을 것 같다. 哲洙好像要和她一起吃晚饭。

(7) 가. 철수가 그녀와 같이 저녁을 먹나 보다. 哲洙好像和她一起在吃晚饭。

나. 철수가 그녀와 같이 저녁을 먹었나 보다. 哲洙好像和她一起吃了晚饭。

다. 철수가 그녀와 같이 저녁을 먹겠나 보다. 哲洙好像要和她一起吃晚饭。

(8) 가. 철수가 그녀와 같이 저녁을 먹는 모양이다. 哲洙好像和她

一起在吃晚饭。

나. 철수가 그녀와 같이 저녁을 먹은 모양이다. 哲洙好像和她一起吃了晚饭。

다. 철수가 그녀와 같이 저녁을 먹을 모양이다. 哲洙好像要和她一起吃晚饭。

例句（6）和（8）当中的“－은/는/을 것 같다”和“－은/는/을 모양이다”对于其前面的动词时态没有限制，因此可以和任何时态搭配使用。而例句（7가，나）当中，“－나 보다”前可使用现在时和过去时，不可使用将来时，但如果像（7다）中出现“－겠－”，则可将其理解为“推测”的意思。

此外，如果是叙述已发生的内容，“－은/는/을 것 같다”前的用言（动词/形容词）后可用表示过去时的先语末词尾“－던”，即“－았/었던 것 같다”或“－던 것 같다”。

例句：

（9）가. 작년에 친구 생일파티에서 만났던 것 같다. 去年好像在朋友的生日聚会上见过。

나. 내가 전화할 때 엄마가 운전 중이던 것 같았다. 姐姐以前好像比妹妹更美。

다. 동생보다는 언니가 더 예뻤던 것 같다. 我打电话时妈妈好像正在开车。

（10）가. 기분이 좋은 걸 보니 시험을 잘 본 모양이다.（他）心情挺好的，好像考得不错。

나. 궁금하지 않는 걸 보니 이야기를 다 들었던 모양이다.（他）并不好奇，好像是全都已经听说了。

다. 드라마가 재미있었던 모양이다. 电视剧好像还挺有趣的。

正如例句（9）中所见，当出现表示过去时的先语末词尾“－던”时，可与动词、形容词和名词搭配。同理，从例句（10）也可知，当叙述已发生的内容时，还可用“－았/었던 모양이다”。这时，如果要搭配形容词使用，则仅可用“－았/었던 모양이다”。

（三）句子类型

韩国语中表推测的语法在实际运用时，多以陈述句的形式出现。同时，说话人多用“推测”来表达内心想法，因此推测语法还常出现在感叹句中。而且，从韩国语句子类型的角度来看，感叹句其实也具备陈述句的属性。

例句：

（11）가. 철수가 아직 안 잔 것 같다/같구나. 哲洙好像还没睡/还没睡呢。

나. 철수가 아직 안 잔 모양이다/모양이구나. 哲洙好像还没睡/还没睡呢。

다. 철수가 아직 안 잤나 보다/보구나. 哲洙好像还没睡/还没睡呢。

如例句（11）中所见，“－은/는/을 것 같다”“－은/는/을모양이다”“－나 보다”均可用于陈述句和感叹句。但通过以下例句（12）则可知，韩国语中表推测的语法一般情况下不可用于命令句和共动句。

例句：

（12）가. 철수가 아직 안 잔 것 같아라/같자. 哲洙好像还没睡吧！（×）

나. 철수가 아직 안 잔 모양이라/모양이자. 哲洙好像还没睡吧！（×）

다. 철수가 아직 안 잤나 보라/보자. 哲洙好像还没睡吧！（×）

（13）가. 철수가 아직 안 잔 것 같니? 哲洙好像还没睡吗?

나. 철수가 아직 안 잔 모양이니? 哲洙好像还没睡吗?（×）

다. 철수가 아직 안 잤나 보니? 哲洙好像还没睡吗?（×）

通过例句（13나, 다）可知，“－나 보다”和“－은/는/을 모양이다”不可用于疑问句。这是因为这两个语法当中说话人都是基于客观情况做出的推测，推测的主体只能是说话人自己。不过，例句（13 가）则表明，“－은/는/을 것 같다”可用于疑问句，这是因为其推测的主体既可能是说话人自己，也可能是听者。

（四）翻译角度

在学习外语的过程中，必不可少的一项内容就是翻译。如何恰到好处地把母语翻译成外语，或是将外语翻译成母语，都不是一件易事。因此，翻译也被看作外语学习者的一项重要的能力。我们在翻译时，常常会受到源语或译入语的影响，导致翻译出错。在前文中有提到，外语学习是会受到母语的影响的，因此在翻译尤其是将汉语翻译成韩语时，要注意从这三个语法各自的限制条件出发来选择，下面就从翻译角度对这三个语法进行比较。

“-은/는/을 것 같다”“-은/는/을 모양이다”“-나 보다”在被翻译成汉语时，多数中国韩语学习者都可以准确地将其翻译成“好像”的意思。但在将汉语翻译成韩语时，却往往会出现诸多问题。

通过前文的内容可以得知，“-은/는/을 것 같다”“-은/는/을 모양이다”“-나 보다”在一般情况下均不可用于命令句和共动句。因此在翻译时，如果原句是命令句或共动句时，不能选择用“-은/는/을 것 같다”“-은/는/을 모양이다”“-나 보다”。

首先，“-은/는/을 것 같다”相对来讲，无论是从统辞的角度还是终结词尾的角度来看，都是常用推测语法中限制最少的语法，所以学习者较为喜欢使用。其在使用时没有主语和时态的限制，可以和陈述句、感叹句以及疑问句终结词尾一起使用。因此在将汉语翻译成韩语时，首先要判断需要翻译的汉语句子是否属于以上三种类型，如果属于，则可以考虑使用“-은/는/을 것 같다”进行翻译。

其次，“-은/는/을 모양이다”多用于第三人称，极少数情况下可用于第一人称，即当说话人对亲身经历的事难以做出准确判断时。此外，“-은/는/을 모양이다”在使用时，没有时态限制，适用于陈述句和感叹句，不可用于疑问句。因此在将汉语翻译成韩语时，如果原句为陈述句和感叹句，也可以选择使用该语法进行翻译。

最后，“-나 보다”和“-은/는/을 모양이다”一样，多用于第三人称，极少数情况下才用于第一人称，如说话人将别人的事情当作自己的事情来叙述时。同时，“-나 보다”在使用时，多用于现在时和过去时，

适用于陈述句和感叹句，不可用于疑问句。所以在汉韩翻译中，遇到原句为陈述句和感叹句的情况时，还可以选择使用“ -나 보다”来翻译。

三、结论

韩国语是黏着语，需要借助助词和词尾来表达语法意义。因此在学习韩国语的过程中，应该把助词和词尾作为一个重点来学习。此外，韩国语语法中有大量的相似语法，推测语法就是其中之一。韩国语中表推测的语法至少有十几种，本文谈论的重点——“ -은/는/을 것 같다”“ -은/는/을 모양이다”“ -나 보다”，则是众多推测语法中使用频率最高的语法，也是韩国语学习者需要着重掌握的语法。但由于学习者在初期多数采用语法翻译式的学习方法，而这三个语法都可以对应翻译成汉语的“好像”，学习者极容易混淆或用错。本文根据前人的研究成果，通过多个常见实用的例句，从统辞论的角度出发，围绕主语、时态、句子类型以及翻译角度等四个方面对“ -은/는/을 것 같다”“ -은/는/을모양이다”“ -나 보다”进行了对比研究。对比内容整理如下：

		-은/는/을 것 같다	-은/는/을 모양이다	-나 보다
主语	第一人称	√	-	-
	第三人称	√	√	√
时态	过去时	√	√	√
	现在时	√	√	√
	将来时	√	√	×
句子类型	陈述句	√	√	√
	感叹句	√	√	√
	疑问句	√	×	×
	命令句	×	×	×
	共动句	×	×	×

总的来说，从主语限制的角度比较，“ -은/는/을 것 같다”没有主语

限制，“-은/는/을 모양이다”“-나 보다”都是多用于第三人称，极少用于第一人称。从时态限制的角度来看，“-은/는/을 것 같다” “-은/는/을 모양이다”都不受时态限制，而“-나 보다”多用于现在时和过去时。从句子类型的角度比较，这三个语法都不能用于命令句和共动句中，“-은/는/을 것 같다”所受限制最少，可以用在陈述句、感叹句和疑问句中，“-은/는/을 모양이다”“-나 보다”则都是只能用于陈述句和感叹句，不可用于疑问句中。从翻译角度来看，“-은/는/을 것 같다”可以选择的句型较多，所受限制较少，而“-은/는/을 모양이다”“-나 보다”由于受到句型的限制，在翻译时应注意句型的选择。

本文从以上四个方面针对“-은/는/을 것 같다”“-은/는/을 모양이다”“-나 보다”进行了对比研究，希望能使韩国语学习者尤其是中国的韩语学习者简单理解这三者的差异，以便在日常交流和学习中更准确地运用推测语法。

参考文献

［1］황주화．한국어 추측 표현 교육 방안 연구-고빈도 추측 표현을 중심으로［D］．세종대학교 박사학위논문，2018.

［2］우교．한국어 추측표현의 중국어 대응 표현 연구-은/는/을 것 같다，-은/는/을 모양이다，-나 보다［D］．동국대학교 석사학위논문，2014.

［3］선은희．한국어 문법 교수 방안 연구-추측 범주‘-는 것 같다’，‘-나 보다’，‘-는 모양이다’를 중심으로［D］．연세대학교 석사학위논문，2003.

［4］白峰子．白峰子韩国语语法词典［M］．世界图书出版公司，2008.

［5］朴淑子．简明韩国语语法［M］．中国宇航出版社，2006.

非通用语文学研究

从微观史学视角看意大利“边城”叙事文学[*]

陈　英[**]

摘　要： 1861 年意大利王国建立之后，的里雅斯特和特兰托地区还没从奥地利人手里收复回来。近些年，这些边缘地区出现了像马格里斯、巴尔扎诺、维拉尔塔这样的杰出作家，他们打造了地域性很强的“边城”文学。本文从微观史学视角分析这三位作家的作品主题和风格，勾画这个地区叙事文学的概貌。

关键词： 微观史学；马格里斯；《微型世界》；巴尔扎诺；维拉尔塔

一、引言

意大利史学家卡洛·金斯伯格（Carlo Ginzburg）及同时代的历史学家乔万尼·列维（Giovanni Levi）等人开创了“微观史学派”，这个学派关注地位卑微的个体和群体，缩小了传统史学观察和分析的范围，对文献资料

---

* 项目名称：四川外国语大学 2020 年校级一流专业建设项目。

** 陈英，意大利马切拉塔大学语言学博士，现为四川外国语大学法意语系副教授，主要从事意大利近现代文学翻译与研究，译有“那不勒斯四部曲”《愤怒的城堡》《一个人消失在世上》《拳头》《威尼斯是一条鱼》《迫害》等。

进行解读。这种史学观诞生于意大利，也影响到欧洲其他国家，比如法国的《日常生活史》（Histoire de la vie quotidienne）、《心态史》（Histoire des mentalite），德国和奥地利的《日常史》（Alltagsgeschichte）以及英国的《个案史》（Case history）等。[①]

微观史学派的经典著作是卡洛·金斯伯格的《奶酪与虫子》（Il formaggio e i vermi），主要分析意大利东北弗留利地区一个村庄磨坊主的世界观，这本书从前言部分就声称要把历史研究的焦点从帝王将相转移到一些小人物身上。[②] 金斯伯格通过这本著作，开启了一种以观察细小事物为基础的历史研究方法，将历史研究从宏大叙事转向微观叙事，从对重大政治、经济、文化与社会事件的研究转向对日常生活、普通人物以及经历的研究，通过对微不足道的小人物的研究来发现和了解历史。

金斯伯格笔下的这位磨坊主生活在意大利东北边区一个叫蒙特莱阿（Montereale）的山村，那是一个真正意义上的“边城”小镇。这位外号梅诺乔（Menocchio）的磨坊主能读会写，有机会接触了一些宣传新教及异端思想的书籍，比如没有删减的《十日谈》（Decamerom）。他有自己的思想，并敢于表达对上帝、教会和世界的看法。他用制作奶酪的方法打比喻，揭示了世界诞生的过程，认为天使就像奶酪中的虫子一样从无到有。1583 年他被当地宗教法庭以“异端和亵渎上帝”罪名起诉，经过前后两次长达十多年的审讯，于 1599 年前后被处死，金斯伯格的研究正是基于这些口供的记录。

1861 年意大利王国建立之后，的里雅斯特和特兰托地区迟迟没能从奥地利人手里收复回来。近些年，这些地区出现了像马格里斯、巴尔扎诺、维拉尔塔这样的杰出作家，地域性很强的“边城”文学随之崛起。本篇文章开头在《奶酪与虫子》这本专著上用了很多笔墨，因为这位历史学家的聚焦点和本地作家的写作主题不谋而合。马格里斯在他的《微型世界》（Microcosmi）中也用专门章节讲述了这位磨坊主的故事，历史和叙事文学交融在一起。“梅诺奇奥是 16 世纪蒙特莱阿附近的一个磨坊主，是个邪教

① 周兵．当代意大利微观史学派［J］．学术研究，2005（3）：93 –98.

② Ginzburg，Carlo. Il formaggio e i vermi，Il cosmo di un mugnaio del ’500［M］．Torino：Einaudi，1976：1.

徒，被处以火刑，他做过一些关于宇宙、人类甚至是上帝起源的比喻，他提到凝固的牛奶。”①

无论是马格里斯、巴尔扎诺还是维拉尔塔，他们关注的都是一些卑微人物在动荡的历史中的遭遇，尤其是马格里斯的《微型世界》，他的文本中包含着家族史、个人经历、地方志甚至地方文学史。本文主要分析这些“边城作家”的代表作，从微观史学视角分析这三位作家的作品主题和风格，勾画这个地区叙事文学的概貌。

二、意大利地域文学的渊源和特点

意大利叙事文学创作从19世纪的真实主义开始就呈现出一种地方性，这种影响到现在仍在延续。1875年真实主义兴起于米兰，那是当时意大利的文化中心，但实际上核心人物是西西里籍的两位作家：维尔加（Verga）和卡普安纳（Capuana），他们当时旅居米兰。后来，真实主义作品大部分围绕着意大利中部、南部和两个海岛——西西里与撒丁岛展开。真实主义受法国自然主义、实证主义影响，倾向于客观展示社会现实和人的处境，尤其是聚焦于一些卑微的人物，比如真实主义代表作——维尔加的《马拉沃亚一家》展现的是西西里岛上，老渔夫安东尼一家遭遇的厄运。为了客观讲述事实，维尔加使用了很多当地的谚语，还有一些方言词汇，尽量通过“众人之口”讲述这家人的遭遇。那不勒斯的真实主义创作是以玛蒂尔德·色拉奥（Matilde Serao）的《那不勒斯腹部》为代表的，反映了那不勒斯贫民区的生活，目前在世界上影响深远的埃莱娜·费兰特（Elena Ferrante）也继承了这一传统。撒丁岛的真实主义作家以黛莱达（Grazia Deledda）为代表，当代撒丁岛作家米凯拉·穆尔嘉（Michela Murgia）的成功作品《送魂婆》，② 依然扎根于本地的古老传统习俗。罗马和托斯卡纳也有一些真实主义作家，都是通过诗歌和短篇小说进行创作，影响没有西西里的真实主义作品大。

---

① ［意大利］马格里斯．微型世界［M］．陈英译．上海：上海译文出版社，2020：32.

② ［意大利］米凯拉·穆尔嘉．送魂婆［M］．汤荻译．上海：上海文艺出版社，2015.

真实主义深刻地影响到两位诺贝尔文学奖获得者，一位是体现撒丁岛社会现状的黛莱达（1926 年获诺贝尔文学奖），她以明晰的手法呈现萨丁岛的生活，对人类一些共同问题表示同情；另一位是展现 20 世纪初西西里社会状况的皮兰德娄（Pirandello，1934 年获诺贝尔文学奖）。真实主义对于戏剧影响很大，比如普契尼的戏剧创作。到法西斯统治结束，这种影响仍比较明显，《基督不到的地方》（Cristo si è fermato a Eboli）是北方作家卡洛·莱维（Carlo Levi）流放到南方时写的，当时也取得巨大成功。莱维用人类学家的笔触描写了南方城镇的生活、习俗和问题。我们发现，那些在意大利地理上处于边缘的地方，却在文学上取得丰硕成果。

卡尔维诺并不赞同这种地域色彩浓郁、作家汲取方言元素、展现地方特色的小说。在《文学机器》（Una pietra sopra）中，他说："如今我们把表现这个或那个地域'真实面貌'的任务交给了叙事文学，这个要求是错误的，因为小说属于历史范畴，而非地理范畴。一部小说的真正主题应该是对我们的时代定义，而不是对那不勒斯或佛罗伦萨定义。"① 卡尔维诺对于"童话"和"轻盈"的迷恋让他有意淡化作品的地域色彩，而从"新现实主义"作家转向"后现代"作家。近些年，"全球化"浪潮更凸显了地方色彩的重要性，现实主义的回归让意大利作家更关注眼前的地域现实，常常把故事背景放置于自己熟悉的、有迹可循的地方，让我们不得不把目光重新投向描写西西里的乔万尼·维尔加（Giovanni Verga），我们会发现他的语言具有奇迹般的现代性。我们无法回避的另一个作家是描写皮埃蒙特的帕韦塞（Cesare Pavese），根据近些年的研究，他的作品也呈现出浓郁的皮埃蒙特性。② 后面的文字中笔者会重点分析三位"边城"作家和他们的创作。

三、意大利"边城"叙事文学

正如前文所说，意大利是 1861 年才实现统一的国家，各地区长期缺乏

① ［意大利］卡尔维诺．文学机器［M］．魏怡译，南京：译林出版社，2018：22.

② ［意大利］陈英．切萨雷·帕维塞的"神话空间"［J］．外国文学，2019（3）：52－59.

融合，不同地区的居民和方言像马赛克一样拼凑在一起。其实到1861年，罗马、威尼斯、特兰托和的里雅斯特还没有实现统一，罗马属于教皇国，由法国军队守卫；北部三个地区还在奥地利人手里。[①] 用“边城”来形容意大利东北地区的特兰托和的里雅斯特最合适不过了。近些年，正是在这些地方，一些令人瞩目的作家出现了，比如在世界上享有盛誉的克劳迪奥·马格里斯（Claudio Magris），还有后起之秀马可·巴尔扎诺和章马里奥·维拉尔塔，尽管他们写作的主题不尽相同，但他们的作品呈现出很强的地域性，在主题和风格上有很多共同点。

（一）马格里斯与《微型世界》

的里雅斯特是意大利边陲小城，也是一个文学重镇，20世纪最重要的诗人萨巴（Umberto Saba）就在那里生活写作，而意大利意识流小说家——斯韦沃（Italo Svevo）也是这个城市的作家，他的《泽诺的意识》（La coscienza di Zeno）就是以这个城市为背景。乔伊斯有几年在这里旅居，与斯韦沃结识，对这位意大利作家影响很大。新一代的里雅斯特最杰出的作家是克劳迪奥·马格里斯，他是一位享有世界性声誉的作家。

马格里斯是的里雅斯特大学教授、诺贝尔文学奖的热点人物，1997年凭借《微型世界》获得“斯特雷加”奖。《微型世界》是一本很难界定的书，像万花筒一样让人目眩神迷，神话和历史混合在一起，家庭故事和世态百相、人世沧桑融为一体，它复杂的主题中含有几个核心词：森林、林间空地、环礁湖、城市、高山、积雪和大海。这场自然之旅开始于圣马可咖啡馆，结束于附近的公共花园和教堂。他的“微型世界”是的里雅斯特城的“公共花园”，也是他熟稔于心的地方，因为他是公园附近的“圣马可咖啡馆”的常客。

“圣马可咖啡馆”是的里雅斯特城的文人聚集处。这座城市历史悠久，文化气息很浓郁。旅居于此的乔伊斯也留下了感叹：的里雅斯特像爱尔兰一样，是很耗费肝脏的地方。马格里斯在这家咖啡馆写出自己的大学毕业

---

① ［美］海斯，［美］穆恩，［美］韦兰．全球通史［M］．冰心，费孝通译．北京：红旗出版社，2015：606.

论文，也在这里接受记者采访，发表对中欧问题的见解。马格里斯通过对这家咖啡馆的介绍，很自然引出这座城市的文学创作。

作为德国文化学者的马格里斯，马格里斯的作品知识性很强。他的句子一波三折，像波浪一样展开，是一种接近真相的尝试，这种欲言又止的曲折表达，让他的写作变得独一无二。在全书的结局，我们会看到这场旅行在空间上其实很短，只是在时间中层层积累，集体记忆和个人记忆像万花筒一样展现，一座花园也是一个世界。

> “从圣马可咖啡馆走到圣心教堂，经过花园，可以呼吸一点新鲜空气，这一段路你会穿过森林、环礁湖、城市、高山、积雪、大海，你会发现那里什么都有。假如后来在别的什么地方，你在林间空地上停留，发现一道亮光，或者一处海岸，那是因为你早已认识了它们——在花园里遇到过了。”①

马格里斯的《微型世界》虽然是一本很难界定的书，但他在开头的引言就阐明了自己的立场，他借用测量评估员阿梅代奥·格罗西之口，说明他要描述的是省份：尽管世界已经被人们熟知，试图把世界展示在我们眼前的书可谓汗牛充栋，但关于单独的省份，却很难看到应有的描述……②

他的创作思想和微观历史的研究方法有异曲同工之处，他甚至在作品中提到微观史学家金斯伯格（Carlo Ginzburg）研究过的人物：“多明尼克·斯坎德拉——人称‘梅诺乔’，他也以自己的方式做过诗人。也许就像他的同乡所说，他的宇宙起源论猜想有误，但别人的猜想也好不到哪里去，虽然那些假设都贴上了哲学或科学的标签。鄂多里克是一个捍卫正统教义的神甫，爱与人争吵，也是梅诺乔和他女儿的迫害者。鄂多里克不知道什么是爱，但梅诺乔知道，他对于子女和妻子的爱是他生活的轴心。”③

《微型世界》中还有无数像梅诺乔这样的人物，比如马格里斯的祖

① ［意大利］马格里斯．微型世界［M］．陈英译．上海：上海译文出版社，2020：294.

② Magris，Claudio. I microcosmi［M］．Milano：Garzanti，1997：2.

③ ［意大利］马格里斯．微型世界［M］．陈英译．上海：上海译文出版社，2020：40.

父——达里奥·马格里斯（Dario Magris）：

> 他从希波克拉底的艺术中学会洞察生命，但更多的是学会洞察死亡，另外他非常细致，制定计划之后，绝对不允许不按照计划执行……20世纪末的最后几年，13岁的塞巴斯蒂安爷爷去了的里雅斯特，后来积累了一些家产。而他的兄弟巴尔巴·瓦伦汀则留在马尔尼西奥种地，一直种到92岁，在寒冬的夜晚他会在马厩里反复读这些书：《悲惨世界》《约婚夫妇》《猥琐的圭里诺》《法兰西王朝》以及一套两本的世界百科全书。①

正如文学评论家克里斯提娜·塔亚蒂（Cristina Tagliatti）所说：马格里斯很关注边缘地段的人们和他们的命运，那是宏大的、统一叙事还没有涉足的领域。② 这又一次印证了微观史学的核心思想。《微型世界》不仅包含一些平民的人生经历，还包含着一些地方文学史甚至是地方志。他在这本书里提到的里雅斯特作家斯韦沃（Svevo）、萨巴（Saba）和沃盖拉（Voghera），诗人马林（Marin），甚至还有本地一位艺术家兼作家毛罗·科洛纳（Mauro Corona）：

> 毛罗·科洛纳的一双手可以化腐朽为神奇，赋予物体生命。科洛纳一眼看上去像是个偏僻地区的山民，而实际上他是个大雕刻家，也许他也没意识到这一点。他的木雕具有难以置信的表现力，同时又具有生命的脆弱。女性的身体，面孔一律很沧桑，动物、十字架受难，橄榄树的枝干变成痛苦的躯干，变成这些河谷里的“胜利女神”，非常古老，同时也很尖刻、很现代。③

---

① ［意大利］马格里斯．微型世界［M］．陈英译．上海：上海译文出版社，2020：31－32.

② Taglietti，Cristina. “Valli，sole，colline，non solo Trieste sotto le lente di Magris”［N］. Corriere della sera，22. Aprile，2019. Magris asseconda la sua passione per i destini marginali，irredenti rispetto alla《violenza》delle grandi narrazioni unificanti：un ritorno a sé stessi che è anche un tentativo di allontanare il carattere irreversibile del passare del tempo e che trova il suo culmine nella contemplazione estatica degli affreschi della chiesa del Sacro Cuore a Trieste，nel racconto finale《La volta》.

③ ［意大利］马格里斯．微型世界［M］．陈英译．上海：上海译文出版社，2020：50.

对于弗留利这个“边城”的文学，马格里斯是这样描写的：它有着非常丰厚的诗歌传统——帕索里尼和都洛尔多并不是孤立的例子——蒙特莱阿是诗人的聚居地。这些诗人很安静，他们谨慎地隐藏在自己小小的世界里，因为他们的缘故，弗留利方言（更准确地说，这里沟沟坎坎都有差别的各种方言）并不是一种土话，而是一种自然、古老同时又反映当下的语言，这种语言经过个人的不同加工，沉积在历史和生活长河的底部。①

（二）巴尔扎诺与《留不下的故乡》（Resto qui）

意大利东北部的小说创作，最近几年有一些很突出的作品，比如2018年入围“斯特雷加”奖前五名的巴尔扎诺的《留不下的故乡》。② 无论是从故事发生的地理位置，还是从人物经历的历史变迁来看，它都是地域性很强的小说。故事发生在意大利最北部的边陲小镇，那里有高耸入云的阿尔卑斯山、河谷、瀑布和湖水，故事发生的村子——库龙就位于一个河谷上，因为处在边境上，村民有很多说德语，他们是意大利的少数民族，那里并不是我们熟悉的轻盈逸致的意大利。

故事的女主人公特里纳从小学习德语，立志要当一名小学老师，墨索里尼上台以后的二十年，要净化国家的语言，摒弃所有外来词和外国语，除了地名要变，就连墓碑上的文字也要意大利化。本来看似天经地义的东西，比如说讲母语，忽然就成了违法的事情。特里纳冒着被迫害的风险，在神父组织的地下学校里教小孩子德语。她很幸运，没有被抓住；而她的好朋友就没有那么幸运，最后被流放到远处，从此两人再也没能相见。

故事通过一位母亲细腻绵长的独白，对离开的女儿娓娓道来，揭示了这个村庄的居民所经历的撕裂：他们是要留下来接受新的规则，还是离开，在一个陌生的地方重新开始。这是希特勒和墨索里尼达成的协议。

故事最打动人心的是特里纳和丈夫埃里克的爱情，这个山区的粗粝女人，为了捍卫自己的丈夫，战胜了对死亡的恐惧，和丈夫隐身山林，经历了可怕的搜捕，甚至要直面其他同伴的死亡。这些在历史上朴素、卑微的

① ［意大利］马格里斯．微型世界［M］．陈英译．上海：上海译文出版社，2020：39.

② ［意大利］巴尔扎诺．留不下的故乡［M］．陶慧慧译．北京：中信出版社，2018.

人物，为了维护自己的立场，捍卫自己的爱人，展现出史诗般的英勇。

战争终于过去了，我们似乎要为特里纳松一口气，但威胁到村子存亡的水坝却一天天在增高。修建水坝是为了发电，一切都无法阻拦。“决心留下”也成了一种顽念，一个无法实现的心愿；语言被剥夺，他们可以偷偷抗争；但最后家乡被剥夺，一切消失在水下，他们自己被连根拔起，不得不背井离乡移居到空间逼仄的城镇去。可悲的是，这个大坝并没有达到设计师期望的效果。

现在，意大利北部这片山区已经成了自治区，实施双语，也是意大利最富裕的地区之一。但特里纳当年居住的村子库龙，曾经拥有的一切都留在了水下，只有教堂钟楼的塔尖露出水面。这个故事通过居住在这个特殊地域村民经历的生活变迁，从卑微的人物身上，让人看到历史的面目。

（三）章马里奥·维拉尔塔与《实习生》(L’apprendista)

弗兰克·布佛尼（Franco Buffoni）评论说，《实习生》中地道的弗留利人物是这本书的核心。这是两个“谦卑”的人物，却可以呈现众多的历史、社会和人性的话题。他雕刻了一个“微型世界”，展示人物的欲望、懊悔和希望。[①] 我们又一次看到一座意大利东北部小城市的微型世界，以及两个卑微人物一生的经历。

小说《实习生》的主人公是一个七十多岁的退休工人——蒂里奥，他之前是工厂的油漆工。小说开始，他在教堂干活，担任圣器看守者弗雷迪的助手，与他分享咖啡，并耐心地打扫教堂，让一切保持干净整洁。这个故事用第三人称来讲述，但叙事声音始终是蒂里奥，大部分文字是他的内心活动。

弗雷迪比蒂里奥年龄大，故事在意大利东北一个小镇里展开，基本围绕着这两个角色的日常生活。情节展开的场所基本是教堂和他们的住所，除了在教堂里举行的婚礼与葬礼，并没有发生什么特别的事件。平淡的表面之下是两人富有深意的对话，过去的历史一层层被挖掘出来。弗雷迪之前跟随传教士在日本生活了很多年，这是他逃避生活的证明，他父亲曾是

① Franco Buffoni，https：//premiostrega. it/PS/lapprendista/.

法西斯官员，这让他非常羞愧，同时他也遭遇了一场不可能实现的爱情。

读者通过蒂里奥的叙述，可以看到他的妻子伊尔玛（Irma）的一生。她说：我想要一个熟悉的人长相厮守，到我生命最后一天也陪在我身边。[①]这是一对平凡的夫妻，老年时的伊尔玛饱受癌症的折磨，蒂里奥是位忠诚的丈夫，但某些时候他无法承受疾病和死亡的重担。美丽的乌克兰女人维罗尼克（Veronik）进入了他们的生活，并与蒂里奥建立了亲密关系，这激起了儿子保罗的愤怒。妻子去世后，蒂里奥找了一个借口让维罗尼克离开了。蒂里奥相信，开始一段新生活并不适合他。

蒂里奥的儿子勤奋好学，与一个富裕家庭的女孩结婚，但蒂里奥是这样看待此事的："保罗现在过的是什么生活？他总是在工作，除周六外，他每分钟都在工作。蒂里奥觉得，儿子每个月会离开装修奢华的家，带妻子去酒店住一晚，在那些度假村的奢华酒店住一个晚上，相当于我一个月的退休金，他们可能都不做爱了。从家到公司二十公里，他买了一辆十万欧元的汽车。他给妻子买五千欧元的包，可能只用了两次。他每天十点钟回家，不管已经吃过饭，或者还要吃晚饭，他仍然会再次检查邮件，还有第二天的日程。"[②] 这是一个老年人对于消费主义社会生活方式的看法，从很细小的事情说明了两代人的隔阂。

这部小说的背景是意大利东北部弗留利的一个镇子，气候极端，要么寒风刺骨，要么热浪袭人。故事以寒冷的一天开始，也以寒冷的一天结束，小说的结尾是蒂里奥在一个早晨发现了在圣器储藏室里死去的弗雷迪。

这部小说的非凡之处在于，叙事声音非常温和，不试图哗众取宠，引起人们的注意，在一个喧嚣的时代让人觉得安静。有许多段落会让人联想到马格里斯富有哲学意味的文字，"婚礼就像葬礼一样，总会让自己被爱人或死亡入侵"。[③] "只要你还活着，你就被迫继续生活，尽全力呼吸，不是你想要呼吸，但你对此无能为力。"[④] 充满对生活和死亡的反思，这是东

---

① Villalta，Gian Mario，l'apprendista［M］. Milano：Società Editore Milanese，2020：74.

② Villalta，Gian Mario，l'apprendista［M］. Milano：Società Editore Milanese，2020：159.

③ Villalta，Gian Mario，l'apprendista［M］. Milano：Società Editore Milanese，2020：110.

④ Villalta，Gian Mario，l'apprendista［M］. Milano：Società Editore Milanese，2020：187.

北部作家和诗人特有的风格。《实习生》是一本温和的小说，小说中没有非凡的行为、超乎寻常的激情或迷恋。它使我们从一个边缘村镇“微不足道”的人物角度来看世界，展示一段历史、一个家庭的生活，回忆与现实生活融为一体，提醒我们还有其他存在方式。

四、结语

生活在边境上的人，注定要经历更多历史伤痛、身份困扰，甚至会被激起对“世界”的反思和深入想象。马格里斯在他的《微型世界》里肯定了那些卑微的人，那些生活在边缘地段最不起眼的人，似乎最纯粹、最真实的价值就体现在他们身上，可以让其他人获得救赎。他在小说中提到一个英雄人物的妻子：“她的神情里带着抱歉，好像请求别人原谅她的存在。来访的人中有一个和她交谈，向她投去了热情而尊敬的目光，她变得开朗一些，也许由于这个原因，在末日审判的那一天，这个态度和蔼的人的很多罪过会得到原谅。”[①] 这在《留不下的故乡》和《实习生》中同样适用，都是通过卑微的人物对边境城镇的地貌、人们的精神面貌进行描绘，与微观历史派的关注点不谋而合。

沈从文的《边城》已经成为中国近代文学史的经典之作，这些作品之所以成功，是因为在很大程度上，他用文字营造的世界呈现出独特的自然景观和人文景观，在这个全球化、统一化的世界中显示出某种异质的、标识性元素。而意大利东北“边城”的里雅斯特的文学作品也成为意大利文学的一道风景，独特而富有诗意。

卡尔维诺曾经认为，作家可以通过建设一种文学来建设一个社会，但他发现周围的社会越来越不符合他的预测，同时文学也拒绝任何形式的规划。最终他认为：人类世界的核心，或是经历了几千年的发展过程是由那些非常细微、几乎微观的事物构成的。[②] 人的主观意识无法改变社会，也无法规划文学，卡尔维诺最终也认为，那些微观事物是人类世界的核心。

---

① ［意大利］马格里斯．微型世界［M］．陈英译．上海：上海译文出版社，2020：179.

② ［意大利］卡尔维诺．文学机器［M］．魏怡译．南京：译林出版社，2018：4.

近年来，全球化已经成为不可回避的现实，而地方主义也蓬勃发展起来。意大利“边城”作家之所以崛起，是因为“作家需要具体地点，尽可能确切的和他所热爱的地点，在故事中使人物鲜活起来……作家要从他最热爱和了解的城镇实际出发，但他的目的应该是‘创造历史’”。① 卡尔维诺说明了作家的目的还是创造历史，在几位“边城”作家身上，这种历史叙事清晰具体、细致入微。

“没人真正以地理和社会性的描述为目的进行创作。那些将作品和地点紧密相连的作家，他们是在一种情感、生活节奏的表达中寻找一个地区的秘密特征”。② 除了揭示地区的秘密特征，这三位作家也在挖掘更深入、更普遍的东西。我们可以追溯一下上一代的里雅斯特作家斯维沃的《泽诺的意识》，这本小说探索疾病，探索仿佛疾病的人生，探索人患病的本质，直至最后预言原子弹的爆炸。③ 身处边境，斯维沃同样感受到世界问题的威胁。我们上文分析的《实习生》探索的是死亡，是对死亡的“演习”，这也让它区别于其他地方社会文化叙事。正像埃科所说：“我很确信，教导我们认识命运、了解死亡正是文学众多功能中的一项。”④ 进入 21 世纪，中国叙事文学也发生了转向，中国文学评论家孟繁华认为当代小说不再关注高端的意识形态风云，对“宏大的历史叙事”似乎失去了兴趣，但依然能看到对社会问题的关注。⑤ 新世纪意大利文学创作也呈现出这种趋势。无论是马格里斯，还是巴尔扎诺与维拉尔塔，他们都通过一些人小物的遭遇，揭示出历史留在城市及人们身上的痕迹。

参考文献

［1］ Ginzburg，Carlo. Il formaggio e i vermi，Il cosmo di un mugnaio del'500［M］. Torino：Einaudi，1976.

［2］ Magris，Claudio. Microcosmi［M］. Milano：Garzanti，1997.

① ［意大利］卡尔维诺．文学机器［M］．魏怡译．南京：译林出版社，2018：22.

② ［意大利］卡尔维诺．文学机器［M］．魏怡译．南京：译林出版社，2018：23.

③ ［意大利］卡尔维诺．美国讲稿［M］．萧天佑译．南京：译林出版社，2012：110.

④ ［意大利］埃科．埃科谈文学［M］．翁德明译，上海：上海译文出版社，2014：20.

⑤ 孟繁华．坚韧的叙事：新世纪文学语文化批评［M］．福州：福建教育出版社．2019：55.

[3] Taglietti, Cristina. “Valli, sole, colline, non solo Trieste sotto le lente di Magris” [N]. Corriere della sera, 22. Aprile, 2019.

[4] Villalta, Gian Mario, l’apprendista [M]. Milano: Società Editore Milanese, 2020.

[5] 陈英. 切萨雷·帕维塞的“神话空间” [J]. 外国文学. 2019 (3).

[6] [意大利] 埃科. 埃科谈文学 [M]. 翁德明译. 上海: 上海译文出版社, 2014.

[7] [意大利] 巴尔扎诺. 留不下的故乡 [M]. 陶慧慧译. 北京: 中信出版社, 2018.

[8] [美] 海斯, [美] 穆恩, [美] 韦兰. 全球通史 [M]. 冰心, 费孝通译. 北京: 红旗出版社, 2015.

[9] [意大利] 卡尔维诺. 美国讲稿. 萧天佑译. 南京: 译林出版社. 2012.

[10] [意大利] 卡尔维诺. 文学机器. 魏怡译. 南京: 译林出版社. 2018.

[11] [意大利] 马格里斯. 微型世界 [M]. 陈英译. 上海: 上海译文出版社, 2020.

[12] 孟繁华. 坚韧的叙事: 新世纪文学语文化批评, 福州: 福建教育出版社. 2019.

[13] 周兵. 当代意大利微观史学派 [J]. 学术研究. 2005 (3).

第二圣殿时期希伯来启示文学中的天使研究

——以《以诺一书》《但以理书》《以斯拉续篇下卷》为例

施歆文*

摘　要：《以诺一书》《但以理书》《以斯拉续篇下卷》这三篇典型的第二圣殿希伯来启示文学作品中的天使形象在起源、外貌特征、作用、地位和职责等方面各有特点。本文在对单个天使进行全面分析的基础上，尝试对不同天使的相似点和差异进行梳理，从历史的角度分析差异存在的原因，以及背后所呈现的不同时期作者的思维模式，从而帮助了解天使在第二圣殿时期希伯来天启文学流派中的主要特点以及第二圣殿时期犹太教的变化和特点。

关键词：天使；希伯来启示文学；第二圣殿时期；犹太教

数千年来，犹太人从未停止过探寻上帝天国的奥秘，在犹太教的世界观中，上帝总是被成千上万的天使围绕着，因此在不同的希伯来文学作品中，人们总能找到写作者对天使形象的不同描绘。在6世纪以前的《圣经》文本中，无名天使不时地出现，他们从未被赋予特定的身份、形态和职责，他们存在的意义主要是赞美上帝、在神圣的宫廷中侍奉上帝、在圣

* 施歆文，女，1994年生，四川外国语大学希伯来语专业教师。

战中辅助上帝。[①] 然而，《希伯来圣经》内部的变化迹象首次出现在第二圣殿时期编纂完成的《但以理书》（the Book of Daniel）中，天使开始有了名字，并且天使间的等级制度开始展现出其萌芽形态。[②]

作为《希伯来圣经》的一个章节，《但以理书》是首部出现命名天使的文学作品，同时也是一部早中期的希伯来启示文学作品，这一文学体系出现于约公元前3世纪的犹太第二圣殿时期，启示文学的作者通常会假借一位过去的伟人（例如“与神同行三百年”的以诺、四大先知之一的但以理或大祭司亚伦的后裔以斯拉）之名进行写作，描述人类主人公在恍惚状态之下所见的异象，以及超自然生物对其进行解释，从而揭示一些不为世人所知的秘密。因此，超自然生物也就是天使便是推动故事情节发展的重要元素。最早的启示文学作品《以诺一书》（1Enoch）中就出现了一组命名天使（named angels），他们继续出现在例如《以斯拉续篇下卷》（4Ezra）等第二圣殿时期后期的启示文学作品中。可以说，第二圣殿时期是犹太人迎来命运转折的关键时期，随着犹太人历史境遇的改变，犹太人在这一特殊的时期对自身的宗教文化和民族命运都产生了新的思考与新的疑问，文学作品中的天使形象也在这一时期经历了巨大的改变。他们常常作为人类使者天国旅程的向导，为人类使者解释异象，回答人类使者的问题，向人类使者揭示各种关于天国和末世的奥秘。

本文旨在分析《以诺一书》《但以理书》《以斯拉续篇下卷》这三篇典型的第二圣殿启示文学作品中的天使形象（主要指的是那些与人类使者进行密切交流的命名天使），包括他们的起源、外貌特征、作用、头衔和职责等。在对单个天使进行全面分析的基础上，本文将从不同的角度入手比较分析他们之间的相似和差异之处，并尝试从历史的角度分析差异存在的原因，以及其背后所反映的不同时期作者的思维模式，这样的分析及对比研究可以帮助了解天使在第二圣殿时期希伯来启示文学流派中的主要特点以及第二圣殿时期犹太教的变化和特点。

---

① Olyan Saul M. A Thousand Thousands Served Him：Exegesis and the Naming of Angels in Ancient Judaism ［M］. J. C. B. Mohr，1993.

② Olyan Saul M. A Thousand Thousands Served Him：Exegesis and the Naming of Angels in Ancient Judaism ［M］. J. C. B. Mohr，1993.

一、《守望者之书》（the Book of the Watchers）《天文之书》（the Book of the Luminaries）和《以诺一书》其他章节中的天使形象

《以诺一书》是希伯来伪经之一，也是最古老的希伯来启示文学作品，其中记载了在大洪水之前以诺与上帝同行三百年间所见的异象。此书由5篇不同的文本组成，并且成书时间跨度很长，由公元前3世纪中叶开始至公元1世纪中叶结束。其中成书时间最早、可以追溯到公元前3世纪的《守望者之书》（《以诺一书》1—36章）和《天文之书》（《以诺一书》72—82章）是希伯来启示文学史上现存最早的命名天使的文本证据。①

《守望者之书》的作者以《圣经》《创世纪》的大洪水故事为蓝本，将《圣经》中的上帝之子定义为堕落天使，他们与人类女子的结合造成一系列灾难性事件，以诺作为义人，为人类世界的命运代求上帝，并在异象中来到阴间、地极、天堂等其他不同的地方。文中包含了两种天使传统，其一是四大圣洁天使的传统，在第九章中，四位圣洁天使米迦勒（Michael）、沙利尔（Sariel）、拉斐尔（Raphael）和加百列（Gabriel）首次组团出现。他们的出现无论是从数量还是形式上都类似于《希伯来圣经》的《以西结书》1—2章中代表上帝宇宙的四个空间维度，扶起上帝战车的“四活物”。然而，与《以西结书》不同的是，这里的天使并不是被禁锢在轮子中，而是可以自由往来于天上和人间，他们在见证人间发生的暴力性事件后尝试在上帝面前为人类求情。然而，上帝有他自己的计划，在第十章中，四位圣洁天使作为惩戒天使被神派遣到人间去净化世界，惩罚堕落天使和他们的后代。值得注意的是，惩戒天使的概念并不是《以诺一书》的原创，它可以追溯到《希伯来圣经》的一些章节中。② 例如在《以西结书》中，由于耶路撒冷所犯下的罪行，神召唤了七个类人生物，要放火杀

① Nickelsburg, George W. E, and Klaus Baltzer. 1 Enoch: A Commentary on the Book of 1 Enoch [M]. Fortress Press, 2001.

② 例如列王纪下19：35，创世纪19：1，撒母耳记下24：16.

害耶路撒冷的居民。[1] 然而《以西结书》中关于这七个类人生物的外貌、性质和头衔的描写都语焉不详，甚至无法确信他们是否是天使。与模糊不清的《圣经》文本相比，《守望者之书》的作者明确了这四位惩戒天使的头衔是大天使（archangel），他们有具体的名字，并且他们惩罚的不是人类，而是堕落天使。

其二是七大圣洁天使的传统，在20—36章中，乌列（Uriel）、流珥（Reuel）、雷米尔（Remiel）三位大天使加入前四位大天使的行列。七位天使的组合使人想起巴比伦宗教中“七神”或“七恶魔”的传统或是琐罗亚斯德教中“七国王”的传统，考虑到后流放时期的犹太人曾先后经历了巴比伦和波斯文化的碰撞，异族文化很有可能正是七大圣洁天使的来源，但是由于缺乏明确的证据，在此尚不能轻易下定论。

这一节的主要内容是以诺的异象之旅，作者在前一节的基础上进一步明确了七位圣洁天使的管辖范围，并在20章的开头就做出明确阐释，他们的管辖范围覆盖了以诺的整个异象之旅，以诺在他的旅程中提出许多关于末世惩罚、灵魂、天堂和地狱、宇宙星体秘密的问题，除了雷米尔以外的六个大天使轮流做出回答，乌列甚至为以诺写下一些关于天上星体的关键信息（33：3－4）。有趣的是，每一位天使都在解释和回答与自己头衔相呼应的问题，以诺到达的每一个地点和他提出的每一个问题之间有紧密的逻辑关联，透过组织良好的作品表面，可以看出作者用一种精细而透彻的布局将整部作品有序地组织起来，使整个故事情节显得足够流畅自然。例如，米迦勒是掌管善良之灵，是对世人和国家施慈爱的圣天使，他所解释的就是美丽芬芳的树木和山脉（24：5）所隐含的奥秘；沙利尔是掌管罪恶之灵的圣天使，他所解释的就是受诅咒的山谷所隐含的奥秘（27：2）。因此，20—36章描述的以诺的异象之旅中，七位圣洁天使的主要身份由惩戒天使转变为以诺旅程的向导以及以诺旅程中所见异象的解释者，他们的解释通常与对天国宇宙奥秘的启示（revelation）混合在一起。与惩戒天使类似的是，解释天使的传统也可以追溯到《希伯来圣经》，尤其是那些流

---

[1] Reiterer, Friedrich V. et al. Angels: The concept of Celestial Beings: Origins, Development and Reception [M]. Walter de Gruyter, 2007.

放时期或后流放时期的《圣经》文本中。仔细研读文本，可以观察到作者在赋予圣洁天使解释天使这一身份时明显借鉴了一些《圣经》元素。首先，以诺的异象旅程这一主题本身就与《以西结书》的40—48章中主人公的异象旅程相似，只是在《以西结书》中，只有天使在进行讲解，但以诺和天使之间的对话是以问答的形式进行的，其主动权掌握在人类使者身上，通过对话所展开的提问、回答和解释，天使向以诺揭示了许多宇宙和末世的奥秘。无独有偶，问答体的对话形式在《撒加利亚书》的1—6章中也出现过，但《撒加利亚书》中的问答内容具有历史性和预言性，并非与宇宙和末世秘密相关。结合前面提到的其他细节，可以确定的是作者在写作的时候参考了以《以西结书》为代表的一系列《圣经》文本，《守望者之书》可以看作是这些材料的结合、延伸和发展。

四大圣洁天使和七大圣洁天使的传统是《以诺一书》宏大宇宙观中的重要一环，两种传统分别属于堕落天使的神话传统和以诺的异象之旅的神话传统。当天使四个一组出现时，他们总是行惩戒天使的职责；而七个一组出现时，则是行解释天使的职责。虽然文本中天使总是组团出现，但是某些天使的个人特征也值得进一步探究。加百列、米迦勒和乌列是《以诺一书》中出场频次最高、地位最突出的三位天使。尤其是乌列，他的特殊性首先在于他是唯一具备双重身份的天使。在20章中，乌列向以诺揭示了反叛的堕落天使所受的惩罚和监禁，因此他被称为掌管地狱的圣洁天使。然而，作者在36章结尾指出他似乎掌握着一些关于宇宙星体的奥秘，这可以理解为对他另一重身份的暗示。这一点在之后的《天文之书》（《以诺一书》的72—82章）中得到确认和发展，乌列被称作是上帝设立的掌管所有发光天体的天使（angel of luminaries），并被提升到占星奥秘的揭示者这一独特的地位，他向以诺描述了宇宙天体的运动模式，解释了它们遵循的天文规律，并揭示了真正的天文历法。对乌列地狱管理者和天文管理者双重身份的解读，可以自然地与对他希伯来语名字的两种不同的解释联系起来，乌列的希伯来语姓名词根אור是一个具有双重含义的单词，其一是火

(fire)，其二是光（light），分别与他的两重身份相对应。[①] 其次，在库姆兰发现的死海古卷的阿拉米语和原始的埃塞俄比亚语版本中，乌列都只属于七大圣洁天使而非四大圣洁天使，然而在希腊语版本中，乌列却取代沙里尔成为四大圣洁天使之一。这一分歧在表面上令人迷惑，然而若是将其与乌列在《天文之书》中的重要作用联系起来，那么希腊编写者针对乌列的独特地位而进行的有意更改并非没有可能。

除了《守望者之书》和《天文之书》，天使还在《以诺一书》的其他章节中零散地出现过。成书于马卡比时代的《动物启示录》[②]（也就是《以诺一书》的85章至90章）中出现了三个大天使，他们将以诺抬到某个高处以观看地上发生的事情。但是由于《动物启示录》全书的隐喻性特征，这三位天使和书中的所有事物都是匿名的。在《以诺一书》最晚成书的一个部分《寓言之书》（也就是《以诺一书》的37章至71章）中，作者明确地告诉读者围绕上帝四周的四位天使定义为米迦勒、拉斐尔、加百列和法努埃尔。与前文提过的出现在《守望者之书》中的四位惩戒天使不同的是，这篇文本中另一位天使法努埃尔取代了沙里尔的位置，这一改变的原因同样可以根据天使的希伯来语姓名פנואל推测出来，他的名字意味着上帝的面庞（the face of god），考虑到此书约成文于圣殿被毁之后的1世纪晚期，他的出现应该是鼓励人们面对上帝并追求与上帝永恒的关系，因为这能给他们带来克服罪恶和悲哀所需要的鼓励与希望。

总而言之，在《以诺一书》，尤其是《守望者之书》和《天文之书》中，无论是四位天使的传统还是七位天使的传统，都并非作者的原创，他们植根于早期的《希伯来圣经》文化甚至是异族文化中，而《以诺一书》的作者在新的方面给予了他们新生。在《以诺一书》中，天使们是神的传声筒，他们传达和执行神的命令，行使惩戒天使的职责。同时，他们也是解释天使，在引导以诺天国之旅的同时，解释以诺所看到的异象的深层含义，揭示其背后的奥秘。很显然，相比于天使的具体外貌，《以诺一书》

① Reiterer，Friedrich V. et al. Angels：The concept of Celestial Beings：Origins，Development and Reception［M］. Walter de Gruyter，2007.

② Nickelsburg，George W. E，and Klaus Baltzer. 1 Enoch：A Commentary on the Book of 1 Enoch［M］. Fortress Press，2001.

的作者对天使之间的等级和分工制度更感兴趣，他们是庄严的、神圣的，与凡人的无知和罪孽构成两个极端。而以诺作为义人，在神的允许下构成天堂与人间沟通的桥梁。以诺对于天使的出现往往没有表现出特别的反应，除了语言上的沟通，他们并未产生任何肢体接触，他们探讨的话题主要聚焦于天堂、地狱和宇宙，而非任何历史性和预言性的话题，这暗示着世俗世界背后的另一重天国世界的存在，也标志着人类存在的一种新的可能性,① 进一步表明了作者和他那个时代的人们对天堂的渴望。

二、《但以理书》中的天使形象

《但以理书》成书于公元前 167—前 164 年的马卡比反希腊化时期,② 它是《希伯来圣经》中唯一一部启示文学作品，也是《希伯来圣经》中唯一出现命名天使的章节。《但以理书》中的天使主要出现在 7 章至 12 章，在这六个章节中，天使形象的描述并非在每个方面都完全统一。大体上来说，可以将这六个章节分为 7 章至 9 章和 10 章至 12 章两个部分。在 7 章至 9 章中，天使加百列以“亘古常在者身边万万侍立者之一”的身份出现（7：10），不同于《以诺一书》中的“大天使”（archangel），他对自己的称呼是“万君之君”（8：25），这表明了马卡比时代的作者在天使等级制度和称谓上有了新的发展。加百列在《但以理书》7 章至 9 章中依然扮演解释天使的角色来解释但以理所看到的异象（7：16 –27；8：15 –16）并启示他一些秘密。

类似《以诺一书》，天使与人类使者但以理的对话仍然以问答的形式展开，但与《以诺一书》有些许不同。首先，《但以理书》中加百列向人类使者的启示都是关于对过去或者未来事件的历史性启示或者预言，而非仅仅对天国宇宙秘密的揭示。但以理所看到的异象（公山羊和母山羊的异象以及四野兽的异象）都具有很强的象征性和暗示性，恰巧能够与历史上

① Collins, John J. , et al. The Encyclopedia of Apocalypticism [M]. Continuum, 2000.

② Collins, John J. The Apocalyptic Imagination: An Introduction to Jewish Apocalyptic Literature [M]. William B. Eerdmans Publishing Company, 2016.

正在发生之事相对应，因此天使的启示也就显得具有较强的可信度和说服力。其次，启示总是跟随着解释出现，而不是以混合形态出现。再次，人类使者和天使之间的距离感明显提高了，这主要表现在两个方面：第一，不同于以诺上升到天上，但以理是在人间以陷入恍惚状态的方式看到异象的，他还需要自行向天使寻求异象的解释，而加百列也是被上帝分配而非自愿完成他的解释和启示使命的；[①] 第二，加百列称但以理为“人子”(mortal)(8：17)，每当天使出现时，但以理都会因恐惧而进入昏睡状态(8：17－18)。总之，人类的平凡、无知和天使的高贵、智慧都在这一节中得到强化。

在这一节中，作者还提供了关于天使外貌的相关信息，天使的形象变得前所未有的丰满。加百列被描述成具有人类的外形、声音（8：15－16)，并且有翅膀、会飞翔的生物体（9：21）。在10章至12章中，天使的外貌特征被进一步细化，作者在加百列人形外貌的基础上增加了很多细节：他身穿白色亚麻布衣服，腰束乌法精金带，他的身体像水苍玉，他的面貌如闪电，眼目如火把，手和脚如光明的铜（10：5－6)，这几个特征类似于《以西结书》中对扶起上帝宝座的生物的描绘，这里对《以西结书》的引用暗指加百列与上帝的亲密关系，[②] 进一步强调其超自然的尊贵特征。这一部分与7章至9章最大的不同点是，天使的职责不再局限于解释异象和传达启示，加百列展现出他的另一重身份，那就是为以色列的命运而战的战斗和守护天使。在第十章中，加百列告诉但以理，他向但以理传达启示的使命因与“波斯的魔君”(Prince of the Kingdom of Persia)做争斗而耽误，他借着另一位天使米迦勒的帮助才得以离开。完成使命后，他将回来分别与波斯大君和希腊大君作战。从这一段提供的细节可以看出，在作者的世界观中，每个国家都有自己的守护天使，天上的战争和地上的战争是互相映照的，当一个守护天使打败了其他的天使，他所守护的国家也会打败对应的国家，而以色列的守护天使就是加百列和米迦勒。米迦勒

---

① Melvin，David P. The Interpreting Angel Motif in Prophetic and Apocalyptic Literature. Augsburg Fortress［M］，2013.

② Reiterer，Friedrich V. et al. Angels：The concept of Celestial Beings：Origins，Development and Reception［M］. Walter de Gruyter，2007.

虽然只是出现在文本的背景中，但是他似乎拥有更高的战斗能力，他被称作是“大君，你百姓的保护者”（12：1），他与加百列常常并肩作战，为以色列人的命运挺身而出。类似于惩戒天使，战斗天使的传统也可追溯到《希伯来圣经》中，某些《圣经》章节①中就出现了守护天使的模糊概念，然而他们都没有名字，或只是被简单地称为“耶和华的使者”。

总之，《但以理书》中提到加百列和米迦勒两位命名天使，其中加百列是作者重点描述的角色。作者对天使的生理外貌进行了详细描绘，他的超自然特征往往引发人类的敬畏和恐惧。在天使担任的角色方面，《但以理书》比《以诺一书》更加丰富，天使既是人类异象的解释者、末世秘密的揭示者，又是天上的战斗者、以色列的守护者。

三、《以斯拉续篇下卷》中的天使形象

《以斯拉续篇下卷》又名《以斯拉四书》，是希伯来次经中的一卷，其成书时间约为圣城耶路撒冷陷落后的公元1世纪末期，反映了公元70年圣殿被毁之后的凄惨景象。从结构上看，这是一部结构非常清晰的文学作品，依主人公所见的异象分为七个段落，其中第四个段落，也就是9章至10章的锡安异象（9：26－10：59）是全文的关键转折点。在这个异象中，人类使者以斯拉因看见耶路撒冷即将被重新建立而产生了心态的转变，他由一个怀疑者变成虔诚的信徒。以此异象为边界，整部作品可进一步分为两个部分，作者对主要出场的天使——乌列形象的描绘在这两部分也有细微的差别。

第一章到第十章呈现了前三个异象，分别是以色列民遭难、以色列民被弃绝以及末世的恶人和义人的异象。以斯拉被描绘成一个具有矛盾心理的人类使者。一方面，他相信上帝；另一方面，面对耶路撒冷的毁灭和其他痛苦的历史现实，他对上帝的公正性产生了抱怨和质疑。这些质疑主要

① 例如诗篇34：7、91：11－12、申命记32：8－9（在《圣经》和合本与大多数中文版本中，申命记32章第8节都是说“根据以色列人的数目”，但在死海古卷和七十士译本中这句经文则是“根据神儿子们的数量”，很可能指的是天使）。

集中在与以色列命运有关的主题上，比如“巴比伦的行为就比锡安的好吗?”（3：31）“为什么驱散你的百姓?”（5：28）“如果这个世界真是为你的百姓而创造的，那为什么我们没有占有它呢？还叫我们等待到几时呢?”（6：59）。[①] 每当以斯拉提出质疑后，他就会立刻进入异象世界并在异象中见到天使乌列，然而天使乌列并没有直接回应他的质疑和抱怨；相反，他们之间的互动表现为一种由抱怨到教导到启示三阶段组成的模式。在这个模式中，乌列在每个阶段扮演着不同的角色。首先，乌列是人类的智慧导师：当以斯拉质疑上帝的正义时，乌列作为上帝的使者“奉派来见我”（4：1），并作为人类的导师来“教导我、劝诫我、启示我”（5：31；7：39；10：38）。他被派来教导以斯拉的是“至高者之路”的不可预测性和人类知识的局限性。相比加百列在《但以理书》中教导但以理“七十年预言”的意义，乌列使用的方法是独特的，他使用寓言、反问等方式说服以斯拉相信上帝计划的神秘性和不可预测性（4：13—21；40—43；5：46—53；7：1—9）。其次，乌列是末世秘密的启示者和预言者：他向以斯拉启示了一些末世会发生在恶人与义人身上的事，同时，他非常重视至高者的律法，并赋予它很高的地位（8：29；9：19；32；37），号称那些藐视律法的人将会在末世受到折磨。总的来说，在这一部分中，他的目的是通过向以斯拉预言“这个痛苦时代正在加速走向终结”，安慰以斯拉并将以斯拉的注意力从当前以色列人民的困境转移到对未来世界的期待上。这样的模式在前三个异象中经历了三轮，通过这种互动模式的不断重复，以斯拉的恐惧和怀疑渐渐消失，他与天使之间的信任关系也得以建立起来。[②] 最终，以斯拉对上帝的态度从怀疑转向虔诚，而乌列在其中的角色设定起到至关重要的作用，也许这也正是作者置身于特殊历史年代中内心矛盾的一种反映。

在第十章所展现的锡安异象之后，以斯拉对上帝没有再产生更多的质疑和抱怨，在随后出现的老鹰和狮子的异象以及人子的异象中，天使乌列

---

① Collins，John J. The Apocalyptic Imagination：An Introduction to Jewish Apocalyptic Literature［M］. William B. Eerdmans Publishing Company，2016.

② Collins，John J. The Apocalyptic Imagination：An Introduction to Jewish Apocalyptic Literature［M］. William B. Eerdmans Publishing Company，2016.

向以斯拉提起但以理，称他是以斯拉的兄弟。他还告诉以斯拉，他将向以斯拉揭示一些他没有向但以理揭示的事情，通过后两个异象，以斯拉对上帝的虔诚大大加深了。与前三个异象不同的是，乌列在后两个异象中启示了关于外邦国家和以色列命运的秘密，而非仅仅聚焦于义人和恶人的个人命运上。至于乌列所重视的律法在这一部分也得到升华，它将会取代刀和枪成为弥赛亚在最终审判中处理外邦国家的武器（13：28；38）。对比《但以理书》中的真枪实弹，《以斯拉续篇下卷》的作者似乎更加诉求和平，他反对人们武装起义，主张人们遵守法律，最终弥赛亚所召集的人也是那些“爱好和平”的人（13：39；47）。[①]

随着以斯拉心态的改变，第十章之后乌列的存在感也明显降低了，这主要表现在两个方面。首先，乌列的到来和他的名字不再被提及，以斯拉与乌列的对话总是以“他对我说”或“他回答我”开头（12：10；13：20）。其次，在描述乌列和以斯拉之间的对话时，作者使用了一些模棱两可的词语，使得读者难以区分与以斯拉对话的是乌列还是上帝，这些模棱两可的表达包括一些第一人称的陈述句，例如“我的儿子将要显现”（13：32）。这些用词似乎表明作者有意让乌列逐渐淡出画面，而以斯拉心态的变化则是这一设置的主要原因。在第四次异象中，当妇人为她儿子的死而悲伤时，以斯拉责骂女人过于执着于自己的个人问题，他的语气和乌列在前几章中指责时一样严厉，由于心态的转变，以斯拉得到上帝的首肯，在乌列对他一次次的教导和揭示中，他最终成为和乌列一样重要的角色。[②]在最后一章所展示的异象中，他被塑造成第二个摩西，被躲在橡树背后的神召唤，直接与神说话，并在神的指示下写下新的律法以代替业已焚毁的旧律法。这样，天使的存在就不那么重要了，至少他不必以严格的导师的身份出现了。

综上所述，《以斯拉续篇下卷》的作者更加注重乌列所担任的角色而不是他的外表和头衔，他被简单地称为“那奉差遣到我这里来的天使，名

① Bruce W. Longenecker. Locating 4Ezra: A consideration of Its Social Setting and Functions [J]. Journal for the Study of Judaism 28, 1997, 270 –293.

② Stone, Michael E., and Frank Moore Cross. Fourth Ezra: A Commentary on the Book of Fourth Ezra [M]. Fortress Press, 1990.

叫乌列”，又叫“天使乌列”（4：1；5：31）。乌列是上帝的使者，是解释天使，又是未来的预言者和人类的智慧导师，他的启示是历史性的，主要揭示了末日会发生在世界各国和人类身上的事情，他对律法极其看重，他的教导和启示促成以斯拉心态的转变。乌列的形象总体表明，《以斯拉续篇下卷》作者可能是一个热爱和平的知识分子，面对残酷的历史现实，他的心中有过对信仰的动摇，然而他仍然坚持对犹太教律法的遵守。

四、结论

《以诺一书》《但以理书》《以斯拉续篇下卷》是第二圣殿启示文学发展轨迹中的不同节点，它们诞生在或是宗教冲突、或是外邦人迫害、或是圣城和圣殿被毁的残酷历史背景下。作者通过杜撰历史著名人物所见到的异象来表达自己对目前历史危机的回应，[①] 而天使形象的不同塑造则是这一体裁中最突出、最具体的表达方式之一。

这三部作品中的天使形象在早期的《希伯来圣经》甚至异族文化中都能找到原型，他们主要的职责——惩戒、解释、守护和战斗都深深植根于《圣经》的土壤中，并在这一时期得到新的发展。在《以诺一书》中，天使们扮演着向导、异象解释者和天国宇宙秘密揭示者的角色；在《但以理书》中，天使加百列仍然扮演着这样的角色，但当他与米迦勒共同出现时，他多了一个战斗天使的标签，可见《但以理书》中的天使形象并未在很大程度上偏离《以诺一书》的传统；然而，在《以斯拉续篇下卷》中，天使的人物设定展现出更大的多样性，天使乌列不仅是异象解释者、末世秘密揭示者，还是未来预言者和人类的智慧导师，他有时留在背景中，有时出现在故事场景中，甚至还可以成为人类使者异象的一部分。就头衔来看，天使的头衔从以诺传统中的“大天使”变成“万君之君”，进一步显示了他们的高贵地位和他们与上帝的亲密关系。

这些对比意味着在同一时代的希伯来文学体裁中也存在较大的变化与

---

① Nickelsburg，George W. E，and Klaus Baltzer. 1 Enoch：A Commentary on the Book of 1 Enoch［M］. Fortress Press，2001.

发展。扫罗（Saul）将这种复杂性归因于这一时期《圣经》注释水平的不断提高，[①] 考虑到第二圣殿时期《圣经》文本化和《圣经》解释的不断进步，这种解释尤其令人信服。[②] 但外邦文化的影响以及社会政治制度的变化等其他因素也应被纳入考虑范围。

虽然受到《但以理书》的影响，但在《以斯拉续篇下卷》中出现的天使是乌列而不是《但以理书》中带有战争元素的加百列和米迦勒。[③] 这样选择的目的或许是因为家园已经被毁，战争已无意义，在那样一个宗派主义兴起、人民信仰摇摆不定的年代，作者更需要一个智慧的天使出现在他的作品中，去引导迷惑的人民，教导他们遵守法律，增强他们的信心。出于这样的目的，为何《以斯拉续篇下卷》中没有像《但以理书》中对天使华丽外表的注重，而是更关注天使与人类之间的对话就更好理解了，因为对天使从实际角度的诠释，能为受苦受难的人们提供他们最需要的鼓励。

解释和启示始终是天使的基本工作，他们之间有非常密切的联系，有时启示是和解释结合在一起的，有时则是跟随解释而来的。在这方面，《但以理书》和《以斯拉续篇下卷》都更注重让天使启示一些关于末世和弥赛亚的秘密，而不是《以诺一书》中的天堂秘密和宇宙秘密。这表明不同历史背景下的作家和他那一代人有着不同的关注点，公元前 168 年和公元 70 年希腊罗马人对犹太人的残忍迫害在《但以理书》和《以斯拉续篇下卷》中留下了深刻的烙印，这是在《以诺一书》中找不到的。动荡年代的人们似乎更关心民族和国家的命运，而非宇宙和天国的奥秘。

参考文献

［1］ Nickelsburg，George W. E，and Klaus Baltzer. 1 Enoch：A Commentary on the Book of 1 Enoch［M］. Fortress Press，2001.

---

① Olyan Saul M. A Thousand Thousands Served Him：Exegesis and the Naming of Angels in Ancient Judaism［M］. J. C. B. Mohr，1993.

② Gore－Jones，Lydia. Angelic Mediators：Gabriel，Uriel and Remiel in Jewish Apocalypses. Angels，A Messenger by Any Other Name in the Judea－Christian and Islamic Traditions［J］. 2018，55－70.

③ James M. Hamilton，Jr.，With the Clouds of Heaven：The Book of Daniel in Biblical Theology［M］. Inter Varsity Press，2014.

[2] Collins, John J. The Apocalyptic Imagination: An Introduction to Jewish Apocalyptic Literature [M]. William B. Eerdmans Publishing Company, 2016.

[3] Stone, Michael E., and Frank Moore Cross. Fourth Ezra: A Commentary on the Book of Fourth Ezra [M]. Fortress Press, 1990.

[4] Olyan Saul M. A Thousand Thousands Served Him: Exegesis and the Naming of Angels in Ancient Judaism [M]. J. C. B. Mohr, 1993.

[5] Reiterer, Friedrich V. et al. Angels: The concept of Celestial Beings: Origins, Development and Reception [M]. Walter de Gruyter, 2007.

[6] White Ellen. Yahweh's Council: Its Structure and Membership [M]. Mohr Siebeck, 2014.

[7] Dobroruka, Vicente. Second Temple Pseudepigraphy: A Cross – Cultural Comparison of Apocalyptic Texts and Related Jewish Literature [M]. De Gruyter, 2014.

[8] Henze, Matthias, et al. Fourth Ezra and Second Baruch: Reconstruction after the Fall [M]. Brill, 2013.

[9] Melvin, David P. The Interpreting Angel Motif in Prophetic and Apocalyptic Literature [M]. Augsburg Fortress, 2013.

[10] Collins, John J. The Encyclopedia of Apocalypticism [M]. Continuum, 2000.

[11] James M. Hamilton, Jr., With the Clouds of Heaven: The Book of Daniel in Biblical Theology [M]. Inter Varsity Press, 2014.

[12] Bruce W. Longenecker. Locating 4Ezra: A consideration of Its Social Setting and Functions [J]. Journal for the Study of Judaism 28, 1997.

印度劳苦大众的代言人

——浅析普列姆昌德的农民情怀*

赵芳琳**

摘　要：有着“印地语小说之王”之称的普列姆昌德是印度劳苦大众的代言人，他的大多数作品都是以印度农村为背景创作的，他从同情、批判、赞扬等各个角度生动描绘出殖民时期印度农民最真实的生活，塑造了一系列极具代表性的经典农民形象。他通过自己的作品使人们更加了解当时的印度农民，了解他们所受到的压迫和剥削，了解他们的痛苦与无奈，同时他的作品也使许多人开始反思印度社会的诸多弊端，激励印度人民寻找获得自由解放之法。普列姆昌德是一位极具农民情怀的作家，也正是这种农民情怀造就了他的成功与伟大。可以说，他的作品既是印度农村的一面镜子，又是广大农民的一盏明灯。

关键词：普列姆昌德；农民；印度社会

素有“印地语小说之王”之称的普列姆昌德在印度乃至全世界都享有

* 本文是“2019 年四川外国语大学重庆非通用语学院科研项目 KY201905”的阶段性研究成果。

** 赵芳琳，女，1990 年生，印度语言文学专业硕士，主要研究方向：印地语语言文学、印度国别研究。

很高的声誉，他一生创作了15部中篇和长篇小说（包括未完成的两部）、约300篇短篇小说及论著、电影剧本、儿童文学及翻译作品等，而这些作品大多数是以印度农村为背景创作的。他从同情、批判、赞扬等各个角度生动描绘出殖民时期印度农民最真实的生活，塑造出何利、辛格尔、杜基、丹妮娅、彭喀寡妇等极具代表性的经典农民形象。他通过自己的作品使人们更加了解当时的印度农民，了解他们所受到的压迫和剥削，了解他们的痛苦与无奈。同时，他的作品也使许多人开始反思印度社会的诸多弊端，激励印度劳苦大众寻找获得自由解放的方法。由此可以说，普列姆昌德是一位极具农民情怀的伟大作家，是农民的代言人，他的作品可以说既是印度农村的一面镜子，又是广大农民的一盏明灯。

一、印度农村的一面镜子

（一）普列姆昌德热衷于农村题材的原因

普列姆昌德摆脱了印度文学长久以来的英雄主义和神秘主义传统，将文学创作根植于农村，以处于社会底层的农民为主人公，描写他们的苦难、挣扎与反抗，赞扬他们的善良、勤劳与忠厚，同时也批判他们的愚昧、麻木和无知。普列姆昌德之所以会将眼光投向印度广大的农村和农民，其主要原因有两点：一是受自身生活经历的影响，二是基于时代背景的文学选择。

1. 受自身生活经历的影响

在文学创作中，题材的选择多多少少会受限于作家个人的生活经历，大部分作家会选择自己熟悉的生活进行创作，或许只有这样才能使作品更加真实生动。普列姆昌德本身并非农民，但他出生于印度北方邦贝拿勒斯（今瓦拉纳西）附近的一个村庄，家境贫寒，命途多舛。他在一篇名为《我的人生》的短文中这样写道："绑在我脚上的不是普通的铁链，而是由八种金属制成的镣铐，我背负着它向山顶爬去，"由此可见他生活之困苦。普列姆昌德的整个童年时期和青少年时期几乎在农村或者靠近农村的小镇上度过，因此他非常熟悉印度农村的民风民俗，熟悉农民的生活境遇。正如著名作家孙犁所说：“幼年的感受，故乡的印象，对于一个作家是非常重要的东西，正像母亲的语言对于婴儿的影响。这种影响和作家一同成熟着，可以影响他毕生的作品。它的营养，像母亲的乳汁一样，要长久地在作家的血液里周流，抹也抹不掉。这种影响是生活内容的，也是艺术形式的。”① 在农村的生活经历深深地印在普列姆昌德的脑海中，对他的文学创作产生了不可磨灭的影响。

2. 基于时代背景的文学选择

在《文学的目的》一文中，普列姆昌德明确指出：“文学是自己时代的反映。”作为一位现实主义作家，他深刻地意识到文学创作应该与自己所处的时代背景紧密相连。普列姆昌德所处的时代正是印度沦为英国殖民地时期，西方资产阶级各种思潮也随之渗入印度社会，但以种姓制度和宗教为精神支撑的封建制度仍然存在，封建余毒与殖民者沆瀣一气、狼狈为奸。甘地登上政治舞台后，提出一系列政治纲领和社会改革思想，对包括普列姆昌德等文学家在内的广大印度人民群众产生了巨大的影响。与此同时，俄国十月革命胜利后，共产主义思想进一步传入印度，鼓舞着代表广大劳动人民尤其是工人和农民的共产主义者。普列姆昌德虽然不是共产主义者，但也从这次伟大的革命中看到工人和农民的无穷力量。印度民族独立运动、印度人民反帝反封建斗争的兴起和高涨几乎贯穿于普列姆昌德的整个创作生涯，而农村和农民作为民族独立运动、反帝反封建斗争的重要阵地和强大力量，理所应当地成为普列姆昌德创作的中心，这是他忠于生活的现实主义的体现，也是他基于时代背景做出的合情合理的文学选择。

（二）普列姆昌德笔下的印度农村和农民

普列姆昌德熟悉农村生活，不仅仅指他熟悉农村的风土人情，更重要的是指他熟悉农民，熟悉他们的思想情感，熟悉他们所受到的压迫和剥削，同时也熟悉他们的弱点和精神顽疾。普列姆昌德的作品中取材于农村生活的有很多，其中最具代表性的有短篇小说《冬夜》《半斤小麦》《两兄弟》《五大神》《可番布》和《毁灭》，长篇小说《博爱新村》《舞台》，

① 周明娟．论中国现代作家怀念童年的主观动因［J］．楚雄师范学院学报，2009（2）．

以及有着“不朽的、杰出的名篇”之称的《戈丹》。这些作品像一面面镜子，映射出殖民背景下印度农村的苦难生活，同时也将印度农民的可怜、可悲与可恨尽数展现在读者面前。

1. 饱受压迫和剥削

普列姆昌德对农民是抱有深切同情的，这种同情无疑使他在自己的作品中更多甚至略带夸张地描写农民所受到的来自各方面的重重压迫和剥削。

一是来自地主阶级和高利贷者。在农村中，收取佃租是地主剥削农民最主要的方式，也是农民普遍贫穷的原因之一。农民辛辛苦苦耕种一年所获的收成，到头来一大部分都要上交给地主，自己却食不果腹。《冬夜》里赫尔库的妻子穆尼就这样对他说过：“也不知道我们欠下多少租子钱，怎么也还不清。我说你呀！不会扔掉这个地不种了吗？累死累活，收获的一点东西，全都拿去还债了，搞光了才算完事。我们这些人好像生来就是为了还债的。”[①] 不仅如此，地主还常常巧立各种名目搜刮民脂，例如《戈丹》的开篇就提到地主莱易老爷为了庆祝“罗摩诞生日”准备办一场宴会，需要两千卢比，何利被要求给五卢比的份子钱。《舞台》里的地主莫亨德也常常利用各种节日，逼迫农民为他无偿劳动。高利贷者是比地主更可怕的存在，借出五个卢比想要收回五十个。《戈丹》里的地主只有一个，高利贷者却有一大帮，他们往往会在适当的时机出现，向农民展示自己的“仁慈”，借钱借物帮他们渡过难关，然而接受这样的“仁慈”是需要付出代价的，像达塔丁借给何利三十卢比，最后却让他还两百，一分都不能少，像辛格尔明明只借了半斤小麦，却被迫沦为奴仆，用一生来还债。

二是来自婆罗门祭司等宗教势力。印度多数农民有着虔诚的宗教信仰，这成为婆罗门等宗教势力压迫他们的“绝佳武器”。《解脱》中的杜基为了能请到婆罗门去家中做祭祀，只能无奈地替他干活，在他家里打扫庭院、搬运粮食、劈柴，忍饥挨饿，不知疲倦，最后活活累死在婆罗门家里。《戈丹》中达塔丁向何利要债时，遭遇到态度强硬的戈巴尔，只肯给他七十卢比，最后他摆出自己的婆罗门身份，对何利说欠婆罗门的钱会受

① 刘安武．普列姆昌德短篇小说选［M］．人民文学出版社，1984：324.

到神明的惩罚，使得笃信宗教的何利不得不乖乖听他的话。何利与妻子丹妮娅不止一次说到“不能丢了种姓”“不能离开宗教”这样的话，在村里人以儿子戈巴尔与寡妇相爱的事为由敲诈他时，为了保护自己的宗教身份，他也不敢有一丝反抗。

三是来自农民阶级内部。除了地主、婆罗门等高等种姓的压迫之外，农民还要面对来自同一阶级的人的各种欺压和尔虞我诈。他可能是你的亲兄弟，像嫉妒心起，毒死何利家来之不易的奶牛的希拉；她可能是你的妻子，像贪慕虚荣，背叛薄拉的诺哈莉；他可能是你的丈夫，像自私自利，将募捐来买裹尸布的钱用来喝酒享受的马托夫；他可能是你的父亲，像为维护所谓家门声誉，将裘妮娅扫地出门的薄拉。

2. 小农阶级的局限性

普列姆昌德文学作品中的农民大多数是值得同情的，是可怜、可悲的，但同时也是可“恨”的。这种可“恨”是“恨铁不成钢”的“恨”，是对他们麻木不仁、自轻自贱、逆来顺受的“恨”。

《两兄弟》《解脱之路》两篇小说讲述的是两对农民兄弟，他们都因自私的心理而不顾血肉亲情，结果家庭不幸。《解脱之路》讲述的是一个农民和牧民的矛盾纠纷，牧民烧了农民的庄稼，农民又想方设法报复，结果两败俱伤。《戈丹》中的何利勤劳朴实、坚忍不拔，却也时常想占点小便宜，比如卖甘蔗的时候不告诉弟妹真实的报价，以便自己能多得些钱。《可番布》中的吉苏、马托夫父子极度自私、懒惰成性，在媳妇难产死后，竟将村民募捐来买裹尸布的钱拿去喝酒，事后毫无半点愧疚之心。《解脱》里的杜基、《半斤小麦》里的辛格尔面对婆罗门的无理要求不懂反抗，对宗教压迫浑然不觉，最终被迫害致死。

印度农民的悲惨境遇，有一部分是农民阶级自身的局限性造成的，他们在朴实忠厚之外，也有自私狭隘、顽固不化的一面，这是几千年来的封建制度和宗教束缚造成的，普列姆昌德在刻画农民角色时并没有刻意回避这一点。

二、广大农民的一盏明灯

普列姆昌德描写农村和农民的作品，多数是以悲剧结尾，有人也因此认为他的创作观是消极的，其实不然，极致的悲剧往往能给读者带来更深的心灵震撼，印度人民从普列姆昌德笔下农民的这些悲剧中看到社会的不公，认清了现实。虽然普列姆昌德未能在作品中直接给出正确的解决方法，但却给广大的印度贫苦农民指明了方向。

（一）引发对社会弊端的反思

普列姆昌德的作品毫不客气地揭露和批判了社会的诸多弊端，引发印度人民的反思。一是对宗教的反思。无论是过去还是现在，一谈到印度，几乎不可避免地就会谈到宗教问题，作为一位现实主义作家，同时也是一个印度教徒，他对宗教问题的揭露和批判是十分犀利的，《半斤小麦》《解脱》《害人是天职》等作品中都有所反映。二是对种姓制度的反思。种姓制度作为印度教和印度封建社会的精神支撑，千百年来奴役着印度人民，普列姆昌德的许多作品都体现了对种姓制度的批判，其中最具代表性的有《地主的水井》，文中写了一个不可接触者为了给生病的丈夫取一点干净的水，到村里原本不允许贱民去打水的水井取水，最后却一无所获、仓皇逃走，回到家看到丈夫无奈喝下了又脏又臭的水。《神庙》则写了身为一个不可接触者的母亲，想为病重的孩子去神庙祈祷，却不被允许，最后孩子和母亲都不幸死去的故事。三是对封建剥削制度的反思。英国殖民者的入侵，并没有使印度本土的封建势力消失，只是转变了压迫和剥削的方式，封建势力与殖民侵略者狼狈为奸，肆意压榨劳苦大众。批判地主阶级、高利贷者对农民的剥削，是普列姆昌德多数农村题材作品的主要内容，比如《毁灭》写了一个恶霸地主将一个穷寡妇逼迫致死的故事；《冬夜》写了一个农民被高利贷者拿走家中最后一点钱后，在寒冷的冬夜里守庄稼，而庄稼却遭毁掉的故事。

（二）激励广大农民奋起反抗

在普列姆昌德看来，农民是社会的基础，作为生产者的农民与国家之间的关系可谓“一荣俱荣，一损俱损”，他们的发展意味着国家的发展，他们的贫穷意味着国家的贫穷，在印度争取国家独立的过程中，农民起着决定性的作用。但由于长期的封建压迫和宗教束缚，许多印度农民变得麻木不仁，没有反抗意识，普列姆昌德在描写他们的悲惨处境的同时，也从正反两面激励人们奋起反抗，比如《戈丹》中的何利和妻子丹妮娅。何利同大多数饱受压迫和剥削的印度农民一样，勤劳一生，虔诚信教，面对地主老爷、高利贷者、教族势力等的压迫和剥削，丝毫不懂反抗，最后抱憾而终。而他的妻子丹妮娅却是一位勇敢正直、极具反抗精神的女性，当教族势力以母牛之死敲诈何利时，是她坚决反抗才没让小人得逞。当无家可归的寡妇向丹妮娅寻求帮助时，她不顾流言蜚语将她收留，给了她生的希望。丹妮娅拼尽全力守护着自己的家，从不放弃任何一个反抗压迫、不公的机会。普列姆昌德利用何利和丹妮娅成功塑造了两个截然不同的人物形象，从正反两面向那些同样处于社会底层的人们证明，逆来顺受换不来压迫和剥削的消失，只有奋起反抗才有希望获得幸福。

正如印度著名的文学评论家那默沃尔·辛格所说：“政治界有甘地，文学界有普列姆昌德。”这位小说之王，受自身成长经历的影响，也出于时代的要求，选择了与广大的印度底层人民站在一起。他用优秀的作品，描绘出印度农村的真实画卷；用犀利的笔锋，批判了种姓制度、宗教压迫和封建剥削等社会顽疾。他带着强烈的爱和深切的同情，在反映印度农民悲惨生活的同时，自觉成为他们的发言人、领路人，发出不畏强权、奋起反抗的呐喊。可以说，正是普列姆昌德的这种农民情怀造就了他的成功和伟大，使他成为深受广大印度人民乃至全世界人民喜爱的杰出文学家。

参考文献

［1］［印度］ नामवर सिंह : *प्रेमचन्द और भारतीय समाज* [M]. राजकमल प्रकाशन नई दिल्ली. २०११.

［2］刘安武．普列姆昌德短篇小说选［M］．人民文学出版社，1984.

[3] 刘安武. 印度现代文学研究 [M]. 中国社会科学出版社，1980.
[4] 刘安武. 丰富多彩的生活画卷——谈普列姆昌德的短篇小说的题材 [J]. 国外文学. 1981.
[5] 唐仁虎，刘安武. 普列姆昌德论文学 [M]. 漓江出版社，1987.
[6] 周明娟. 论中国现代作家怀念童年的主观动因 [J]. 楚雄师范学院学报，2009 (2).

非通用语翻译研究

论中缅文化语境差异对语词翻译的影响*

白　纯** 张惠美*** 黄钇娴****

摘　要： 通过中缅两国的语言可以看出两国在文化上的差异，这就是文化语境会对翻译产生重要影响的体现。语言是社会发展的产物，社会文化必然会影响一定社会环境中语言使用者的思维模式和表达方式。缅甸语和汉语都承载着浓厚的民族文化底蕴，生存环境、历史文化、宗教文化、民俗文化、民族心理等诸多方面都影响到语言的产生和发展。因此，只有克服语言背后的文化差异，对不同文化语境有一定的了解和认知，才能忠实地传达语言，真正达到跨文化交流的目的。

关键词： 语境；中缅文化差异；语词翻译

一、文化与翻译的关系

首先，语言与文化是一个密不可分的整体，语言是呈现文化的载体，

---

* 本文是“2019 年四川外国语大学重庆非通用语学院研究项目 JG201905”的阶段性研究成果。

** 白纯，女，1993 年生，硕士，助教。主要研究方向：缅甸语言文学、缅甸语教学研究。

*** 张惠美，女，1990 年生，硕士，助教。主要研究方向：缅甸语言文学。

**** 黄钇娴，女，1995 年生，学士，助教。主要研究方向：波兰语语言文学、波兰语教学研究。

而文化是语言形成与发展的土壤，语言与文化间密切的关系决定了翻译与文化间密切的联系。翻译是不同语言之间的一种转换活动，在转换过程中避免不了不同文化背景的影响。因此，翻译本质上是两种文化间的交流与传递，是实现跨文化交际的一座桥梁。

不同的国家和民族之间要实现文化的交流与渗透，都离不开翻译活动。“在人类文明史上，有不少进展都源于外来知识的冲击，令社会、文化和知识系统产生巨大的变化，终于使整个文化系统面貌一新。由于知识的传递主要依赖语言为工具，外来的知识明显地牵涉到外语，所以翻译一直是传播外来知识的重要渠道。我们甚至可以说，世界上各主要文化系统的发展都和翻译活动脱离不了关系。”① 当代英国译学理论家苏珊·巴思内特（Susan Bassnett）曾把语言比喻为文化有机体中的心脏。她说：“如同在做心脏手术时人们不能忽略心脏以外的身体其他部分一样，我们在翻译时也不能冒险将翻译的言语内容和文化分开来处理。”② 翻译作为两种语言和文化间交流的重要工具，面临的最大难题就是如何处理语言间存在的文化差异。

中缅两国在其语言发展历程中，也形成独特的文化习惯和特有的语言习惯。例如，我们常说的“饺子”一词在《现代汉语词典》中被解释为：一种在沸水中煮熟、半圆形的、有馅儿的面食。此外，饺子还体现了我国的民俗文化，中国人逢年过节习惯吃饺子，尤其是在大年三十晚上，吃饺子象征了家人的团聚，它寄托了人们对美满生活的期许。在缅甸语中，“饺子”被译为“ဖက်ထုပ်”，其意思是用植物叶子包捆的一种食物，这明显和我们汉语所说的饺子不是一回事，忽视了它最重要的文化内涵。因此，对于“饺子”一词的翻译，更多时候采用音译，译为“Jiaozi”或“ကျောင်ဇီ”。

通过一个最简单的词汇翻译我们就可以发现，作为语言的传达者，必须从文化的角度出发，准确、忠实地传达原意。翻译的本质要求我们要做到语言意义和文化意义上的等值，其中后者更为重要。

---

① 孔慧怡．翻译·文学·文化［M］．北京：北京大学出版社，1999.

② Susan Bassnett. Translation Studies［M］. London：Routledge，1994.

二、中缅文化差异

（一）生存环境差异

中缅两国所处的地理位置不同，这就决定了两国人民的生存环境存在一定差异。缅甸位于亚洲东南部、中南半岛西部，大部分地区位于北回归线以南，属典型的热带季风性气候，终年炎热潮湿。而中国大部分地区属于温带气候，加之国土面积辽阔，南北气候差异较为显著。两国人民的生存环境不同，对语词的理解必然存在很大差异，因为特定的生存环境不自觉地赋予了语词特定的文化内涵。因此，两国人民对同一现象和事物会采用不同的言语形式来表达，不同民族在比喻、审美和对同一事物的认识上也存在显著差异。

如“心急”一词，一般是指心里着急、担心。缅甸地处热带，炎热的天气容易让人产生烦躁的情绪，因此“心急”一词在缅甸语中用“စိတ်ပူ”表达，其直接意思是心里燥热，通过一种温度高、炎热的感觉来体现内心的着急。同样，“冷静”一词在缅甸语中用“စိတ်အေး”或者“အေးဆေး”表达，其直接意思是心里凉爽，通过一种温度低、清凉的感觉来体现内心的镇静。

缅甸语中“နှင်း”一词包含了汉语中的“雾、霜、雪”三重含义，但它通常表示“雾、霜”的意思，很少表达“雪”这个概念，这也是因为在缅甸几乎见不到雪。因此，在形容“白”的时候，缅甸人常用“棉花”来打比喻，比如“ဝွမ်းလိုဖြူတယ်”译为“像棉花一样白”。由此来看，其和中国人常用的“雪白”一词非常相似，雪在中国是十分常见的，因此人们习惯用“雪”来形容白色，提到“雪”都会不自觉地想到洁白、纯白的性质。

又如“မေမြို့မိုး”一词，直译是指彬乌伦的雨。地处缅甸中部地区的彬乌伦（မေမြို့）是一座高原城市，附近一带气候炎热干燥，热气很容易在彬乌伦上空凝聚，形成积雨层。即便是在阳光灿烂的晴天，雨水也可能随时从天而降，尤其是进入雨季，天气更是难以预测，因此缅甸人常用这样的天气来形容情况的变化不定，“မေမြို့မိုး”一词则比喻变化莫测的现象，很多缅甸人也开玩笑地将这一词用来形容情感善变的女孩子。同样的还有“ရန်ကုန်မိုးနဲ့ရန်ကုန်သူ”一词，直译是指仰光的雨和仰光的人。仰光是一座沿海城市，在雨季到来时，雨水通常是倾盆而下，还伴有大风，雨水会很快从一地转移到另一地。基于仰光雨水的这一特点，人们常用“ရန်ကုန်မိုးနဲ့ရန်ကုန်သူ”一词比喻对爱情不忠的女孩子。

（二）历史文化差异

每个国家和民族的发展历程不尽相同，而国家和民族成长过程中所形成的历史文化也各具特色，都有一些特别的人或事会影响到语言，并通过语言来展现历史，诉说本民族的文化，彰显本民族的精神。

历史典故是一个民族的文化遗产，是一个国家的历史文化瑰宝，具有独特的民族特性和文化个性，承载着丰富的历史文化信息，体现了各时代的历史文化特点。缅甸语中丰富多彩的成语、典故、俗语等都与缅甸的历史文化息息相关。比如：ဆီးနှင်းတောသို့မီးသွေးပို့译为：求学要像乞丐一样谦虚；ဖွတ်မရဓါးမဆုံး译为：大蜥没抓到反而丢了一把刀；တစ်ရွာမကောင်းသူကောင်းမဖြစ် 译为：少不离家是废人。

中华民族历史悠久，积淀了厚重的民族文化，其中反映历史典故的成语、寓言更是数不胜数。历史典故反映了一个民族的特性、文化个性和厚重的历史文化信息，这些带有中国历史文化背景的语词翻译是译者面临的一大难题。部分成语典故可采用直译的方法，以此再现典故的历史文化意义，如亡羊补牢（သိုးပျောက်ပြီးမှခြံပြင်）、雪中送炭（ဆီးနှင်းတောသို့မီးသွေးပို့）、有的放矢（ပစ်မှတ်ရှိရာသို့မြားပစ်）等。有些成语典故则需要在直译方法的基础上加注释，或采用意译的方式，道明成语典故背后的文化内涵，如四面楚歌（လေးဘက်လေးတန်မှဝိုင်း၍အတိုက်ခံရသည်။或လေးဘက်လေးတန်မှဆိုသော ချူနိုင်ငံတေး သီချင်းသံကို ကြားရသည်။）、初出茅庐（လူ့လောကသို့ ပွဲဦးစခြေစုံပစ်၍ ဝင်သည်။ 或 လူမှုရေးရာတွင် ပဏာမဝင်ဆန့်ခြင်းဖြစ်သည်။）、借刀杀人（သူများလက်ချက်ဖြင့် လုပ်ကြံသတ်ဖြတ်သည်။）。

此外，深受历史文化因素影响的还有中国人的姓氏和名字。从古至今，中华儿女都是有姓又有名，姓在前名在后，所以翻译中国人的姓名时，开头肯定是姓。然而在缅甸却不是这样的，缅甸人没有姓氏只有名字，但由于缅甸尊卑分明，名字前往往会加上体现自己身份地位或年纪的修饰成分，并且通过修饰词可分辨出性别。一般有以下几类：မ（音译玛，表示女性晚辈或身份、地位低下）、ဒေါ်（音译杜，表示女性长辈或身份、地位高）、ကို（音译哥，表示男性晚辈或身份、地位低下）、ဦး（音译吴，表示男性长辈或身份、地位高）。在我国的媒体或报纸上常常可以见到，缅甸重要的领导人姓名被翻译为吴……或杜……，没有接触过缅甸语或缅甸文化的读者经常会误以为该领导人姓吴或姓杜，然而事实并非如此，其实“吴”开头的是男性领导，“杜”开头的是女性领导。如缅甸现任总统ဦးဝင်းမြင့်（吴温敏），ဦး（吴）表示其身份、地位高，并且是男性，后面紧接的ဝင်းမြင့်（温敏）才是他真正的名字；缅甸现任国务资政ဒေါ်အောင်ဆန်းစုကြည်（杜昂山素季），ဒေါ်（杜）表示其身份、地位高，并且是女性，后面紧接的အောင်ဆန်းစုကြည်（昂山素季）才是她真正的名字。所以遇到姓名时，译者要根据各民族的语言习惯和历史文化背景进行翻译。

饱含历史文化背景的语词翻译是民族文化和民族精神的再现，这要求我们在翻译过程中除了要按照对象国语言表达习惯外，更要学习对象国的历史文化，采取最恰当的翻译方法将其丰富多彩的历史传达给读者。

（三）宗教文化差异

可以说，任何民族的文化都深深打上了宗教的烙印，因为宗教信仰和民族文化是一个密不可分的整体。宗教是人类发展过程中必不可少的重要组成部分，也是人类文化发展史的一部分，渗透在民族生活的方方面面，它能够影响到人们的思想意识、生活习俗、道德观念等。因此，不同的民族都拥有属于自身的宗教文化，并在此基础上形成独特的社会文化，我们在翻译中难免会因宗教观念差异而出现翻译障碍。

众所周知，中国是一个多宗教并存的国家，以道教、佛教、儒家、伊斯兰教、天主教、基督教六大宗教为主体，其他的少数宗教以及民间信仰并存。在缅甸，基于佛教的传统国教地位，佛教观念构成缅甸人伦理道德的核心。“功德本位、轮回转世”的思想在缅甸人头脑中根深蒂固。①

缅甸是一个传统而典型的佛教国家，具有悠久的佛教文化。据缅甸官

① 钟智翔．缅汉翻译教程［M］．广州：世界图书出版广东有限公司，2012.

方统计，缅甸约有 89.28% 的民众信仰佛教，5.06% 的民众信仰基督教，3.78% 的民众信仰伊斯兰教，0.5% 的民众信仰印度教。① 在缅甸被殖民的半个多世纪里，佛教是缅甸人民抵抗外来侵略、为争取民族独立而斗争的思想武器。获得独立后，佛教仍是全体国民的精神寄托，是缅甸传统文化的重要标志。缅甸独立后的第一部宪法明确写道："国家承认联邦绝大多数公民所信奉的佛教的特殊地位。"②

在缅甸，佛教影响了社会各个方面，其中就包括词汇语言。缅甸有专门的佛教用语，这些佛教用语深刻地体现了缅甸悠久的佛教文化。缅甸信仰的是小乘佛教，认为修行不可以成佛，修行的目的是为了自渡，从而得到解脱。这与中国人所信仰的大乘佛教是不一样的，大乘佛教认为成佛后便可普度众生。宗教文化上的差异便造成一些宗教色彩语词翻译上的差异，这要求我们对两国的佛教文化进行一定研究后才能达到翻译的准确性和文化传达的贴切性。

缅甸语中无不透露着浓郁的佛教气息，"သာဓု၊သာဓု"（善哉！善哉！）这是广大缅甸民众的一句口头禅。除此之外，与佛教有关的俗语和成语比比皆是。如：ဘုရားလည်းဖူး၊ လိပ်ဥလည်းတူး（一举两得），直译指的是佛也拜了，乌龟蛋也挖到了；ဘုန်းကြီးနှင့်ဘီး（毫不相干），直译指的是和尚和梳子。有的俗语则直接反映了他们的佛教观念，如：ဒုက္ခမခံ၊ဘုရားမဖြစ်။（不受磨难成不了佛）；ကြိုးစားကဘုရားဖြစ်နိုင်သည်（有志者事竟成），直译指的是只要努力就能成佛；ဘုရားဘက်တော့အသက်ရှည်（信佛能长寿）。从一些词的构词来源看，也带有佛教色彩。如"螳螂"一词翻译为"ထားးခုတ်ကောင်"，但缅甸人习惯称之为"ရှိခိုးကောင်"，其中"ရှိခိုး"一词是跪拜、朝拜的意思，他们把"螳螂"的形象与拜佛的姿势联系在一起。

在宗教语言方面，有些词汇在汉语和缅甸语中都有相互对应的表达词汇，但所包含的宗教信息和文化意义是不一致的。如"ကြာပန်း"一词，对应中文的"莲花"，除了具有莲花"纯洁"的象征意义之外，更重要的还在于它所具有的佛教意义，莲花是佛教中的圣物，深受人们的尊重和喜

---

① 联合早报［N］. 新加坡，2005－11－12（6）.

② 钟智翔. 缅甸概论［M］. 广州：世界图书出版广东有限公司，2012.

爱。同样的还有“ညောင်ပင်”一词，对应中文的“榕树”，但不同于中国的“榕树”。佛经中记载，佛祖释迦牟尼是在榕树之下顿悟成佛，于是榕树与其他树木有了本质区别，具有浓厚的宗教色彩，在缅甸人心中是圣洁之树，不得受到任何损害。缅甸有很多语词都反映了缅甸民众对佛教的虔诚信仰，学习缅甸语除了语言本身外，更能学到语言中蕴含的深厚的佛教文化。

（四）民俗文化差异

民俗指的是在特定的社会环境和文化区域内，大多数人共同遵守的行为规范，它的涵盖面十分广泛，涉及社会生活的各个方面，主要包括民族风俗、节日习俗、传统礼仪等。所谓“百里不同风，千里不同俗”，其准确反映了民风民俗因地而异的特征，各个民族在发展进程中，都会形成各自的风俗习惯，这也是本民族文化的重要组成部分。

语言来源于生活，日常生活中形成的风俗民情在一定程度上影响着语言的表达，不同民族、国家间的交流是一个复杂的交际过程。中缅两国同处亚洲，地理位置相近，都是人类社会发展的重要组成部分，风俗习惯虽有相同的一面，但也有不同的一面，更多的则是文化差异导致的不同。如：လက်ထပ်မင်္ဂလာ（结婚叠手礼），反映了缅族不同于其他民族和国家的传统婚礼形式。လူပျိုလှည့်直译指的是男青年追求女孩，该词反映的其实是缅甸男青年三五成群地串姑娘的习俗。中缅两国在风俗上最明显的差异更多地体现在节日文化上，两国虽然都有过新年的习俗，但“新年”这一概念却是完全不一样的。中国的新年是“春节”，是在农历的正月初一，一般在新历的1月到2月，因此“春节”一词翻译为缅语是“နွေဦးပွဲတော်”，直译是春天的节日，这样的翻译符合中国新年的时间和“春节”一词的字面意思。而缅甸的新年叫作“（သင်္ကြန်ပွဲတော်）泼水节”，泼水节一般在4月中旬举行，缅甸人民不分男女老少相互泼水，有除旧迎新的寓意。

缅甸是一个以佛教为国教的国家，因此缅甸民众十分注重传统礼仪。传统缅甸家庭用餐时是很讲究的，父母要坐主位，即使父母不在，子女也须虚出主位；父母健在时，母亲坐在父亲左边，长子坐在父亲右边，长女坐在母亲左边，依次而坐；若父亲已过世，则母亲坐主位。吃饭时，长幼依次动手；若父亲缺席，则母亲要将好菜夹入为父亲准备的盘中，才能动手吃饭；若子女有事需先行用餐，也得先为父母留好饭菜。丧葬习俗方面也深受佛教轮回转世学说的影响，十分重视为死者念经超度。在出殡以及每年的忌日之时，缅甸人都有请僧侣念经超度的习惯。众所周知，不管是在日常生活中还是出席场合时，缅甸人都有穿拖鞋的习惯，不仅仅是因为天气炎热，而是为了方便随时脱鞋。缅甸人进出寺庙、佛堂以及任何供有佛像的场所都有脱鞋进入的习惯，缅甸几乎所有家庭都供有一尊佛像，包括工作场所、店铺等公共场所也不例外，脱鞋进入是对佛祖的尊敬。

习俗作为人类在漫长的社会发展过程中沿袭下来的各种习惯的总和，具有一定的稳定性。任何民族的习俗都具有该民族传统文化的特征，不同文化体系的民族习俗之间往往会存在巨大差异，这些差异都在各自的语言中有所反映，这就要求我们在翻译过程中必须了解、尊重原文所包含的风俗习惯。

（五）民族心理差异

民族心理是指一个民族在漫长的衍变过程中，在民族文化背景下形成的性格、情感、价值观念等心理模式和心理特征。[①] 不同的民族文化环境之中，自然会形成不同的民族心理，并潜移默化地影响着人们的思维、情感、语言和行为，从而导致跨文化交际产生隔阂，语言翻译上出现障碍。

中缅两国有着不同的文化背景、社会背景、历史背景，因而对同一现象或事物会采用不同的言语表达形式，主要表现在比喻、审美情趣以及对同一事物的看法上存在异同，这和本民族特定的文化是紧紧相连的。

在历史上，龙是中华民族的标志，象征着中华民族的精神。缅甸语中虽有“နဂါး”一词对应，但缅甸语中的“နဂါး”来自于佛教，与汉语中“龙”所表达的宗教文化信息是不一样的。在我国古代，龙是一个图腾，是在蛇图腾基础上发展演化成的。传说龙是一种神异动物，它有鳞、有角、威猛无比、神通广大，象征着“神圣、高贵、吉祥”，所以自古皇帝都自比为“龙”，中国人也常自喻为“龙的传人”。缅甸语中的“နဂါး”则

① 包惠南．文化语境与语言翻译［M］．北京：中国对外翻译出版公司，2001.

形容的是一种有脚、有鳞的大蛇，是神话中的一种巨兽，带有负面意义，常喻指凶猛可怕的事物。

此外，对于“乌鸦”这一动物，中缅两国民众的看法也是截然不同的。在中国，乌鸦可以说是死亡、恐惧和厄运的代名词，乌鸦的叫声也被认为是不祥征兆，因此乌鸦并没有吉祥之意。此外，乌鸦喜欢短暂聚集的特性也被当成贬义，如“乌合之众”就用来形容没有组织纪律性。而在缅甸，乌鸦（ကျီး၊ကျီးကန်း）是吉祥之鸟，带有吉祥、招客之意，缅甸人喜欢乌鸦的鸣叫声，认为这是吉祥的征兆，热情好客的缅甸人认为乌鸦的啼叫能招客至家中，因此在缅甸有这样的说法“ကျီးသာလို့ဧည့်လာ။”，其意思为：因为乌鸦鸣叫，所以有客人到来。“牛”对于中国人来说是一种很有用处的动物，它有力气、勤劳、老实，但既可以比喻褒义，也可以比喻贬义。我们形容一个人很厉害，往往会说这样一句口头禅“你太牛了”；而形容一个人没本事还很嚣张的样子，又会说“你牛什么牛”。此外，“对牛弹琴”“牛头不对马嘴”等也带有贬义。由此可见，“牛”在汉语中有褒贬两种寓意。但在缅甸语中，“牛”（နွား）表达的往往是贬义，如：“နွားလိုကျွန်ခံတယ်”的意思是像牛一样是别人的奴隶，只知道替别人做事情；“သောက်သောက်စားစားလူ့နွား”的意思是像牛一样只知道吃吃喝喝，常用于形容一个人没有追求或好吃懒做。

由此可见，民族心理差异容易造成词汇的语义冲突、寓意和联想意义不一致等问题，语言的翻译不再仅仅是两种语言的简单转换活动，而是两种文化的碰撞与沟通，更是两种思想的交流和融合。

三、结论

语言作为一种社会现象，是在一定的语言环境中使用的。广义的语境大至一个时代、一个社会的性质和特点，小至言语交际者的情况，如文化水平、生活经验等，因此从超语言的角度正确理解、翻译原文是十分重要的。翻译的本质就是在两种不同的社会文化环境中进行的语义传递活动。

中缅两国具有不同的社会形态和自然条件，它们对客观世界的反映也必然是千差万别的，独特的文化传统和语言规律都会影响到翻译的等值效果。奈达曾指出：“翻译是两种文化之间的交流。对于一名成功的译者而言，可以说熟悉两种文化甚至比掌握两种语言更为重要。因为词语只有在其作用的文化背景中才有意义。”① 作为语言学习者和语言转换者，在精通两种语言的同时，更需要熟知两种语言背后的文化背景。

由于中缅两国在生存环境、历史背景、宗教文化、民族心理等方面的差异性，两种语言所反映的文化信息也是不一致的。我们在翻译过程中遇到的最大困难就是蕴含了文化内涵的语词翻译，因为语言在一定程度上受到文化的制约，会存在理解困难和表达困难的问题。这要求我们一定要深入了解中缅两国的社会文化，尤其是在历史演变过程中不断形成的民族文化、传统习俗、宗教信仰等。如：

ရာသီကားနွေရာသီရောက်ပြီ။ လအလိုဆိုရင် တပို့တွဲအသက်ငင်ပြီ တပေါင်းလခါနီးဖြစ်သည်။

译法 1：时节已是夏天了，按月份来说 11 月即将过去，马上就到 12 月。

译法 2：时节已是热季了，按月份来说缅历 11 月即将过去，马上就到 12 月了。

作为一名缅语学习者或缅汉翻译工作者，很容易就能区分出以上两种译法的正误。很明显，第一种译法是错误的，忽视了缅甸的气候特征和月份的民族性表达。“တပို့တွဲ၊ တပေါင်း”为缅历的 11 月和 12 月，分别对应公历的 3 月和 4 月。此外，“နွေရာသီ”一词确实对应四季中的夏季，但缅甸气候较为特殊，全年共三个季节——热季、雨季、凉季，并无春夏秋冬四季之分。

由此可见，强烈的跨文化交际意识和深厚的文化功底是一名优秀译者不可或缺的基本素养。我国著名学者王佐良教授在谈到文化与翻译的关系时曾指出：“他（翻译工作者）处理的是个别词，他面对的则是两大片文化。”② 因此，我们必须从文化的角度、超语言的角度看待翻译，不仅做到语言意义上的等值，更重要的是要做到文化意义上的对等。作为语言学习者和翻译工作者，应提高对文化的敏感性和自觉性，成为名副其实的文化

① 王小燕．论文化因素的翻译策略——以杨译本《儒林外史》为例［D］．兰州：兰州大学，2008.

② 白靖宇．文化与翻译［M］．北京：中国社会科学出版社，2010.

传播者，做一名真正的文化人。

参考文献

［1］包惠南．文化语境与语言翻译［M］．北京：中国对外翻译出版公司，2001.

［2］白靖宇．文化与翻译［M］．北京：中国社会科学出版社，2010.

［3］王秉钦．文化翻译学［M］．上海：南开大学出版社，1995.

［4］汪大年．缅甸语汉语比较研究［M］．北京：北京大学出版社，1996.

［5］钟智翔．缅甸语言文化论［M］．北京：军事谊文出版社，2002.

［6］穆慧琳．文化差异对翻译的影响［J］．中国西部科技，2009（31）.

［7］徐丹．文化融合中的语言翻译问题［J］．中国翻译，1998（3）.

裁　　判[*]

王礼亮[**]

当时正从小伙伴家玩过后走在回家的路上。

“站住!”

突然，五六个孩子挡在我们面前。一个比我高、看着像队长的很坏的家伙站出来大喊着:“没我们的允许，不能从这走!”

“凭什么?”

我一问，他就跺了一脚，冲我大喊着:“这是我们的地盘!”

其他的孩子也都跟着喊:“对，这是我们的地盘!”

---

* 作者:姜茂红，1962年出生于韩国庆州，于1997年在“儿童文学评论上”获得“儿童文学新人奖”，之后正式开始了童话创作，目前在《太阳与樵夫》儿童文学专业企划室任主编一职。就像在寒冷的冬天阳光给樵夫带来温暖一样，她也一直在努力创作更多能给孩子带来温暖的书。主要作品有《更干净一些》《自由之歌》《黑色国家和黄色酋长》《老师不知道的也很多》《我也上一年级了》《爷爷和帽子》和《淘气包三兄妹》等;主要译著有《怪物们的国家》《清晨》《世间万事皆有时》和《儿童文学的历史》等。有人评价说，从她的作品中能看到孩子们最纯真的一面与内心深处最美丽的部分。《飞机、上帝和便便》《爸爸和我》和《天使们的前行》等作品深受孩子们的喜爱。

** 王礼亮，男，1977年生，博士，副教授，硕士生导师。主要研究方向:语言学、中韩语言比较、汉韩互译。

他们一下子就把我和我的小伙伴围住了。

我有点害怕，回头看了看我的小伙伴，他也不知道这样该怎么办。我怯怯地说："放了我们吧！"

那家伙一下子凑到我跟前，大喊着："不行！"

我的心"咯噔"了一下，心想他会不会打我！就在这时候，我隐隐听到一个声音说："要不，我们给那帮家伙钱吧！"

我突然间想到了什么，赶紧翻了翻裤子口袋，但是怎么可能有钱嘛！我妈这个人总是说："小孩子要什么钱！"我更害怕了，满脑子都是"要离开这儿，安全回家"的想法。

"我以后给你500块，你就放了我吧！"

我也不知怎么的，就冒出了这样的话，那家伙愣了一下说："什么？500块！"

我趁机赶紧说道："嗯，500块，放我们走吧！"

那家伙冷笑了一下，说："就500块，门儿都没有！"

"那……那就一千。"

那孩子笑着摇摇头。我心里一着急冲着他大喊："那就两千，不能再多了，我没钱！"

那孩子睁大眼睛，不断点头说："那你什么时候给？"

"三天后！"

"不行！太久了！"

"那就后天！"

"好，你可别忘了，说好后天给我哟！"

我刚点头，那群拦着路的家伙们就把路让开了，我和小伙伴小心地走过去，然后在离他们大约15步远的时候，头也不回地向前跑，最后不约而同地冲着天空大喊："坏蛋！"

骂了人之后，我心里痛快多了，但不知怎么回事，走在回家的路上，我的心里还是很不爽。

两天后，下课了，我刚走出教室门，一只让人很不爽的胳膊挡住了我的去路，陌生的手横在我面前。啊！

我脸上突然火辣辣的，而那家伙嘻嘻地笑着。我看了他一眼，摇了摇头说道：“干嘛？这样的话，不是和我们说好的不一样了吗？”

那孩子举起拳头，假装要打我，我下意识地紧闭眼睛然后抱住自己的头。

“明……明天给你，真的！”

“明天？你肯定？”那个家伙紧张地低声问道。我赶紧点点头，随口应付道：“我……我保证！我妈妈说了，她明天会给我买笔记本的钱，之前忘了的钱，还有存下来的压岁钱也都给我，真的！”

那个家伙有点怀疑，盯着我说：“那好，你明天可别忘了！”说完他就转身跑掉了，消失在走廊的尽头。

唉……

我差点一屁股坐到地上：突然去哪儿弄2000块？还没跟妈妈说呢，如果不说出像样的理由，妈妈连10块估计都不会给……

不出所料！

“什么！你一个小孩子家要2000块，要那么多钱干嘛？”

我回到家，刚开口问妈妈要钱，妈妈就很无语地反问我。

我当时就生气了，还问我要钱干嘛，那妈妈你没钱也能活下去吗？

“不干嘛！你就给我2000块嘛！”

但是，妈妈反而瞪大眼睛追问道：“不是，你这孩子今天怎么这么奇怪啊！你要说出理由，妈妈才能决定给不给你，是不是？你是不是想去游戏厅啊？”

我心里急死了，真想一下子躺在地上。

“哎哟，不知道！不给就算了！”我生气地转过身去，妈妈也生气地对着我的后脑勺大吼起来：“看看这个没规矩的家伙！都上二年级了，净说些奇怪的话！”

我回到房间，坐在书桌前，不停地叹气。

我在想，如果明天也拿不出钱，那家伙会说些什么呢？别说是2000块，就连200块都没有。为什么像傻子一样做出那样的保证？但是是他拦着不让我走，才这样的嘛！要不直接不给？但是都已经说好了……

怎么办啊？把这件事告诉爸爸妈妈？不行，不行！那样的话，他找我麻烦怎么办？对我拳打脚踢，一直追着我折磨纠缠我的话……

啊！不知道，不知道！

我实在不知道怎么办才好了。

在那之后的几天里，那家伙都来找我要钱。

“什么！又没带钱来？”

每当他瞪着眼恐吓我的时候，我想死的心都有了。我想都没想，就说道：“对……对不起，明天一定给你。因为没遵守约定，我多给你 100 块。”

就这样一天天地拖延，欠的钱增加到 2500 块。2000 块都还没看到影儿，更别说 2500 块……我的天啊！

现在连学校也不想去了，一听到学校的“学”字就害怕得不得了。

就这样，一天 100 块不断地拖延，在钱增加到 3000 块的那天，事情最终还是爆发了，那家伙竟然追到了我家门口。

“你今天不给钱，我就不走了。赶紧回家把钱拿来。”

我很紧张，一边摆手，一边说：“这不是我家，真的！”

但是，他没有轻易被骗到，直勾勾地盯着我说：“那你怎么往这家走，又不是你家？”

我磕磕巴巴地说：“嗯，这，这是我认识的人的家……”

然而就在这时，“吱呀”一声大门突然开了，爸爸走了出来。

“小建回来了？”

听到爸爸叫我，我心里惨叫着“完蛋了，完蛋了”，像根木桩一样呆呆地站在那儿。

“还不进来，站在那儿做什么？”爸爸又问我。

这时，那家伙好像有点想走了，他慢慢地退到我身后，小声地问：“那个人是谁，是你爸爸吗？”

我继续装作不认识爸爸，只希望那家伙能赶紧离开。然而，因为爸爸的出现，这一切都被识破了。

“咦，你是谁呀？是小建的朋友吗？”爸爸这么一问，本来要离开的家伙停了下来。

“快进来吧！”

爸爸什么都不知道，很热情地邀请那家伙，那个家伙犹豫了一下，过了一会儿，像是下了很大的决心一样，坚定地站在那儿对我爸爸说：“叔叔，他说了要给我 3000 块的，但却一直不给，我是来收钱的。”

天呐！我吓得浑身直发抖。

爸爸也被吓了一跳，瞪大眼睛问我：“是真的吗？”

“不，不是，不是那样的……”我磕磕巴巴地说完，他就立刻大叫起来：“什么不是啊！最开始是你说要给我 2000 块的嘛！但是总拖着不给，所以一直增加到了 3000 块的啊！”

于是，我生气地大喊道：“那……那是你先问我要钱的呀！”

“我哪有？”

“就上次我去你们小区的时候，你拦着不让我过，还和其他人一起想要动手打我啊！”

“喂！我那是问你要钱吗？只是不让你过而已！”

“就是因为你不让我过，我才那样说的啊！不然，是我疯了吗，对你说那些话？”

“你这个大骗子！自己先答应好的，哪有反悔的！”

说着说着，他还挥起了拳头。爸爸强行把我们俩拉开，一脸严肃地看着我们。我和那家伙都气呼呼地看着爸爸的脸色。

过了一会儿，爸爸指着大门前的台阶说：“来，你们俩都给我坐这儿。你俩说的话对不上，所以我必须做出裁决才行。”

裁决？什么裁决？我板着脸看着爸爸。

“也就是说通过裁决来判断谁对谁错，是否应该赔钱，如果要赔钱，那么应该赔多少。好了，有人反对这个决定吗？”

那个家伙脸上一下子就露出得意的笑容，然后笑得合不拢嘴地说：“好的，叔叔！赶快做出判决吧！反正肯定是我赢，对吧？”

我气得说不出话来。什么？通过裁决来判断谁做错了？这是我的爸爸，当然是要站在我这边呀，到底要弄什么裁决呀！

可我也没别的办法，那个家伙都同意了，我要是不同意，那我就真成了做错的人了。

“好！”我绷着脸回答。

爸爸让我们并排坐着，然后问那家伙：“你叫什么名字？”

“我叫金俊植。”

接着转向我这边问："你叫什么名字？"

我一脸茫然地看着爸爸，爸爸问自己的儿子叫什么，世上还有这么奇怪的事吗？

但是，爸爸十分严肃地再次问道："你叫什么名字？"

我不得不回道："小建。"

"好的，小建。现在知道你们的名字了，那么接下来，我就要调查案件了。"

切，还案件呢！真不知道爸爸是怎么想的。

"首先，俊植为什么要问小建要钱？"

爸爸一问，那个家伙就抬起头大喊道："不是，是他先说要给我钱的，我只是不让他走而已！"

爸爸被吓了一跳，但是马上就轻声地问道："为什么不让他走呢？"

"就因为他不是我们小区的，所以……"

在回答的时候，他的声音变得越来越小。而我渐渐来劲儿了，事情似乎朝对我有利的方向发展了。

但是紧接着，爸爸就问我："俊植的话是真的吗？真的是你先说要给钱的吗？"

我稀里糊涂地回答说："嗯。"

爸爸的脸上闪过失望的表情，不知怎么的，我感觉不太好。

爸爸皱着眉头问我："为什么要说给他钱呢？"

"因为他不放我走。"

"所以就说要给他钱？"

我低下头说："哎呀！我也不知道，干嘛总问我？"

爸爸"嗯"了一声，叹了口气说："总之是你先说要给他钱的？"

"额嗯……"

我不得不承认，因为那家伙确实没管我要钱。

但我总觉得不对劲，是那家伙先不让我走的，所以才发生了这样的事情……

"那好，我来公布裁决结果！"

最终爸爸表情严肃地宣布裁判结果，我紧张地吞了吞口水。

“首先，就因为不认识就不让人回家，这是不对的！所以这是俊植先犯的错。”

我“呼”地长长出了一口气。不愧是我爸爸！我瞄了一眼那家伙，他慌张地张大嘴巴呆呆地看着我的爸爸。哼，活该！爸爸又说道：“虽然是这样，可俊植并没有向小建要钱，所以说要给钱，这是小建的责任。已经说好了的，却没有履行承诺，这是小建的错误。”

“哇！万岁！”

那个家伙尖叫着蹦了起来。

我也突然站起来，什么？竟然是我的错？

爸爸又说道：“但虽然小建答应给俊植 2000 块，那也是因为俊植把小建吓到了，不得已才说要给钱的，所以俊植并不能拿到全部的钱。但是俊植并没向小建要钱，是小建先说的给钱，所以小建要承担这个责任。综上所述，你们两人都要承认自己的错误，各负一半的责任。明白了吗?”

我很生气，但是裁决已经结束了，那家伙挥舞着双手，觉得胜利了，一边蹦一边高喊着“万岁”。

爸爸真的就像审判长一样，一脸严肃地宣布着结果：“好，小建在之后的五天之内要还俊植 1500 块。如果违反这个判决，那我就要用审判长的权限惩罚违反规则的人。”

就这样，我就欠了那家伙 1500 块。而且为了还这 1500 块，我必须为爸爸打五天的零工。

爸爸故意说得很复杂，最终，裁决的结果是我才是那个坏孩子。爸爸背叛了我。

我呆呆地看着他们两个，爸爸和那个孩子都在笑着，像是在嘲笑我的。

打零工比想象的还累。擦地板和打扫房间才 100 块，因为妈妈每天都打扫两次，我根本没有机会打扫。结果我就只能打扫院子，拔花园里的杂草，给花浇水。我将这些工作都做完需要一个多小时，却只能得到 300 块。

我做事的时候，爸爸一点忙都不帮，只管画画展上要展出的画作，在银杏树荫下写生。

我只是一个二年级的学生，一个二年级的学生在一个小时内流着汗工作，爸爸却一点忙都不帮。

“那是你的事情。”

切，谁说什么了吗？

爸爸说得对，但是我也不知为什么莫名地开始发脾气了。

但是更让我生气的是，每次我打扫花园的时候，那家伙都会来我家玩。

“叔叔，是我，俊植！”

都不是自己的爸爸，还厚着脸皮打招呼，并且总在我干活的时候指手画脚，这每次都让我特别生气。

“走开，走吧！谁要你帮忙了？”

我是因为谁才受了这种罪！而他还厚脸皮“嘿嘿”地笑着往爸爸身边走去，并假装自己很懂的样子问爸爸：“叔叔，这次在画什么啊？在画花吗？”

而更让我讨厌的是爸爸，如果我是“爸爸”的话，会对这家伙这么说：“这不是你家，回你自己家玩儿去。”

但是爸爸就像不知道谁才是他的儿子一样，说：“哈哈，俊植挺会打交道啊！要不要试着画一下啊？”还把笔借给了他。

我一个人辛苦地干活，他们俩却在那开心地画画。我的肺都要气炸了。

就在受罚打扫花园的第四天，我终于受不了了，使劲大哭起来。因为爸爸摸着那家伙的头，还把我的蜡笔给了他。就那样，两个人亲密地画着画，爸爸看了他的画还称赞道：“哎呀，俊植的手艺真不错啊。画得真好啊。”

“我不干了！爸爸就只讨厌我，我不干了。不帮我还钱，也不帮我干活！讨厌，我讨厌爸爸！”

我特别伤心，扔掉土铲，大喊着，然后回到空荡荡的房间，趴在桌子上哭。

过了一会儿，爸爸过来，拍了拍我的背：“小建。”我没有回答。爸爸转过我的肩膀，看着泪眼婆娑的我说道：“爸爸为什么会讨厌小建呢，不要哭了，爸爸不讨厌小建。”但是不管怎样，我的眼泪还是止不住。

爸爸又说道：“因为爸爸没有帮忙，所以失落了吗？那是因为爸爸相信我们小建，所以才这样的，不管怎样，小建不是做错了吗？”

我哭着问道：“什么？没有遵守约定吗？”

爸爸轻轻地看着我的眼睛：“不，因为说要给他钱。”

我眼泪汪汪地看着爸爸。

“爸爸要做公正的裁决，所以不能够无条件地偏向你，了解了之后，那个孩子也不是故意那样做的，自己不知不觉就变成那样了。”

爸爸一边说着，一边为我擦掉眼泪。

“他只是和小区的朋友们跟你开个玩笑，想吓一吓你，当然这是不对的，但却不是存心向你要钱。是你先说要给他们钱，所以稀里糊涂他就变成要钱的孩子了。你听明白了吗？就像你一样在无意中就变成那样了。”

听着爸爸的话，我的心渐渐平静了下来。即使爸爸责备我、惩罚我，我也不会伤心，反而好像心里的石头一下子没了。

不知不觉……对，不知不觉。

爸爸太了解我了，他知道不是因为我胆小，而是我也不知道为什么就说了那些话。

爸爸能了解我的内心，让我感到非常幸福，所以我对那个家伙的讨厌也少了一点。

第二天，我最后一次清扫院子和花园。到目前为止，我凑齐了欠俊植的钱，打扫花园的工作也就行将结束。那段时间努力工作，想到要结束了，不知为什么心里又痛快又难过。

我把所有的清洁工作都做完后，从爸爸那里拿到 1500 块，而不是每次 100 块，听到哗啦啦的铜钱声，我感觉自己像成了有钱人一样，但是一想到这些钱并不是我的，又有点难过。

再过一会儿，那个孩子就要来了，我在院子的水道旁洗漱完，等着他。但是不知道发生了什么事？已经过了还钱的时间，那个孩子还是没来。

“爸爸，俊植为什么还不来？”我刚问道，爸爸说：“嗯，今天不来了。他让我把这个给你。”

爸爸一边说着一边递给我一张小纸条，爸爸就那样笑着，继续在银杏树下画画。

这是什么？我歪着头打开纸条，纸条上写着非常难看的歪歪扭扭的字。

> 我不要钱了，但是我可以去你家玩吗？我也打扫花园，你也可以来我们小区玩。
>
> ——俊植

哧哧哧，我不知不觉笑出声来，傻瓜！清理花园是惩罚，竟然喜欢受罚，还有这种奇怪的家伙。

我回过头对着爸爸喊道："爸爸，他说明天会来吗？明天真的来吗？"

花园里的花沐浴着下午金色的阳光，像在喊着"是的，是的"一般。

非通用语国别区域研究

民族主义视野下的泰国君主制[*]

梁　浩[**]

摘　要： 泰国为君主立宪制国家，但国王并非只是象征，他在国家政治生活中非常重要，民众也将其奉若神明，崇拜有加。在近现代的殖民危机中，泰国统治者通过借助、改造民族主义话语，书写以国王为中心的民族主义范式历史，构建“国王—宗教—国家”三位一体的思想，为维护君主制找到新的合法性支持，巩固了王权统治，同时也维护了国家主权独立。

关键词： 泰国；民族主义；国王；君主制

2019 年 5 月 4—6 日，泰国①举行了国王加冕仪式，正式进入拉玛十世时代。现在，泰国大街小巷上都张贴了拉玛十世的肖像，每家每户都悬挂着他的照片，泰国人路过或遇到时通常会合十虔诚一拜，以示敬意。拉玛十世是拉玛九世唯一的儿子，其加冕仪式引起全体泰国民众的追捧，民众

---

* 本文是四川外国语大学 2018 年度科研项目阶段性成果，项目编号：isu2018040。

** 梁浩，男，1993 年生，硕士，助教。主要研究方向：泰国社会文化。

① 泰国在 1939 年以前被称为“暹罗”，1939 年 6 月 24 日改国名为“泰国”，1945 年复名“暹罗”，1949 年再度改名为“泰国”，沿用至今。为了行文的一致，本文均用“泰国”这一称谓。

认为这是国家无上的荣誉，对拉玛十世发自肺腑地高喊着“国王万岁”。

泰国的国王、王权崇拜由来已久，对于已故拉玛九世的崇拜尤其狂热，学者对此现象形成的原因研究颇多。有学者从泰国传统宗教文化的角度认为“神—佛—国王”三位一体的思想，是泰国民众对国王虔诚崇拜心态的原因；也有学者认为拉玛九世的个人魅力以及政治作用是现代泰国王权权威不减的缘由。在国内，吴圣杨教授的《地神信仰与泰国的国王崇拜》一文，以民俗学的角度为切入点，从泰国民众的信仰源头上分析，认为泰民族对国王的崇拜实际上源于本土原始保护神——祖灵信仰崇拜的传承。金勇教授的《以国王为元首的民主制：当代“泰式民主”的文化建构》，解构了民主制在泰国的本土化过程，指出以国王为首的王室和保皇派通过争夺民主话语，构建以国王为元首的“泰式民主”，“君主”这一带有浓重封建意味的身份一跃成为“民主”的构建者和守护者，实现了君主制的现代化，从而巩固了王权。有学者也注意到泰国民族主义加强、巩固了国王的影响力，但没有进行深入的探讨。笔者认为，泰国民族主义不仅加强、巩固了国王的影响力，在特定历史时期甚至成为君主制重要的合法性来源之一，并维系着君主制的存在。

该历史时期便是19世纪中后期至20世纪初。彼时泰国统治阶层掌握了民族主义的诠释权，通过自上而下的同化工程，向民众灌输忠君爱国思想，巩固王朝权位，从而产生以国王为中心的民族主义。本文将从民族主义的角度探讨泰国君主在传统与现代交界、受到西方殖民主义冲击的特殊时期，如何进行传统政治思想的现代化适应，如何运用民族主义的话语维护君主制的合法性，如何处理传统君主与现代国家的关系。笔者认为，通过民族主义话语，泰国统治阶层不仅维护了当时的君主制统治，还为君主制在更晚近的时代变迁中岿然不倒奠定了基础，以至泰国国王在现在的国家政治中仍发挥着重要作用，有着一言九鼎的影响力，普通民众依旧奉国王如神明，崇拜之情不减。

一、旧与新的政治观念：泰国民族主义的产生

泰国的民族主义有其特殊性，它与起源自欧洲的民族主义和广泛扩散

于第三世界的民族主义既有相似之处，也有所不同。民族主义最初产生于欧洲，伴随着资本主义和工业革命的发展而兴起，社会载体是新生的工商阶级和市民阶层，他们因共同的资本利益而有着要求城市自治的冲动，这种冲动推动着民族国家的产生。在早期，封建君主利用这种意识浪潮，成为“民族国家”形成的推动者，当仁不让地成为新国家利益的代表，随着时间推移，资产阶级与君主之间有着不可调和的矛盾，促使其推翻君主而建立代表自身阶级的自由民主的现代民族国家。① 而民族主义在第三世界的扩展和散布，则是为了实现民族独立，有着强烈的反帝反封反殖民统治的情感色彩，其中以中国驱逐西方侵略者的斗争史最为典型。与其他被殖民地一样，泰国民族主义的产生也是因为都受到西方殖民主义的威胁，但基于泰国处于英法殖民势力中间“缓冲区”的特殊地理位置，其免于被沦为殖民地，因此“它对民族压迫没有深切的体会，泰国的民族主义形成之后，并没有树立起民族解放旗帜，把斗争矛头指向帝国主义与国内封建买办阶级”。② 所以，泰国民族主义产生的最主要目的并非反殖民，而是在统治阶层的主导下，维护君主制的统治，巩固王权。

泰国君主制的合法性来源于传统的政治思想，与西方观念大相径庭。在传统的政治观念中，国王统治的合法性源于宗教，即印度教和佛教。“印度教和佛教伦理中神王、法王和宇宙之王等概念，是支撑东南亚神圣王国的统治基础。”③ 在印度教中，国王被构建成假想神，是三大天神中维护之神毗湿奴的转世，是神在人间的代理，从而具有高高在上的神圣性。而在佛教中，国王之所以能成为国王，是因为“其前生建造了伟大的德行，现世方能功德无量，洪福齐天，非他人能比，非他人可当”。④ 另外，国王依照佛教经典所规定的十王道、四德行和十二职责等进行统治，国王是功德与美好德行的化身，代表着最高道德，是佛教“法”的守护者。在此观念下的国王，居于被认为是世界与宇宙中心的王都，他的统治疆域以

① 陈晓律．现代民族主义的由来与发展［J］．南京大学学报，1995（4）：147－150.

② 陈乔之．二次大战期间泰国銮披汶政权排华运动浅析［J］．东南亚研究资料，1983：93.

③ 吕振纲．朝贡体系、曼陀罗体系与殖民体系的碰撞——以1909年以前的暹罗王朝为中心的考察［J］．东南亚研究，2017（10）：25.

④ 邱苏伦．印度文化对泰国文化的影响（二）［J］．星暹日报（泰国），1989：3.

王都为中心而无限延伸，没有具体边界。但事实上，国王实质的权力仅限于王都的周边城邦，离中心越远，来自中央的管理与控制就越鞭长莫及。[①] 远离中央的大小城邦和附属国对当时泰王国的归属只是象征性的，对国王的忠心也是形式上的，仅体现在每三年一度的金银树和地方特产朝贡上。这种中央与地方的关系松散且不明确，某一附属国可能同时向两个或多个强大王国俯首称臣，就像曼谷王朝初期，柬埔寨王国既向泰国朝贡表示忠心，同时也寻求越南的庇护。不管是泰国还是越南，都声称对柬埔寨具有宗主权，柬埔寨国王却常常认为自己是独立的。[②] 而在 19 世纪欧洲殖民者的眼中，必须对一个特定的朝贡国究竟是独立的，还是另一个王国的一部分或者殖民地做出判断，而不能是独立与不独立之间的某种状态，也不能是同时从属于不止一个王国的情况。[③] 神圣的国王无法对自己的统治疆域做出准确界定，神王转世与佛教功德的说法固然也无法使西方信服。当英国人殖民的触手伸向马来亚半岛国家——这一曼谷王朝声称是自己附属国的“领土”时，英国认为泰国提供的马来亚半岛国家曾进贡的贡品不应该解释为臣属于曼谷的象征，泰国也无权介入马来亚国家的事务。[④] 最后，英国将马来亚半岛纳为自己的殖民地。

西方观念对泰国本土政治观念的消解，给泰国君主制的合法性带来极大挑战，统治者的焦虑和恐慌在 1893 年“卢索 112 危机”（湄南河口事件）发生之后达到顶峰。法国把越南纳为殖民地之后，开始蚕食老挝、柬埔寨地区。泰国声称是老挝、柬埔寨的宗主国，并以摆放在宫廷里老挝、柬埔寨宫廷送来的金银树贡品作为证明。基于前现代政治观念中模糊的地区秩序，如同英国的案例，法国同样不认同暹罗的声明，堂而皇之地占领湄公河流域的大片地区。泰国加强了与老挝接壤边境的军队驻扎，随后与

① [泰] 差德利·巴吉暖塔干．建筑艺术中的泰国政治和社会 [M]．曼谷：马蒂春出版社，2003：155.

② [美] 通猜·维尼差恭．图绘暹罗：一部国家地缘机体的历史 [M]．袁剑译．译林出版社，2016：110.

③ [美] 通猜·维尼差恭．图绘暹罗：一部国家地缘机体的历史 [M]．袁剑译．译林出版社，2016：110.

④ [美] 通猜·维尼差恭．图绘暹罗：一部国家地缘机体的历史 [M]．袁剑译．译林出版社，2016：113.

法国发生军事冲突。1893 年，法国不费吹灰之力封锁湄南河口，甚至顶着枪占领了泰国皇宫数日之久，史称"卢索 112 危机"。这对于泰国君主和统治阶层是一次巨大的打击。"国王（拉玛五世）在危机后得了病，身体和心理上都深受打击。在八月和十一月间，他的体重下降了四十二磅，并公开宣称他失去了人生的乐趣。"①

泰国统治者在痛定思痛中，思考维护自身统治之道和国家的出路。西方殖民者关于政治、国家、领土的一套观念致使泰国关于君主制合法性的前现代话语已难以维持，无论是古老的万物有灵观念、祖先崇拜还是稍晚近的神王、法王观念，都已经难以解释国王统治的合法性以及对国家疆域的实际拥有权。因此，拉玛五世（1868—1910 年）在国内进行向西方看齐的现代化改革，实施省级行政体制一体化，将地方权力收归中央，向地方派遣中央官员直接管理，实现中央集权统治，同时采用西方技术绘制现代国家版图，为确定现代国家的主权范围和划定符合王国利益的边界线发挥了重要作用，体现了现代民族国家明确的边界观念对传统王国模糊疆域观念的替代，标志着现代国家观念的发生和民族主义的萌芽。面向国外，"拉玛五世也把他的子侄送到圣彼得堡、伦敦和柏林的宫廷学习这个世界性的模式的机微奥妙，并将长子继承的必要原则予以制度化，从而将泰国带进与西欧诸'文明国家'并列之境"。② 民族国家的构建和民族主义的产生，正是以西方文明为标准的现代化进程的重要体现之一。

泰国统治者运用民族主义的话语维护自身统治，在这一维度上，其实与欧洲的君主无异，"旧的正当性原则无声无息地消亡之际，很多君主早已在探求'民族的'标志了"。③

---

① Battye. The Military, Government, and Society in Siam 1868 - 1910 [D]. Cornell, 1974: 369.

② Battye. The Military, Government, and Society in Siam 1868 - 1910 [D]. Cornell, 1974: 270.

③ [美] 本尼迪克特·安德森. 想象的共同体 [M]. 吴叡人译. 上海：人民出版社，2016: 20.

二、国王与历史：泰民族范式的历史书写

民族主义学者安东尼指出："为了创造一套足以令人信服的'民族国家'表述，必定先要重新发现并夺占一个光荣而独特的'过去'。"① 杜赞奇也指出，在民族主义的意识形态下，"历史"是传统国家转型为民族国家的主要模式，也就是说，一个民族必须仰赖于共同的历史，才能成为一个有机的整体。② 泰国民族主义的构建由封建君主为首的统治阶级主导，他们重新书写一套以国王为中心的民族范式历史，通过构建统一的"过去"，以争夺民族主义话语权，为君主制的合法性提供新的解释。

泰国统治阶层对历史撰写非常感兴趣，并由传统的历史编纂向现代转变。这种转变体现在由传统单纯记录的编年体式王朝史编写转变为基于实证主义并加入理性分析的历史编写，编写者更加注重史料的收集、历史文物的发掘以及历史古迹的考察。③ 统治阶层不满足于传统史书对历史的解释，拉玛四世（1851—1868 年）曾说道："……古人定义历史，认为国家、城池或者重要的佛像的建造和存在，是因陀罗的创造或是工匠之神的创意……这些说法都不切实际、无凭无据……"④ 他认为："……（历史记载）应明确记录何人、何地、何时、何缘故而做了何事……"⑤ 拉玛四世本人也是历史学家，针对历史遗迹、文物遗迹和佛像雕塑的产生撰写了大量的作品，对华富里古城、佛统府以及佛统府大佛塔的建立都有相关的研究。同时，他也对泰国人的起源提出见解，认为泰国人的来源可分为两支：一支曾被古高棉统治，后来实现独立，建立了素可泰王朝；另一支则是乌通王支系，来自清莱，随后建立了阿瑜陀耶王朝。⑥ 拉玛五世则撰写

---

① Anthony D. Smith, "The 'Golden Age' and National Revival," London: Hurst & Company, 1997: 36.

② ［印度］杜赞奇．从民族国家拯救历史［M］．王宪明等译．江苏：人民出版社，2008：27.

③ ［泰］参维·格塞西里：泰国历史和历史学家［M］．曼谷：巴攀汕出版社．1973：330.

④ ［泰］拉玛四世：宝莲佛［Z］．曼谷：维拉塔出版社．37.

⑤ ［泰］拉玛四世：宝莲佛［Z］．曼谷：维拉塔出版社．48.

⑥ ［泰］阿塔扎·萨亚努腊．拉玛四世时期至1932年泰国统治阶层世界观变迁［M］．曼谷：朱拉隆功大学出版社，2012：51.

了《十二宫廷仪式》一书，系统地探讨了传统宫廷仪式的来源、现状和发展轨迹。当拉玛五世需要废除某项习俗与惯例时，他会研究其来源，分析其利弊，以支撑他的决定。① 除此以外，被誉为“泰国历史之父”的丹隆亲王也有大量的著作，对泰国各种历史和文化进行追本溯源的研究。历史编纂方式的转变体现了统治阶层对国家时间、空间的重新认识，追溯源头就是为了构建民族的共同记忆，关于各地有记载的史料则是国家对此拥有现代主权的有力证据。

历史书写的转变最明显地体现在：统治阶层构建了一套以国王为中心的民族国家历史，封建君主从宇宙神王、法王的神圣宝座上下来，成为维护世俗国家主权完整的英雄。丹隆亲王有一部名为《泰国与缅甸的战争》的历史著作，在泰国历史界影响很大。在书中，缅甸两次攻陷阿瑜陀耶城，即大城王朝国都，从而被描述成侵犯泰国领土主权的仇敌与恶魔。在阿瑜陀耶城第一次陷落之后，那黎宣大帝带领暹罗军民，驱逐缅甸侵略者，实现国家独立。在传统的编年史中，那黎宣大帝在与缅甸阿瓦王朝国王的白象之战中大获全胜，是功德无上的体现，白象之战双方均以国王的神圣都城命名，即那是一场“阿瑜陀耶城与阿瓦城的战争”，而在《泰国与缅甸的战争》中则被定义为“暹罗复国、实现主权独立的战争”，那黎宣大帝更是被赞扬为“民族的英雄”“维护国家主权的伟大国王”。② 另一典型的英雄人物便是郑信王。在阿瑜陀耶城第二次陷落之后，郑信带领军民驱逐缅甸军队，光复了王朝，但后期其精神癫狂、德行尽失。曼谷王朝早期的编年史对其记载褒贬不一，尤其着重描写其后期统治。但在拉玛四世、五世期间，郑信作为救国复国、维护国家主权的英雄形象开始出现在统治阶层的个人历史著作中。如拉玛四世的御作《纪念国王的恩德》中写道：“郑信王集结军民，与缅甸军队浴血奋战，实现国家独立，尽管战争使民众痛苦，但这是维护所有人得以安定、不受凌辱的行为，因此也有很多

---

① ［泰］阿塔扎·萨亚努腊．拉玛四世时期至1932年泰国统治阶层世界观变迁［M］．曼谷：朱拉隆功大学出版社，2012：52.

② ［泰］素聂·素丁塔纳暖．泰国教科书中的民族主义［M］．曼谷：马蒂春出版社，2010：90－93.

人歌颂郑信的伟大……”① 此外，素可泰王朝首位国王通过摆脱柬埔寨王朝的统治实现独立的事迹，更是成为泰民族热爱自由、忠于国家主权的民族精神的滥觞。历史上的国王或君主作为维护国家主权的英雄的话语，在前现代的编年史中是未曾出现的。

重新书写历史上的国王或君主，是为了说明当下君主对国家的权力和职责，体现君主制之于国家独立统一是不可或缺的。泰国在“卢索112危机”之后失去了之前的一些朝贡国，法国将之纳为己有，这让泰国统治者感到“领土沦丧”的危机感。按照第一节所论述的前现代政治观念，都城陷落、改朝换代不过是两个国王间功德的此消彼长，是佛教轮回观念关于政治的解释，在此话语下何来侵略与被侵略、独立与统一之说？正如通差所指出的“关于领土沦丧和省府改革的传统历史，只有在前现代的等级政治以及没有边界的王国的观念被废止或压制的情况下才能存在”。② 换言之，“领土沦丧”是关于现代民族国家的话语。尽管失去了一些“领土”，但拉玛五世和丹隆亲王在进行省级行政制度改革之后，确切地掌握了对地方的直接管辖，国家以一种具有具体边界和绝对主权的姿态出现，避免了“领土”被继续蚕食。同一时期，周边国家已经纷纷沦为英、法的殖民地，“而暹罗荣耀的生存和成功的改革被归因于君主和亲王的智慧，他们都成为国家的救星”。就像历史上的其他伟大君主一样，当下的国王也能承担维护国家主权的职责，甚至只有依靠君主，国家才能转危为安。

因此，泰国统治阶层所构建的以国王为中心的民族主义范式历史，其基本话语是：泰民族在国王或君主的英明带领下反抗侵略者，得以实现国家独立统一，民族历史的辉煌过去、国家独立主权的长期维护归功于国王的功绩，君主之于国家和民族是不可或缺的。

三、国王与国家：泰国国家感的扩散

“真正形成现代国家概念的条件是，相对独立的以‘权利’和‘义

① ［泰］拉玛四世．纪念国王的恩德．拉玛四世著作集［Z］．曼谷，1914：6－9.

② ［美］通猜·维尼差恭．图绘暹罗：一部国家地缘机体的历史［M］．袁剑译．译林出版社，2016：186.

务’为标志的‘个人’是民族国家成员。在现代民族国家社会中，个人的局部忠诚（对家族、地方群体、朋党）理应服从于一种更高的忠诚，那就是公民对于国家的忠诚。”① 在泰国，民众对国家的忠诚毫无疑问体现在对国王的忠诚上，国王是泰民族的共同认同，是泰国现代民族国家共同体得以想象完成的最关键因素。正如安德森所描述的：“泰国儿童教科书里的英雄人物，从来不是记者、工会领袖、教师和在殖民当局大牢里蹲过多年的政治家，而首先是统治王朝的‘伟大国王’。”② 这体现了民众对国家的认知和认同与国王深深地联结在一起，甚至等同起来。

国王为中心的泰国民族主义思想在泰国民众之间扩散及被广泛认同，得益于拉玛六世（1910—1925 年）对“国王—宗教—国家”三位一体思想的系统构建。拉玛六世的民族主义观念继承自拉玛四世、五世，且较之后者更为系统完善。他将国家、宗教和国王有机地结合起来，在逻辑上形成自洽，为民族国家的构建完成提供统一的核心象征，同时在三者中着重突出国王的重要性，竭尽全力维护传统君主制。他明确指出：“民族主义哺育爱国主义，爱国主义激发尚武精神，尚武热情将成为保家卫国的力量源泉。”③ 拉玛六世曾留学英国，受到西方思想的影响，他效仿英国“上帝、国王和国家”的模式，在泰国民众中广泛宣扬“民族、君主、宗教”三位一体的思想，要求国民热爱民族、忠于君主、崇敬宗教。所谓民族，指的是泰族；所谓君主，即国王；所谓宗教，即小乘佛教。忠于其一，即忠于其他；反对其一，即是反对其他二者，三者相互贯通，缺一不可。

拉玛六世对“泰民族国家”的组成部分也有新的定义，并认为国王是其中最重要的组成部分。他认为“泰民族国家”应该由四个部分组成：（一）国家群体由一群有共同观念、情感的自由人组成；（二）国王是国家元首；（三）应该信仰统一的宗教，即佛教；（四）国家政治制度应为君主制。④ 四者缺一不可，若是缺少其中一部分，国家将难以维持稳定，实现

① Roland Robertson. Globalization, Social Theory and Global Culture. London: 1992: 56 - 58.

② ［美］本尼迪克特·安德森．比较的幽灵：民族主义、东南亚与世界［M］．甘会斌译．南京：译林出版社，2012：210.

③ 黄瑞真．拉玛六世的民族主义与排华思想及其影响［J］，南洋问题研究，2008（2）：72.

④ ［泰］甘碧隆·素万那暖．拉玛六世与泰国国家建构［D］．朱拉隆功大学，1981：106.

繁荣，甚至有可能走向灭亡。其中，国王以及王权是核心，发挥着重要的作用，他提到“重要的历史事件，例如战事，如果有国王御驾亲征的一方，将极大地鼓舞士气，国王好比军队高昂的军旗，不应该轻易将军旗撤去”。① 同时他认为，君主制是最适合泰国的政治制度，因此他不遗余力地举例论证：“……世界上仍然保持自己传统制度的国家必然繁荣昌盛，而那些与传统制度背道而驰的国家必然衰败乃至遭遇灾难……最近发生在土耳其的革命，使国家走向令人毛骨悚然的灭亡（土耳其废除君主制），便是因为它将传统的制度抛之脑后……”②

在国家象征符号的发明构建上，拉玛六世也是煞费苦心。他命人重新设计了国旗，即“三色旗”。三色为红、白、蓝，分别代表民族（国家）、宗教以及国王。虽然拉玛六世提出的“国王—宗教—国家”口号中，国王放在最后，但三色旗的中心为蓝色，而且面积最大，暗示国王最为重要。③ 拉玛六世还向各政府部门发放标志、徽章等，以让各层公务员明确自身职责，并时刻念及国王御赐的恩德。

拉玛六世通过运用报纸媒体和建立皇家组织，有效地传播了“国王—宗教—国家”的思想。据不完全统计，拉玛六世先后以 10 多个笔名在泰国报纸上刊登文章共 309 篇，其中将近一半是以“读者来信”的形式发表，内容以灌输泰民族意识、效忠君主思想为主。④ 同时，拉玛六世建立了许多新的机构组织或将旧的机构组织直接置于王室的直接领导管理之下，以便在组织形式上形成以王室为中心的公务体系。其中，拉玛六世成立了“猛虎团”。“猛虎团”是一个半军事武装组织，组织中包含来自全国各地的公务员，其目的是维护“国家、宗教和国王”免遭国内外危险势力的威胁和侵蚀。除此以外，拉玛六世还于 1914 年建立“曼谷皇家海军俱乐部”，于 1922 年建立“集拉达俱乐部”，通过成立俱乐部集合他的亲信官员，增强他们的集体意识，无不是为了激发他们忠君爱国的思想。

---

① ［泰］甘碧隆·素万那暖. 拉玛六世与泰国国家建构［D］. 朱拉隆功大学，1981：66.

② ［泰］甘碧隆·素万那暖. 拉玛六世与泰国国家建构［D］. 朱拉隆功大学，1981：111.

③ ［泰］参维·格塞西里：暹罗的民族主义与柬埔寨：柏威夏寺案例研究［M］. 人类社会学教科书项目基金 . 2009：23.

④ 黄瑞真. 拉玛六世的民族主义与排华思想及其影响［J］. 南洋问题研究，2008（2）：73.

一言以蔽之，“国王—宗教—国家”三位一体思想的构建将国家、国王和宗教等同起来，并通过成立各类组织和报纸传媒等方式向民众传播。“国家感的象征意义通常通过一些话语共同体现出来，其中的每一个分别发挥着作用。这使得国家感的符号成为一种丰富而有力的标志。这种标志具有强大的力量。”① 在拉玛六世的建构之下，国王便是代表“国家”这一共同体的有力象征，时刻提醒着民众对国王崇敬忠心便是“爱国”，时至今日，该观念在泰国民众心中根深蒂固。

四、结语

泰国统治者在19世纪末20世纪初的殖民主义浪潮中，通过借助民族主义话语，积极构建以西方为标准的现代民族国家，从而维护了君主制的统治，也在一定程度上维护了国家主权，使之免遭被殖民的命运。在民族主义萌芽的初期，泰国统治阶级积极构建一套以国王为中心的民族主义范式历史，历史上的国王和当下的国王被描述成民族历史和国家主权的守护者。随后，拉玛六世进一步系统完善了这一套民族主义话语，建构了“国王—宗教—国家”三位一体的思想，将“忠于国王”与“忠于国家”等同起来，并通过报纸和成立皇家组织进行传播扩散，向民众灌输。这一思想至今还根深蒂固于泰国民众头脑之中，国王是泰民族国家认同最为重要的象征。因此，笔者认为，国王与王权在国家政治生活中重于泰山的地位，民众对国王奉若神明的崇拜之情，与以国王为中心的民族主义思想密不可分，甚至在以民族国家为主要政体形式的当下世界，这一思想起到主导作用。

参考文献

［1］Anthony D. Smith，“The ‘Golden Age’ and National Revival，” London：Hurst & Company，1997.

① ［美］通猜·维尼差恭．图绘暹罗：一部国家地缘机体的历史［M］．袁剑译．译林出版社，2016：213.

［2］ Battye. The Military，Government，and Society in Siam 1868 – 1910［D］. Cornell，1974.

［3］ Roland Robertson. Globalization，Social Theory and Global Culture. London：1992.

［4］ ［泰］差德利·巴吉暖塔干. 建筑艺术中的泰国政治和社会［M］. 曼谷：马蒂春出版社，2003.

［5］ ［美］通猜·维尼差恭. 图绘暹罗：一部国家地缘机体的历史［M］. 袁剑译. 译林出版社，2016.

［6］［美］本尼迪克特·安德森. 想象的共同体［M］. 吴叡人译. 上海：人民出版社，2016.

［7］［印度］杜赞奇. 从民族国家拯救历史［M］. 王宪明等译. 江苏：人民出版社，2008.

［8］［泰］参维·格塞西里：泰国历史和历史学家［M］. 曼谷：巴攀汕出版社，1973.

［9］［泰］拉玛四世：宝莲佛［Z］. 曼谷：维拉塔出版社.

［10］［泰］阿塔扎·萨亚努腊. 拉玛四世时期至 1932 年泰国统治阶层世界观变迁［M］. 曼谷：朱拉隆功大学出版社，2012.

［11］［泰］素聂·素丁塔纳暖. 泰国教科书中的民族主义［M］. 曼谷：马蒂春出版社，2010.

［12］［泰］拉玛四世. 纪念国王的恩德. 拉玛四世著作集［Z］. 曼谷，1914.

［13］［美］本尼迪克特·安德森. 比较的幽灵：民族主义、东南亚与世界［M］. 甘会斌译. 南京：译林出版社，2012.

［14］［泰］甘碧隆·素万那暖. 拉玛六世与泰国国家建构［D］. 朱拉隆功大学，1981.

［15］［泰］参维·格塞西里：暹罗的民族主义与柬埔寨：柏威夏寺案例研究［M］. 人类社会学教科书项目基金. 2009.

［16］陈晓律. 现代民族主义的由来与发展［J］. 南京大学学报，1995（4）.

［17］陈乔之. 二次大战期间泰国銮披汶政权排华运动浅析［J］. 东

南亚研究资料，1983.

［18］吕振纲. 朝贡体系、曼陀罗体系与殖民体系的碰撞——以 1909 年以前的暹罗王朝为中心的考察［J］. 东南亚研究，2017（10）.

［19］邱苏伦. 印度文化对泰国文化的影响（二）［J］. 星暹日报（泰国），1989.

［20］黄瑞真. 拉玛六世的民族主义与排华思想及其影响［J］. 南洋问题研究，2008.

“一带一路”视野下的中国与土耳其关系研究*

吴 越**

摘 要：中国和土耳其分别位于亚欧大陆东西两端，是古代丝绸之路的起点和终点，为促进人类文明交流繁荣做出重要贡献。现代土耳其凭借其独特的文化传统和优越的地理位置，成为“一带一路”倡议框架下的重要支点国家。可以说，中土两国的合作既具有历史经验，也具有现实意义。

关键词：中土关系；“一带一路”；挑战

一、“一带一路”视野下中国与土耳其关系概述

（一）隋唐时期

隋唐时期，中国与土耳其人的交流主要在战争的环境中进行。

奥斯曼土耳其人属突厥族，是北方草原游牧民族，公元5世纪活跃于我国天山和阿尔泰山地区，与中原王朝往来密切。突厥汗国鼎盛时，其疆

* 本文受四川外国语大学重庆非通用语学院“高等教育国际化背景下中国与土耳其高校交流合作模式研究”项目资助（项目编号：JG201906）。

** 吴越，女，1997年生，土耳其语学士。主要研究方向：土耳其外交关系。

域面积达440万平方千米，东起大兴安岭，西至咸海，北越贝加尔湖，南部接壤波斯、印度，囊括中亚与蒙古草原，并且实际掌控着沿线许多森林部落。为了对抗波斯帝国，突厥汗国在原有联系的基础上加强了对草原丝绸之路的经营，其经营范围远至东罗马帝国。据史书记载，突厥上层借助草原丝绸之路从中国购得大量丝织品，再通过粟特人将获得的丝绸等转运至西方市场售卖，赚取丰厚利润。

公元5世纪和6世纪，中国与突厥之间的陆路交通密集，商业往来频繁。隋朝采取“远交近攻，离强合弱”的政策，初步分化了突厥的力量，使突厥分为东、西两部。唐朝初年则对突厥采取隐忍防御之策。隋唐两朝利用互市的机会从突厥大量购入可用于农耕与战争的良马。据《新唐书》记载，“唐之初起，得突厥马二千匹，以充军用”。突厥马对中原地区的农业及社会经济发展起到促进作用。此外，突厥还通过互市的机会，向中原出售大量战略性物资，如牛羊、棉毛、兽皮等。正如唐朝诗人张籍在《凉州词》中所写“无数铃声遥过碛，应驮白练到安西”。突厥的棉花和面料不断流向中原地区。这些物品既满足了人民的生活需求，也增加了政府的补给。随后，在唐王朝的不断打击下，东、西突厥逐渐丧失对丝绸之路的垄断，并最终成为大唐的民族成员之一。唐王朝控制西域之后，设立安西都护府，镇守西域，消除平定西突厥对丝绸之路的威胁，使自身势力深入中亚地区，有效地保证了丝绸之路的安全和畅通。中国的养蚕技术经该地区西传至拜占庭帝国，而草原音乐的东传也丰富了中原宫廷音乐。

（二）元明清时期

元明清时期，两国主要通过和平的方式进行经济和文化交流。

13世纪中叶，蒙古入侵小亚细亚半岛，征服了突厥塞尔柱人的罗姆苏丹国，并占领中原、中亚和西亚，使得连接东西方的丝绸之路更加畅通无阻，进一步加强了东西方在经济、科学、文化等方面的交往。蒙元时期的丝绸之路是伊斯兰文明传入中国的重要途径。

14世纪以后，明朝国势日益强盛。奥斯曼土耳其人也建立了地跨欧、亚、非三角地带的土耳其奥斯曼帝国。优越的地理位置使奥斯曼帝国成为丝绸之路上的重要贸易枢纽，在古丝绸之路中发挥着重要作用。明朝的缎匹、茶叶、陶瓷等商品沿着丝绸之路经奥斯曼帝国源源不断地运往西亚、欧洲、北非等地区；西方和非洲的产品，如象牙等，也经过土耳其东运到中国。建造于成化十四年（1478 年）的土耳其托普卡帕宫是奥斯曼帝国与明朝交往的最好见证。该宫殿藏有一万多件瓷器，囊括了明初洪武、永乐、宣德至明末各个年代。据土耳其相关文献记载，中国的瓷器运抵奥斯曼帝国后，被作为日常器具供宫廷使用，并逐步取代了旧时宫廷所用的金银器。此外，托普卡帕宫的门楣上有一系列色彩缤纷的画作，其内容和颜色皆仿照紫禁城藏品。这些画作充分反映出苏丹对中华文明的重视以及中国艺术对土耳其的影响。

17 世纪后，土耳其奥斯曼帝国忙于国家内乱和东南欧领土争端，无暇东顾；中国也采闭关锁国的政策，与外部世界交往甚少，陆上丝绸之路的贸易往来逐步减少。而西方殖民国家的兴起又在一定程度上阻挠了东西方的航运，中西交流受到阻隔。但是，中土两国间的往来并未因此而中断，许多文化、宗教界人士仍互相访问学习。在中国航海史上做出杰出贡献的航海家谢清高，曾于乾隆年间游历至土耳其，并在他的《海录》中留下这样的记载：“祋古国，即土耳其。在西洋吕宋佛郎机之后，港口在伊宣各国之南。疆域极大……人民强盛，穿大袖衣、裹头，服皮衣。”这是谢清高到土耳其所见的情况。此外，我国近代著名的伊斯兰教学者王宽曾于 1906 年到麦加朝觐后至土耳其进行实地考察学习，并受到奥斯曼帝国苏丹阿卜杜勒·哈米德二世的接见。王宽第二年归国时，携回苏丹赠送的经书千余卷，并聘请土耳其经学专家哈夫苏·哈桑和阿里·里达一同来华。这充分体现了中土两国人民之间的深厚友谊。

（三）新时期“一带一路”影响下的中土关系

1971 年 8 月 4 日，中国与土耳其在巴黎签署建交公报。此后，中土双边关系逐步迈入新时期。

2013 年，中国提出建设“一带一路”的倡议。这是中国对外开放的新思路，也是中国与不同国家进行新型合作的时代课题。作为横跨欧亚大陆的重要区域性大国，土耳其在“一带一路”建设中发挥着至关重要的作用。2015 年 10 月，在二十国集团安塔利亚峰会期间，中国政府与土耳其政府签署了关于“一带一路”倡议与“中间走廊”倡议相衔接的谅解备忘录，为双方相关合作提供了指南。2016 年 9 月和 2017 年 5 月，在二十国集团杭州峰会和“一带一路”国际合作高峰论坛等场合，中国国家主席习近平与土耳其总统埃尔多安就共建“一带一路”达成多项重要共识，取得多项成果。2018 年 7 月 26 日，中国国家主席习近平在南非约翰内斯堡会见土耳其总统埃尔多安。习近平主席强调，中土是共建“一带一路”的天然伙伴。双方要推进重要合作项目尽早落地，实现中土对接发展战略的早期收获。埃尔多安表示，土中关系发展令人满意。土方支持共建“一带一路”合作，反对保护主义，支持自由贸易，愿密切同中方在国际事务中沟通和协调。①

目前，中土双边贸易呈快速增长势头。根据土耳其国家统计局统计，2017 年，中国为土耳其第一大进口来源地，全年土耳其自中国进口额为 233.7 亿美元，中国成为其仅次于德国的第二大贸易伙伴国。截至 2017 年底，中国对土耳其直接投资累计达 13.01 亿美元。

二、“一带一路”视野下中土未来合作领域展望

近年来，中土两国高层交往频繁，中土关系保持积极发展态势，在政治、经济、文化等领域的合作不断取得新成果，但仍具有巨大的合作空间。

（一）铁路运输领域

土耳其在运输系统的投资集中于陆路运输。公路承担着土耳其 95% 的乘客和 90% 的货物输送，铁路运输还有极大的发展空间。土耳其目前仅有 3% 的旅客、5% 的货物通过铁路进行运输。而且，土耳其大部分铁路线路老化严重，后期维护严重不足。其中，90% 的铁路线路属于单行线，75% 属于非电力和无信号线，30% 的铁路线服务期超过 27 年，而且处于闲置

① 杜尚泽，吕强．习近平会见土耳其总统埃尔多安［N］．人民日报，2018－7－27.

状态。

近年来，土耳其政府大力抓铁路建设，计划在 2023 年前建成总长为 2. 5 万公里的铁路网络，其中包括新建铁路 1. 3 万公里，以及对现有铁路中的 4400 千米进行改造升级。将铁路承运旅客、货物的比例分别提高到 10% 和 15%，实现全国主要港口与铁路相连接。中国企业凭借过硬的技术实力、强大的资金实力和其他国家难以企及的建设效率，在土耳其基建市场中得到充分认可。2018 年 10 月，中车株洲电力机车有限公司与土耳其伊斯坦布尔市政府签订了轻轨车辆出口合同，价值达 5 亿美元。这是中国高端轨道交通装备进入伊斯坦布尔的第一单，也是中土“一带一路”合作的最新硕果。这一合作表明了土耳其政府对中国基础设施建设的信任，中土铁路合作前景广阔。

（二）旅游领域

中国是世界上最大的旅游客源国。2018 年中国公民出境旅游人数达 1. 4927 亿人次，比上年同期增长 14. 7%，蝉联全球最大的出境旅游客源国，出境游消费超 1200 亿美元。而旅游业是土耳其最大的创汇部门之一，也是土耳其国民经济的支柱产业。2018 年该国旅游收入比上年增加 12. 3%，达到 295 亿美元。其中，81. 8% 的收入来自外国游客。到 2023 年，土耳其接待外国游客数量预计达到 6100 万人次，旅游收入将增至 850 亿美元。

中国庞大的旅游市场和巨大的消费潜力迎合了土耳其经济发展的需要。近年来，土耳其政府通过简化中国游客入境签证手续、举办“土耳其旅游年”等一系列措施，大力吸引中国游客赴土旅游，不断推进中土双方在旅游方面的合作。据土耳其统计局公布的官方统计数据显示，2018 年到访土耳其的中国游客数量达 39. 41 万人次，同比增长 59. 38%。

（三）新能源领域

土耳其横跨欧亚两洲，与叙利亚、伊朗、伊拉克等八国接壤，具有极为重要的地理位置和地缘政治战略意义。虽然土耳其国内天然气资源匮乏，原油及石油制品对外依存度极高，但优越的区域位置使其掌握着 14 条跨国能源管线，并逐步成为世界能源交通的枢纽。2017 年，土耳其政府提出将土耳其打造成世界能源贸易中心，充分显示了土耳其进一步提升其在世界能源领域地位的雄心和抱负。

中国在新能源领域发展迅速。近年来，中国政府不断加大扶持力度，支持新能源发展，已成为世界节能和利用新能源、可再生能源的第一大国。未来可以将中国的新能源优势产业同土耳其的地理位置紧密结合，推动中国新能源企业在互利共赢的基础上深入开拓土耳其市场，为两国合作添砖加瓦。土耳其驻华大使约南表示，土耳其是地区能源贸易中心，而中国在技术开发和资金支持方面拥有很大优势，双方在核能、煤电、再生能源和天然气储备等方面都有很强的合作潜力。双方能源合作虽然主要集中在技术领域，却具有重要的战略意义，土耳其期待与中国一起落实在能源领域达成的合作共识。

三、总结

作为古代丝绸之路的起点和终点，中国与土耳其在历史上往来密切。“丝绸之路经济带”和“21 世纪海上丝绸之路”的建设将中土两国再一次联系到一起。土耳其是“一带一路”的关键节点国家之一，其经济优势和投资竞争力较为突出。“一带一路”倡议为中土两国的合作与发展带来新的机遇，两国在能源、旅游、基础设施建设等方面合作前景广阔。中国应根据比较优势与经济效益原则，有针对性地选择中土合作的重点领域，在“一带一路”背景下加强双方交流，妥善处理分歧，最终达到合作共赢的效果。

参考文献

［1］马一．明代鲁迷使臣入华进贡初探［J］．北方民族大学学报（哲学社会科学版），2018（2）．

［2］邹志强．新时期中国和土耳其人文交流的进展与挑战［J］．土耳其研究，2018，1（1）．

［3］曹盟，马晓娟．历史视域下草原丝路经贸与人文交流合作［J］．新丝路学刊，2017，2（2）．

［4］孙玉琴．汉唐时期丝绸之路贸易的历史经验及其现实启示［J］．中国经贸，2014，（8）．

［5］黄维民．中东国家通史：土耳其卷［M］．北京：商务印刷馆，2002.

土耳其库尔德问题的表现形式管见

邢怡婷*

摘　要：库尔德问题是土耳其的热点问题，近年来引起多方势力和媒体的关注。库尔德问题也是土耳其的难点问题，错综复杂，有很多内部与外部的参与者，是个多层面的复杂问题。一些政治、法律、经济和安全问题可以通过直接或间接的谈判甚至政策的改变来解决，而库尔德问题的和平解决需要根据不同库尔德群体的诉求建立不同的机制。

关键词：土耳其；库尔德；表现形式；解决方法

库尔德问题是长期困扰土耳其的重要议题之一，自 20 世纪 80 年代起便成为土耳其的重要内政问题。近年来，尽管政府已经采取重大行动解决这一问题，但频繁不断的冲突仍引起各界的激烈讨论。鉴于中国国内对库尔德问题的研究较为深入，本文不再对库尔德问题的缘起和演变进行重复阐述，而从影响到土耳其库尔德问题的库尔德人出发，研究库尔德族裔的不同载体和表现形式。本文将库尔德族裔的载体分为土耳其东南部库尔德

* 邢怡婷，女，1993 年生，土耳其语文学学士，助教。主要研究方向：土耳其库尔德问题、土耳其入欧进程、土耳其政党等。

人、土耳其西部库尔德人、散居欧洲的库尔德人、伊拉克库尔德人、库尔德工人党以及库尔德政党，进而研究不同载体下的库尔德问题的表现形式，寻找解决库尔德问题的方法。

一、库尔德问题基于不同载体下的表现形式

库尔德裔居民占土耳其总人口的15%，在长期的矛盾与冲突下，库尔德问题基于不同类别的库尔德群体，有了多样的表现形式。能否合理地处理这些矛盾和分歧，是解决库尔德问题的关键。解决的前提是正确认识，而为了正确理解此过程，有必要考虑到六个不同的库尔德人聚集区的问题是相互联系并相互同步的。

（一）东南部生活的库尔德人问题

土耳其东南部库尔德聚集区是库尔德问题中的主要问题。该地区的地理和人口结构、习俗和传统迥异于其他地区，在奥斯曼帝国的最后时期乃至土耳其共和国新成立的时期，出现了一种称呼为“东方问题”（şark sorunu）的区域现象。中央政府试图控制该区域，地方居民则试图保护传统，就此冲突不断。在1925—1938年间发生了17次冲突，1950—1980年间国家政权的左—右派对立也影响到东南部地区，库尔德问题被定义为左派。1978年土耳其民主政治由军队接管，国家处于军事管制状态，在1978年至2002年的24年间，东南部地区一直生活在军事管制下。在军事管制框架下，1982年宪法有一系列特别的条款用来加强对东南部各省文化和政治权利的打压。[①] 尽管其实施的本意旨在防止恐怖主义和直接暴力，但对社会经济和人道精神造成严重后果，已然成为结构性暴力的一种形式。伴随着地区强制移民、失业问题以及城市化的迅速发展，库尔德问题变得更加难以解决，地区的库尔德问题由直接暴力转变成结构性暴力。紧急状态实施的24年间，恐怖事件、谋杀事件、侵犯人权行为、非法行为不断且解决无望，不得人心的政策和不安定的社会生活环境导致该地区的民众对国家

① 李秉忠．土耳其库尔德人问题研究述评［J］．世界民族，2010（4）：16－25.

和政府的不信任感增加，使得库尔德民族主义情绪高涨。

（二）大城市的库尔德问题

库尔德人不仅仅生活在土耳其的东南部省份，这一点是与世界上其他族裔之间的紧张态势不同的。虽然没有准确的人口统计分析库尔德人口的分布，但到今天为止，土耳其的库尔德人最少有一半是生活在西部省份的。这些现如今生活在西部的库尔德人，有多数是因为经济原因进行了移民，此外有部分移民，特别是从 1990 年开始，是通过强制移民形成的，而强制性移民主要有三个原因：其一，安全部队在紧急状态下，以打击恐怖分子为由将村庄撤空；其二，库尔德工人党对不支持它的居民施加压力；其三，地区居民在库尔德工人党和安全部队之间承受双重压力。结果表明，有 100 万—200 万的库尔德居民受到强制移民的影响。[①] 当今，库尔德人多数居住在伊斯坦布尔、安卡拉、伊兹密尔，近年来阿达纳和梅尔辛省的库尔德人也在增多。所以到今天为止，不同于大家所认知的库尔德人多数在东南部地区活动，库尔德人口最多的地区不在迪亚尔巴克尔（东南部地区省份），而是在伊斯坦布尔。土耳其当局面对这种突然的大规模移民迁徙，没有采取针对且有效的措施，造成诸如城市化发展不平衡、基础设施不足等问题，城市无法吸收新移民，城市的贫民窟化不可避免。长此以往，移民后的归属问题和生存问题使移民的库尔德民族意识强化。在西部大城市，库尔德问题转化为库尔德移民与当地土著居民紧张的社会和心理关系问题。

（三）移居欧洲的库尔德人

1980 年 7 月 12 日军事政变后，部分库尔德人和左翼团体一起前往欧洲寻求庇护，在此之后，库尔德人在 80 年代和 90 年代有两次较大规模的避难。第一次是 1988 年伊拉克库尔德民族主义者在独立运动失败后大批出逃，第二次是 90 年代初期出现的库尔德移民第二次狂潮，大批的库尔德人

---

① 朱传忠. 近年来土耳其政府的库尔德政策初探［J］. 国际研究参考，2015（1）：23－28＋52.

涌入欧洲，到20世纪90年代，在欧洲的库尔德人数量已经达到50万，大批量的库尔德移民使得库尔德问题有欧洲化的趋势。有着30多年欧洲生活经历的库尔德人，借助在欧洲获得的政治、经济权益，为不同的库尔德团体，特别是库尔德工人党提供便利。散居在外的活跃的库尔德人，不仅在财政上支持库尔德工人党的行动，而且在政治、心理乃至媒体方面对其提供帮助。此外，借助飞速发展的网络和信息手段，移民欧洲的库尔德人还致力于向欧洲公众和政界传达库尔德问题。长居欧洲的库尔德人受到西方言论的影响，种族、世俗和民族主义的想法与地区的政治文化特点脱节，使观念从最初的土耳其认同发展出库尔德人认同。由于库尔德人大量扎根于欧洲，欧盟也不得不考虑到库尔德团体的诉求，这使得土耳其在入欧问题上往往为库尔德问题所束缚。由于欧盟的压力，土耳其已经部分地修正了法律，一定程度上允许用库尔德语进行广播。库尔德人认为土耳其入欧是解决库尔德问题的好的开始，要求提升库尔德人的文化、政治权利并崇尚联邦主义。① 而到目前为止，土耳其的欧盟之旅没有建构出对话双方共同认可的话语，土耳其迫于入欧压力，在相对较短的时间内可以按欧盟的指令进行改变，但很多东西与土耳其社会、政治文化并不相符。在欧洲，库尔德的问题转化为散居欧洲的民众对库尔德问题的西化理解和土耳其库尔德问题的政治社会现实之间的矛盾。库尔德问题的欧洲化和国际化，导致情况进一步复杂化。

（四）伊拉克北部库尔德问题

决定最近库尔德问题的另一个重要因素是伊拉克北部的局势。伊拉克北部的库尔德人在长时间斗争后在伊拉克获得很大的政治权利，2005年伊拉克新宪法规定了伊拉克库尔德自治区的自治地位，伊拉克库尔德自治区享有高度自治权。土耳其、伊朗和叙利亚地区的库尔德人不可避免地受到

① M. Hakan Yavuzand Nihat Ali Ozcan, "The Kurdish Question and Turkey' s Justiceand Development Party", Middle East Policy, Vol. XIII, No. 1, Spring, 2006, pp. 102 –116.

伊拉克北部库尔德独立的影响。[①] 土耳其、伊拉克、伊朗和叙利亚四国的库尔德问题向来有密切关联，任何一国库尔德人发生问题，必然会引起其他三国库尔德人的强烈反应。尤其是各国库尔德反政府组织相互支持，彼此交换人员和情报，已经成为一种历史传统。有些观察员甚至将伊拉克北部库尔德人的独立情况称为“库尔德复兴”。[②] 宽松的自治氛围下，过去十几年来，伊拉克库尔德人的实际控制地区逐步扩大，石油资源丰富的基尔库克地区被纳入其中，库区经济发展潜力无限。经济的发展也为其自治权的进一步扩大奠定了基础。伊拉克库尔德自治区的发展对土耳其库尔德人的影响无法具体用数据说明，但不可否认的是，库尔德自治区的发展对库尔德问题在土耳其的激化起到催化作用，其主要体现在三个方面：其一，土伊库尔德人表面上划清界限，实际上藕断丝连，后者经常对前者提供物资支持。伊战后，伊拉克库尔德领导人迫于形势需要而表示反对分裂，支持土耳其维护领土完整和国家统一，反对库工党的暴力和分离活动，但两国库尔德人的关系仍很密切。2008 年，伊拉克总统塔拉巴尼访问土耳其，表示库工党必须在放下武器或离开伊拉克之间做出选择。但次年 3 月重访土耳其时，他又呼吁土政府特赦库工党，恢复库尔德人的文化自由。库尔德高层领导的言论本质上反映出中东库尔德人之间存在着共同利益，并且伊拉克库尔德人关心这一利益，因此预示着土耳其将长期面临来自伊拉克库尔德人的潜在政治压力。[③] 其二，在土耳其当局对库尔德问题管理不善的基础上，长此以往，土耳其库尔德人很难不与之比较而产生心理落差，造成严重后果。其三，即便伊拉克与土耳其的库尔德问题现实情况不相

---

① 16 世纪，奥斯曼帝国侵占了库尔德斯坦大部分地区，并于 1639 年与伊朗萨非王朝签订了《席林堡条约》，规定库尔德斯坦大部分归自己，另外一部分归伊朗。1923 年，土耳其凯末尔与一战协约国签订《洛桑条约》，将原土耳其苏丹政府统治下的库尔德斯坦分割给土耳其、英属伊拉克和法属叙利亚。连同原先划归伊朗的一部分，库尔德斯坦共被分成四块。如今，库尔德族人依然主要居住在这四个国家。因为怀揣强烈的民族政治独立愿望，他们分别与四国政府保持着不甚融洽的关系，并已成为中东局势动荡的多种因素之一。

② Kerim Yildiz and Tanyel B. Tays, The Kurds in Iran: The Past, Present and Future, London Pluto Press, 2007, pp. 63, 116.

③ 敏敬. 伊拉克库尔德自治的最新发展与影响 [J]. 国际论坛，2011，13 (1)：73 – 78 + 81.

同，但伊库区领导的言论和行动，仍在土耳其境内产生了很大的公众舆论影响。

基于以上作用和影响，从长远来看，伊拉克北部库尔德地区的发展可能使土耳其、伊朗、叙利亚的库尔德人效仿，给动荡的中东局势增加更多变数。

（五）库尔德工人党

库尔德工人党是20世纪70年代中期由一群东方革命文化中心的马克思主义学生创立的，其中就有领袖阿卜杜拉·厄贾兰。1978年10月27日，库尔德工人党宣布最终的斗争目标是建立独立的库尔德斯坦社会主义国家。1979年厄贾兰转移至叙利亚，与巴勒斯坦的各种组织建立起联系，由他们来训练库尔德工人党成员。[①] 在此期间，库尔德工人党在东南部地区制造了多起恐怖事件。1984年库尔德工人党成立武装部队，这些行动之后还有其他流血行动，每一次都在公众场合引起轰动，到1999年厄贾兰被逮捕为止，15年间库尔德工人党的斗争造成3.5万人伤亡和数十亿的财产损失。从厄贾兰被捕到2004年，土耳其经历了短暂的“和平”时期。这一时期，库尔德工人党的暴力活动大大减少，开始要求通过政治途径解决库尔德问题。[②] 在此之后，伊拉克战争打响，伊拉克的库尔德自治政府的成立极大地鼓舞了土耳其的库尔德人，同时库自治区在美国授意下，为土耳其库尔德工人党提供武器和物资上的援助。现在的库尔德工人党，规模十分壮大，除土耳其大本营外，势力范围扩至叙利亚、伊朗、伊拉克和欧洲。

区别于此前和平的斗争形势，库尔德工人党是暴力化的象征，它的建立和发展从根本上改变了库尔德问题的斗争方式，从和平演变为恐怖主义斗争。虽然正义与发展党上台后采取了很多举措，在政治框架下采取对话的方式开始“伊姆拉姆进程”，但库工党的暴力袭击活动延缓了库尔德问

---

① Aliza Marcus, Blood and Belief: The PKK and the Kurdish Fight for Independence, New York and London: New York University Press, 2007, p. 19.

② Aliza Marcus. Turkey's PKK: Rise, Fall, Rise Again? [J]. World Policy Journal, 2007, (1): 75 -84.

题的政治解决进程，并使其陷入“袭击—打击—和解”的循环。

目前来看，解决库尔德工人党的问题是解决库尔德问题的重要一环和艰难一环。

（六）温和派库尔德政党

库尔德问题的另一重要载体是库尔德政党。库尔德民众在20世纪90年代之前大选时普遍支持热门党派，但随着1990年福利党的崛起以及库尔德民主主义政党的组建，库尔德民众改投这两个党派。自成立以来，库尔德相关政党一直发挥着关键作用，主导着地方选举。在1999年的地方选举中，人民民主党（HADEP）[①] 赢得东南部许多省县的支持，这些政党通过管理当选省县，受到库尔德社群的广泛欢迎。此外，亲库尔德的和平民主党（BDP）和人民民主党（HDP）近年来开始在土耳其发出声音。代表温和的库尔德派的库尔德政党本应致力于弥合土耳其人和库尔德人之间的隔阂，但力量的壮大却引发执政党正义与发展党的不安，土耳其当局致力于削弱亲库尔德政党的势力，例如以人民民主党与库尔德工人党暗中勾结为由，逮捕人民民主党的联合主席。库尔德问题在政党方面转化为亲库尔德政党势力的壮大和执政党抑制库尔德政治势力壮大之间的矛盾。

二、库尔德问题的出路

如上所述，库尔德问题有很多内部与外部的参与者，是个多层面的复杂的问题。一些政治、法律、经济和安全问题可以通过直接或间接的谈判或者政策的改变来解决，为获得一个和平的结果，需要逐个分析它们，库尔德问题的和平解决需要根据不同群体的诉求建立不同的机制。

自20世纪80年代以来，人们首次有了希望库尔德问题和平解决的愿望。尽管欧盟增加了结构性干预，正发党政府政策也进行了改变，但是土耳其仍然需要做出更多改变。库尔德人和土耳其人的生活两极分化严重，国民对过去缺乏正确的认知，仍是阻碍和平进程的绊脚石。冲突本质的多

① HADEP和HDP是两个政党，前者成立于1994年，后者成立于2012年。

样化决定了需要多种策略来解决该问题。宏观上，宪法和法律改革能有效地保障库尔德人的政治、社会和法律权利，至于土耳其人和库尔德人间长期的紧张态势则需要进行微观上的改变。

其一，针对大城市有问题的社区，可以建立小组间对话，并联合项目框架下的中层领导外交研讨会以及其他策略。同时，为有过暴力经历的库尔德居民提供心理帮助，安抚个人情绪，使他们达到内心平和的状态，并在库尔德人和国家之间构建和平的桥梁。

其二，针对东南部地区的库尔德居民，土耳其政府已经做出一些改变和尝试。在经济方面，2008 年 5 月 27 日，政府宣布实施新东南亚安纳托利亚行动计划（简称新行动计划），用来改善东南部和西部经济发展的不平衡。该计划划拨投入了大批资金用以改善东南部库尔德地区的基础设施以及用于经济和社会发展，还制定了刺激经济发展政策，如支持中小企业、扩大投资与发展项目、建设旅游中心等。[①] 除去东南部地区经济提速，在安全和人权方面，需要进一步克服“反恐法”滥用导致的对公民基本权利的侵犯现象，需要加快解决东南部冲突所进行的人口迁徙带来的一系列问题的速度。总而言之，政府在库尔德问题上的动议，必须保证所有公民拥有完整的权利和自由，改善东南部地区状况。[②]

其三，针对海外生活的库尔德群体，土耳其当局可以加强沟通和交流，改变他们西方化的解决方式，认识库尔德历史和实际；同时，分阶段推进人权问题的解决，土耳其迫于欧盟的压力，在政治、社会和文化权利方面通过宪法的修订意图改善库尔德人在土耳其的人权环境，但要将纸面文字真正落到实处，督促人权改革的具体推进。

其四，针对库尔德工人党问题，不应采取简单的镇压和报复措施，过去的经验显示，虽然土耳其针对库工党的军事行动不断，但库工党的实力只是被有限地削弱，并不能完全铲除。为了土耳其境内的和平，也为了不伤及普通民众，应继续寻求政治对话的方式而非通过武力来解决库工党

① “Kurdish Political Movement and the ‘DemocraticOpening’”. Ruenakr. Insight Turkey. 2010.

② 李秉忠. 土耳其民族国家建设与库尔德问题的形成及趋势［J］. 史学集刊，2013（4）：88－97.

问题。

其五，针对伊拉克库尔德问题，一方面土耳其应拉拢伊拉克的库区高层，加强与伊拉克库区高层的沟通和合作，杜绝伊库区向土库尔德激进分子伸出援助之手，并利用他们限制库尔德工人党在伊拉克北部的活动。另一方面，应加强土耳其本身的国家建设，只有国家实现真正富强，解决库尔德人的就业问题，改善其生活质量，多数库尔德人才能从中受益，才能扭转库尔德人的离心倾向，以及减少对邻国伊拉克库区发展带来的不良影响，使他们产生真正的归属感。

其六，针对温和的库尔德政党群体，由于其特性，可以得到土耳其南部和东部地区库尔德人聚居区民众的支持和信任，土耳其执政党不应单纯看到库尔德政党的威胁，同时应看到其在推动和平民主方式解决库尔德问题方面的优势，加强与温和派库尔德政党的沟通，通过“中间人”推动与库尔德族裔的沟通和对话。

三、结束语

本文虽然对库尔德问题的解决方案进行了分析，并提出一些拙见，但实现和平共处的社会变革是一条漫长而艰难的道路，尽管目前的土耳其已经在库尔德问题上做出一些努力和尝试，并有一些计划在落地中，但笔者认为，实际上在今后很长一段时间都很难出现针对库尔德问题的最终解决方案。不管是社会、经济，还是库尔德人的民族诉求和库尔德工人党，甚至是欧洲的库尔德问题短期内都没有改善的迹象，而且由于经济委靡不振、对库工党不间断的打压以及入欧政策放缓等原因，库尔德问题的解决还会呈现曲折性和反复性的特征。

参考文献

［1］ Aliza Marcus. Turkey's PKK：Rise，Fall，Rise Again？［J］. World Policy Journal，2007，(1).

［2］ Aliza Marcus，Blood and Belief：The PKK and the Kurdish Fight for Independence，New York and London：New York University Press，2007.

［3］ Kurdish Political Movement and the Democratic Opening. Ruenakr. Insight Turkey. 2010.

［4］ Kerim Yildiz and Tanyel B. Tays，The Kurds in Iran：The Past，Present and Future，London Pluto Press，2007.

［5］ M. Hakan Yavuzand Nihat Ali Ozcan，"The Kurdish Question and Turkey's Justice and Development Party"，Middle East Policy，Vol. XIII，No. 1，Spring，2006.

［6］ 李秉忠．土耳其艰涩的民主化进程与库尔德问题的演进（1950－1980）［J］．史学集刊，2017（3）．

［7］ 李秉忠．土耳其民族国家建设与库尔德问题的形成及趋势［J］．史学刊，2013（4）．

［8］ 李秉忠．土耳其库尔德人问题研究述评［J］．世界民族，2010（4）．

［9］ 敏敬．伊拉克库尔德自治的最新发展与影响［J］．国际论坛，2011，13（1）．

［10］ 朱传忠．近年来土耳其政府的库尔德政策初探［J］．国际研究参考，2015（1）．

流水逝去，石头永驻

——中罗关系回顾与展望

赵学林*

摘　要：2019 年是中华人民共和国成立 70 周年，也是中国和罗马尼亚建交 70 周年。70 年来，两国关系稳步发展，堪称国与国之间友好交往的典范。站在新的历史起点上，互为传统友好国家的中罗两国，必将携手开创新时代中罗关系的新篇章。

关键词：中罗关系；罗马尼亚

“流水逝去，石头永驻”，这是一句罗马尼亚的谚语（Apa trece，pietrele rămân），前国家主席江泽民和现国务院总理李克强都曾用这句谚语来形容中罗关系，意思是中罗友谊经得起岁月的考验，根深叶茂，历久弥新。

1949 年 10 月 5 日，刚刚诞生的中华人民共和国迎来了第三个正式建交的国家——罗马尼亚。当时同属社会主义大家庭的罗马尼亚为新中国的建设提供了无私援助，并在 1971 年的第 26 届联合国大会上作为联合提案

* 赵学林，男，1995 年生，四川外国语大学重庆非通用语学院罗马尼亚语专业教师。主要研究方向：罗马尼亚、中罗关系、中东欧区域研究等。

国大力支持恢复了中国在联合国的合法席位和一切权利。2004 年，中国和罗马尼亚建立了全面友好合作伙伴关系。建交 70 多年来，国际形势风云变幻，两国关系却始终稳步向前发展，堪称国与国之间友好交往的典范，中罗友谊深深根植于两国人民心中。但在 20 世纪 80 年代末，由于罗马尼亚政权更迭，这一时期前后的中罗关系具有各自的鲜明特点。

一、20 世纪 50 年代至 80 年代的中罗关系

这一时期，中国与罗马尼亚的党和国家领导人交往频繁。罗马尼亚工人党中央委员会的两位第一书记格奥尔基·阿波斯托尔、乔治乌—德治分别于 1954 年和 1956 年访华，乔治乌—德治还率团出席了中国共产党第八次全国代表大会。罗马尼亚工人党中央政治局委员、部长会议主席扬·格奥尔基·毛雷尔于 1964 年、1966 年、1967 年和 1969 年四次访华。罗马尼亚共产党①中央委员会总书记、总统尼古拉·齐奥塞斯库于 1971 年、1978 年、1982 年、1985 年和 1988 年五次访华。罗马尼亚三位总理马尼亚·曼内斯库、伊利耶·维尔德茨、康斯坦丁·德斯克列斯库分别于 1978 年、1980 年、1983 年访华。

中国方面，中共中央副主席朱德和中共中央书记彭真分别于 1955 年和 1960 年出席罗马尼亚工人党第二次和第三次代表大会。中共中央副主席、国务院总理周恩来于 1965 年赴罗参加罗马尼亚工人党中央委员会第一书记、国务委员会主席乔治乌—德治的葬礼，并于 1966 年率党政代表团访罗。中共中央总书记邓小平于 1965 年出席罗马尼亚共产党第九次代表大会。中共中央政治局委员、书记处书记、国务院副总理万里于 1984 年出席罗马尼亚共产党第十三次代表大会。中共中央政治局常委、中央书记处书记乔石于 1989 年出席罗马尼亚共产党第十四次代表大会。李先念于 1964 年、1974 年两次以副总理身份，1984 年以国家主席身份赴罗出席罗马尼亚解放 20 周年、30 周年和 40 周年庆典活动。1978 年中共中央主席、国务院

① 1965 年，罗马尼亚工人党更名为罗马尼亚共产党。

总理华国锋访罗。1983 年中共中央总书记胡耀邦访罗。①

以上列举的中罗高层互动，并不是一般的中罗关系“大事记”，而是 20 世纪 50 年代至 80 年代双方国家关系日趋紧密的反映。远在万里之外的欧洲有着许多中国的社会主义盟友，但与中国保持着如此紧密高层互动关系的只有罗马尼亚。从 1964 年起，罗马尼亚就旗帜鲜明地抵制国际共运内部对中国的围攻，并在后来中苏关系正常化的进程中发挥了积极的作用。

1964 年，罗马尼亚主动派出由部长会议主席扬·格奥尔基·毛雷尔率领的代表团来华调停中苏关系。1965 年齐奥塞斯库当选为罗马尼亚工人党中央委员会第一书记，他主张各党根据本国的实际情况独立自主地制定自己的政治路线，确定自己的发展道路，反对统一模式。他也多次作为中间人在中苏领导人之间传递消息。1985 年 10 月，邓小平会见了来访的齐奥塞斯库，邓小平请齐奥塞斯库带口信给戈尔巴乔夫，传达中国对于中苏关系的态度。在中美关系正常化过程中，罗马尼亚也起到重要的桥梁作用。1967 年 3 月，尼克松以“前副总统”的身份对罗马尼亚进行了一次私人访问，在与齐奥塞斯库的会谈中表达了想与北京实现关系正常化的意愿，希望“罗马尼亚同意充当通向中国的渠道”，齐奥塞斯库表示愿意充当信使。同年 6 月，罗马尼亚部长会议主席扬·格奥尔基·毛雷尔第三次访华，向周恩来总理转达了他不久前访美时总统约翰逊和参议院盖伯赖特关于中美关系的谈话。②

1968 年苏军入侵捷克斯洛伐克和 1969 年中苏边界冲突以后，中苏关系受到影响，而这进一步加强了中罗关系的发展。苏军侵捷前，罗马尼亚曾经多次通报中方：苏即将侵捷，罗马尼亚希望了解中国的态度。苏军侵捷后，罗马尼亚面临大兵压境，已处于战争的最前线。罗马尼亚决心抵抗侵略，斗争到底，不做任何妥协。在这个紧急关头，周恩来总理亲自出席罗马尼亚驻华使馆的国庆招待会，并在讲话中表明中国人民坚决支持罗马尼亚人民的正义斗争。罗马尼亚总理事后在一次讲话中说，周总理的声明

---

① 查阅自中华人民共和国外交部网站，https：//www. fmprc. gov. cn/web/。

② 刘勇．罗马尼亚渠道与中美关系的解冻［J］．中国青年政治学院学报，2005（3）：56－61.

使罗马尼亚在最关键的时刻得到最关键的支持。

除了两国领导人的频繁交往，中罗两国人民也缔结了深厚的友谊。老一代人对罗马尼亚的感情尤为深厚，可以说是一个最熟悉的国家，这源于两国间活跃的文化交流。中国广播民族乐团、中国民族歌舞团、北京歌舞团、小提琴家杨秉孙、钢琴家李名强等我国著名艺术团组和人士赴罗马尼亚访问演出。罗马尼亚“穆列什”民间舞蹈团、罗马尼亚军队“多依那”艺术团、罗马尼亚乔治·埃内斯库国家交响乐团等艺术团组也来华访演。中国在罗举办了中国绘画展、中国少数民族服饰展、中国小型工艺品展、中国摄影艺术展、中国连环画展、江西古代陶瓷展等。罗在华举办了罗马尼亚摄影艺术展、罗马尼亚绘画展、罗马尼亚多尼查油画展、罗马尼亚水彩画展、罗马尼亚版画展、罗马尼亚民间工艺展、罗马尼亚绘画工艺品展等。①

1989 年为庆祝中国国庆 40 周年和罗马尼亚国庆 45 周年，中罗双方首次互办了规模盛大、内容丰富的文化日活动。在罗举办的“中国文化日”有辽宁杂技团演出、中国电影周、中国壁毯刺绣展、中国书籍唱片展和中国摄影展；在华举办的“罗马尼亚文化日”有罗艺术家小组演出、罗马尼亚电影周、罗马尼亚现代绘画与造型艺术展、罗马尼亚书籍唱片展和罗马尼亚摄影展。通过互办文化日活动，加深了中罗人民的友谊和相互了解，推动了两国文化艺术的交流与合作，促进了两国文化关系的发展。此外，中国引进的罗马尼亚电影《多瑙河之波》《沸腾的生活》《复仇》《最后一颗子弹》和《斯特凡大公》等都给中国人民留下了十分深刻的印象，甚至流传着“朝鲜电影哭哭笑笑，越南电影飞机大炮，阿尔巴尼亚电影莫名其妙，罗马尼亚电影搂搂抱抱”这样的戏言，而“搂搂抱抱”的罗马尼亚电影在当时相对传统的中国总能引起不小的轰动。

以上可以看出，中国和罗马尼亚在这一时期休戚与共，双方互帮互助、你来我往，使两国间友谊的“石头”越来越稳固，建立了非常密切的友好关系。

---

① 查阅自中国驻罗马尼亚大使馆网站，https：//www. fmprc. gov. cn/ce/cero/chn/。

二、20世纪90年代后的中罗关系

从1989年开始，东欧一些社会主义国家共产党和工人党在短时间内纷纷丧失政权，社会制度随之发生根本性变化。几乎是在一夜之间，东欧发生了剧变，首先是波兰，然后波及捷克斯洛伐克、匈牙利、罗马尼亚、保加利亚、阿尔巴尼亚等。短时间内，东欧社会主义国家纷纷改旗易帜，华沙条约组织也不复存在。东欧剧变使得东欧各个社会主义国家的政治经济制度发生根本性的改变，是一次由社会主义制度最终演变为资本主义制度的剧烈动荡。

1989年10月1日，罗马尼亚总统齐奥塞斯库出席了中国驻罗马尼亚大使馆的国庆招待会，而在罗马尼亚12月事变之初，中国中央电视台还播放了齐奥塞斯库发表强硬讲话的情况。然而，就在这次讲话后几小时，罗马尼亚形势急转直下，罗马尼亚“救国阵线委员会”宣告成立，12月22日罗马尼亚军队倒戈。几天之后，齐奥塞斯库夫妇被逮捕。“救国阵线委员会”选举扬·伊利埃斯库为主席，宣布起草新宪法，罗马尼亚的历史进程发生重大转折。

中国与罗马尼亚的关系一直很好，中国政府对罗马尼亚政权更迭持何态度，不仅为罗马尼亚人民所关注，也为世界舆论所关注。中国政府的反应出乎许多人的意料。按照邓小平“沉着应付、韬光养晦”的指导方针，中国政府在罗马尼亚问题上采取了超越意识形态的做法。中国外交部副部长田增佩约见了罗马尼亚驻华大使，表示中国人民对罗马尼亚人民一直怀有友好感情，尊重罗马尼亚人民的选择，中国政府愿意在和平共处五项原则的基础上继续同罗马尼亚保持和发展友好关系。中国红十字会也决定向罗马尼亚提供紧急人道主义援助。12月27日，中国国家主席杨尚昆、国务院总理李鹏分别向“罗救国阵线委员会”主席扬·伊利埃斯库和罗临时政府总理彼得·罗曼发去电报，祝贺他们就职。29日，外交部长钱其琛也向罗新任外长发了贺电。1990年2月，罗马尼亚外交部发言人发表声明，重申罗马尼亚只承认一个中国，中华人民共和国为中国人民的合法代表，台湾问题是中华人民共和国的内政的立场，并表示罗马尼亚将忠于这种原则立场，不与台湾地区建立任何官方关系。

20 世纪 90 年代至今，中罗高层交往仍然十分频繁。1991 年 1 月，罗马尼亚总统伊利埃斯库应邀访问了中国。同年 9 月，中国国务委员兼外长钱其琛对罗马尼亚进行了访问。1994 年 7 月，国务院总理李鹏访罗。1995 年 7 月，罗总理沃克罗尤访华，同年 11 月，中共中央政治局常委胡锦涛对罗进行正式访问。1996 年 6 月，国家主席江泽民访罗。1997 年 9 月，罗马尼亚总统康斯坦丁内斯库访华，同年 11 月，中联部副部长蔡武率领中国共产党代表团访罗，并与罗马尼亚民主党正式建立友好合作关系。2002 年 6 月，罗马尼亚总理讷斯塔塞访华。2003 年 8 月，罗马尼亚总统伊利埃斯库访华，双方签署联合声明。2004 年 6 月，国家主席胡锦涛对罗马尼亚进行国事访问，并与伊利埃斯库总统签署了《中华人民共和国与罗马尼亚关于建立全面友好合作伙伴关系的联合声明》，双方在这一年成功建立了全面友好合作伙伴关系。2005 年 6 月，中国首都北京和罗马尼亚首都布加勒斯特结为友好城市。2006 年 3 月，罗马尼亚总统伯塞斯库访华，全国人大常委会委员长吴邦国也于同年 5 月访罗。2007 年 4 月国务院副总理回良玉访罗。2008 年 8 月，罗马尼亚总统伯塞斯库来华出席北京奥运会开幕式并与国家主席胡锦涛会谈。2009 年 10 月，国家副主席习近平访罗，同罗总统伯塞斯库会谈并出席了中国同罗马尼亚建交 60 周年研讨会。2011 年 4 月，中共中央政治局常委李长春访罗。2013 年 6 月，罗马尼亚总理蓬塔来华出席中国—中东欧国家领导人会议，同年 11 月，国务院总理李克强访罗并出席中国—中东欧国家领导人会晤，发表了《布加勒斯特行动纲要》。2014 年 9 月，罗马尼亚总理蓬塔访华，国务院副总理张高丽也于当月访罗。2015 年 9 月，国家主席习近平在纽约会见罗马尼亚总统约翰尼斯。2017 年 7 月，中共中央政治局常委刘云山访罗。2018 年 3 月 30 日，罗马尼亚总统约翰尼斯致电致函习近平，热烈祝贺习近平当选中华人民共和国主席。2018 年 4 月，习近平主席特使、中共中央政治局委员、中央政法委书记郭声琨访罗。2019 年 4 月，全国政协副主席张庆黎访罗。①

中罗文化、科技、教育等领域交流与合作也愈发密切。目前，中罗两

① 查阅自中华人民共和国外交部网站，https：//www. fmprc. gov. cn/web/。

国每年在文化、教育、卫生、体育、影视等方面互派访问团组近30个。近年来，中方先后在罗举办“中国文化节”“欢乐春节”“感知中国”图片展、“华夏瑰宝展”“对话兵马俑”主题展等大型文化活动。2015年7月，罗马尼亚文化中心在北京成立。2016年，《舌尖上的中国》在罗国家电视台播出，“罗马尼亚瑰宝展”先后在国家博物馆和四川博物馆巡展，“罗马尼亚电影节”在北京、上海、西安举办。2017年，中央戏剧学院、北京舞蹈学院等艺术团组赴罗演出，罗锡比乌剧院剧组来华参加国际戏剧交流月活动。2018年，中央戏剧学院、内蒙古奈热乐队、杭州爱乐乐团等艺术团赴罗演出，罗儿童快板合唱团来华演出，罗国家电视台摄制组来华拍摄杭州纪录片。2019年，罗马尼亚作为主宾国参加第26届北京国际图书博览会，罗国家历史博物馆参展在中国国家博物馆举办的“殊方共享——丝绸之路国家博物馆文物精品展”，为庆祝中罗建交70周年，罗马尼亚锡比乌国际戏剧节推出“中国季”。此外，中罗两国也已建立35对友城关系。中国在罗已开设4家孔子学院、6家孔子课堂和36个汉语教学点。①

与此同时，罗马尼亚在年轻一代的中国人民心中不断地刷着“存在感”。2018年，罗马尼亚歌手马特奥演唱的歌曲《Panama》在中国短视频分享平台“抖音”上爆红，并一度占据“网易云音乐”热歌榜榜首，被誉为“神曲”。以“德古拉伯爵”为主题创作的各类吸血鬼电影、小说深受中国年轻人的喜爱，其原型为罗马尼亚大公弗拉德三世·采佩什。还有出生在罗马尼亚的影星塞巴斯蒂安·斯坦，在漫威系列电影中饰演美国队长的挚友“冬兵”，其颜值与演技令他在中国有着大批的拥趸。

国之交在于民相亲。事实表明，中罗的传统友好关系得到保持和发展，中罗两国民众从不间断的互动和联系使两国的人文交流迈上新台阶。中国日趋成熟的超越意识形态的外交政策得到罗马尼亚各界的赞同和支持，这也是20世纪90年代以来中罗关系仍然不断发展的重要基石，使得中国和罗马尼亚两国之间的友好关系具有长期性、全面性、稳定性的特点。

① 查阅自中国驻罗马尼亚大使馆网站，https：//www.fmprc.gov.cn/ce/cero/chn/。

三、新时代中罗关系展望

2015 年，习近平总书记在与罗马尼亚总统约翰尼斯会见时强调，中罗两国传统友好。罗马尼亚是最早同新中国建交的国家之一，长期在涉华核心利益和重大关切问题上坚定支持中方立场。中国人民珍视同罗马尼亚人民的情谊。面向未来，中罗关系前景广阔。双方要加强对双边关系发展方向和重点的规划，不断丰富中罗关系内涵。双方要讲求实效，全面拓展两国务实合作。中方愿同罗方一道，在“一带一路”框架内加强能源和基础设施建设等领域合作，推动有关重点项目建设取得进展。双方要继续深化人文交流，推动旅游、文化、艺术、出版等领域交流合作，夯实中罗友好民意基础。① 习近平总书记的重要讲话为中罗关系深入发展指明了方向。

正如习近平总书记指出的那样，当今世界正面临百年未有之大变局。而中国与罗马尼亚拥有 70 年的双边友好关系历史积淀，在过去几十年里，双方各自经历了巨大变化，一方面经济基础发生彻底性改变，另一方面又面临着新的国际环境。罗马尼亚作为欧盟成员国，是中国同中东欧国家乃至同整个欧洲合作的重要支点，是亚欧大陆上连接中国与中东欧重要的交通枢纽，也是“一带一路”倡议的重要沿线国家。2015 年，中国与罗马尼亚两国签署了《关于在两国经济联委会框架下推进“一带一路”建设的谅解备忘录》，罗马尼亚成为最早加入“一带一路”建设的国家之一。同时，罗马尼亚也是中国—中东欧国家合作机制（即“17 + 1 合作”）成员国。中罗关系既有 70 年历史积淀，又有“一带一路”和“17 + 1 合作”的美好蓝图，必将在“大变局”中不断向前发展。

习近平总书记提出构建人类命运共同体的理论，而中罗友好关系的长期性、全面性和稳定性必将使中国和罗马尼亚两国紧密地联系在一起，在新时代共建人类命运共同体。70 年来的友谊弥足珍贵，可以预见在未来，通过“一带一路”和构建人类命运共同体倡议，两国人民将更加紧密团结，不断把中罗关系推向更高水平。

---

① 新华社纽约 2015 年 9 月 26 日电。

参考文献

［1］ Pencea S，Oehler－Şincai I M. Romania，Strategic Partner in China－CEE Relations［J］. Global Economic Observer，2015，3（1）.

［2］ Siani－Davies P. The Romanian Revolution of December 1989［M］. Cornell University Press，2007.

［3］ 刘勇．国内外中罗关系史研究述评［J］．中国青年政治学院学报，2008，27（2）.

［4］ 阎明复．1964 年罗共调停中苏关系始末（一）［J］. 百年潮，2010（8）.

［5］ 李宝俊．当代中国外交概论［M］．中国人民大学出版社，1999.

［6］ 于军．中国—中东欧国家合作机制现状与完善路径［J］．国际问题研究，2015（2）.

［7］ 刘勇．罗马尼亚渠道与中美关系的解冻［J］．中国青年政治学院学报，2005（3）.

［8］ 夏纪媛．20 世纪 60 年代罗马尼亚自主性外交政策研究［D］. 2011.

非通用语跨文化研究

韩国厕所文化研究

全炳善[*] 李 娟[**]

摘 要：韩国人对厕所有一套独特的哲学理念，创造了他们独有的厕所文化。韩国人认为，现代化洗手间的本质是掠夺自然，但韩国的传统厕所不同，它遵循了人与自然的共生循环模式，符合自然生态法则，具备一定的科学性和经济性。因此，韩国人认为，人类应该创造一种既有利于自然生态循环，又能体现人与自然之间多样化结合关系的厕所文化。这一点，对我们人类厕所文化的建设起着重要的启示作用。

关键词：厕所文化；传统厕所；现代化妆室；化妆室文化

一、前言

韩国人试图把厕所打造成与自然共存的空间，毕竟我们人类平均每天出入厕所的次数都超过五六次。只要人类继续存活于世，厕所就是不得不去、不可或缺的一个重要空间。厕所可以满足人类的排泄欲望。如果让我

* 全炳善，男，1950 年生，博士、教授。主要研究方向：语言学。
** 李娟，女，1987 年生，硕士，讲师。主要研究方向：语言学。

们列举家里最重要的三个地方，那必定就是“厨房”“卧室”和“厕所”。然而，尽管厕所在人类生活中起着举足轻重的作用，人们却无法轻易谈及它，这是因为人们认为厕所是一个臭味十足的地方，如果有人提到厕所，就会被别人觉得没有礼貌。

文化是一个非常广泛和最具人文意味的概念，它涵盖了人们所有的生活要素。这其中不仅包括衣食住行，还离不开提供排泄功能的厕所。我们的一生都不能与厕所分离，厕所文化是文化领域不可分割的一部分，当然也是我们应该研究的领域。

正因如此，韩国人希望把厕所打造成符合自然生态环境的空间，通过继承和发展传统厕所文化，创造出与自然融合的新厕所文化。他们对厕所文化进行了比较广泛的研究，取得举世瞩目的成就。

二、韩国厕所文化

（一）厕所的含义

厕所，从古代被挡在屋后的某个“空间”摇身一变，成为现代社会干净的“洗手间”。它既是人类思考和读书的空间，也是人们获得启发和休息的地方。人的一生都离不开厕所，要在那里度过很长的时光。但是，它却不能被人轻易提及，不能出现在屋前，只能躲在屋后。厕所就是这样的地方。

韩国传统上称厕所为“后间”或“厕间”，现在称为“化妆室”，也就是汉语所说的洗手间。但事实上，其在韩国被称为洗手间的历史非常短暂。洗手间首次进入居民住宅，是在 1941 年的公社住宅。[①] 而像现在这样由洗脸池、马桶、浴缸所组成的厕所，则于 1962 年才在麻浦公寓初次出现。

随着西方的水冲式坐便器传入韩国，以水为媒介的洗手间是将清洗区域和排泄区域的空间进行整合后形成的新式概念。在洗手间进入韩国之

① 即文化住宅。

前，浴室和排泄空间是分开的。

在日本殖民统治时期，厕所被称为“便所”。一直到正式进入水冲式坐便器时期之前，韩国只有极少数的人才拥有浴室，大多数平民百姓都使用公共澡堂。

从韩国的产业发展史来看，日本殖民统治时期，资本主义带来的城市化现象出现了，人口开始大量涌入城市，这种回收式厕所便应运而生。那么，在这样的“洗手间”或“便所”出现之前，人们是怎么称呼它的呢?

过去在韩国，厕所被称为“后间”或“厕间”，在地方方言里还被称作“则间”① 或“精朗”②。除此之外，还有按照汉字的表达方式称作“净房”的。在寺庙里，则被形容为“减少忧愁的地方”，因此被命名为“解忧所”，亦称“北水间”。而且，由于古时候会在“后间”撒上很多灰，所以也叫“灰间”“烬间”。

进入朝鲜时期，由于深受儒家观念的影响，人们对解裤腰或裙带的地方十分忌讳。因此，这一时期几乎没有遗留下来的相关记载或文物，厕所只被隐晦地称为“急处”“不正之处”“小屋”等。在这些称谓中，最通用的就是“后间”了。

“后间”一词包含两种含义：一种是“解决‘后’事的房间”；另一种是“位于后院的房间”。将“人的粪便”委婉地比喻为“后”，可见这是一种隐晦性称谓。

但是，“后间”本质上的含义是“位于后院一角的房间”。之所以称其为“后间”，是因为它没有和生活空间连在一起，而是以厢房的形式被隔离在后院，因此具有“单独在后面的侧间”的含义。“后间”一词最早出现在1459年的《月印释谱》③ 中。

（二）厕所的起源

人类通过吃东西维持生命，但消化之后剩下的东西就必须排出体外。

① “厕间”的方言。

② “后间”的庆尚道方言。

③ 《月印释谱》是为朝鲜李朝世祖命学者、学僧所做释迦赞颂歌与年谱的集成，于西元1459年刊行，同时也是朝鲜文字学、语言学的范本。

人类在随着农业的发展定居于某个地方之前，一直在迁徙，并在河边或山脚下解决排泄的问题。流动的河水清理了粪便，土壤和落叶帮助了粪便的自然分解，也就不需要配置专门的排泄设施了。比起地面，大小便埋在地下会更容易分解，因此为了解决卫生问题，在地面上挖个洞就足够了。

但是，随着人类开始从事农业活动，就有了单独处理粪尿的必要性，这是因为人类的排泄物是农作物生长所必需的肥料。于是，人类通过挖坑或埋粪缸的方式把排泄物单独收集起来。排泄物在里面逐渐发酵成熟后，成为肥料，人类再把粪肥舀出来撒在农田里。我们在世界各地都能看到这种传统式厕所，它们的历史同样与农业的发展有着紧密的联系。

然而，作为制造粪肥的空间，厕所难免会产生刺鼻的气味，并且带来清洁方面的问题。为了解决这一难题，用水快速处理大小便的水冲式厕所出现了。公元前3000年左右，苏美尔文明圈出现了世界上最早配有冲走排泄物装置的水冲式厕所。

处理排泄物的另一个方法就是便携式便器。坐推车或轿子时，或者晚上想上厕所时，又或者在外面急着想上厕所时，人们就会用到便携式便器。

（三）韩国厕所位置的特殊性

1. 厕所和住房实行空间分离

古代韩国人建房子时会将厕所单独区分开来。乍一听这样似乎合情合理，但是当晚上着急上厕所，却还得在漆黑的夜晚穿过院子时，就会觉得既麻烦又害怕了。尽管如此，这一点从厕所的空间意义上来讲，还是非常具有科学性的。

韩国是传统的农耕社会，所以古时候韩国人都会把粪便当作肥料来使用，这就必须要求粪便腐烂并发酵。而如果想要消除在此过程中产生的甲烷、氮、氨等气体的异味，厕所的位置就必须位于通风处。只有通风良好，才能为粪便中的微生物提供氧气，促使其尽快发酵。同时，它还能解决气味问题。因此，在考虑了风向及房屋坐向等因素之后，厕所就被定在了房子“后间”的位置。要想通风好，首先要将厕所和住房单独分开，并且在空间上对房屋结构进行合理布置，防止厕所的气味传入房间。但如果建房子时在空间上很难将厕所与住宅分开，那么韩国人也会选择通风好且气味不会传入房间的地方。

2. 厕所和厨房实行空间分离

韩国人将厕所和住房分开后，使之远离了准备食物的空间——厨房。这其中不仅考虑了气味问题，还有卫生方面的因素。

将厨房与厕所进行空间分离，不仅可以保证通风良好，还能够隔开异味、保证卫生、促进微生物发酵，可以说有一举四得的效果。

还有一个原因就是预防火灾。古时候的房子会使用很多木材，一旦失火就很难控制。但厕所本身就被用来保管肥料，并且为了可以顺利进行堆肥工作，还会把它们放在灰棚附近，因此为了预防火灾，通常会将厕所与住房分开。

除此之外，为了方便给宅旁地撒粪肥，将厕所空间分离出来也是十分必要的。如果我们仔细观察寺庙解忧所的空间布局，就会发现它们大部分是挨着菜地的。老百姓家的厕所也与菜地相连，这样粪便就很容易处理。

试想一下，如果经常用粪瓢舀粪，然后过去菜地施肥，移动过程中也会产生异味，但如果将厕所单独隔开，操作起来就方便多了。而且，厕所一般离水井也较远，这是为了防止食用水受到污染。

三、韩国的传统厕所

韩国传统厕所的形态和种类可谓五花八门。传统厕所不是与自然相隔绝的文明手段，而是与周边的自然条件和生活形态互相协调存在的。因此，自然条件及人们生活方式的不同，就会使厕所的形态呈现多样化特征。更何况在传统的农耕社会，厕所是从事农业活动所需的肥料的重要来源。因此，人们以所在的地区和生活环境为基础，创造出可以生产肥料的厕所。

在韩国，厕所的形态未得到统一，这是厕所自然性的隐性体现。而且，由于地域和生活条件的不同，厕所呈现出不同的形态，可以说这是韩国人良好利用自然规律的智慧结晶。

（一）百姓喜爱的垫脚石灰棚

古时候韩国人都是在灶洞里烧火做饭，而堆放燃烧之后所剩灰烬的地方就是灰棚。

如果往粪便上撒些灰烬，不仅可以消除异味，虫子也无法靠近。但草木灰有一个缺点就是很容易随风飘散。因此，如果将灰烬倒在粪便里，不仅可以阻止其被风吹散，还便于运到田间。所以，古时候韩国人搭建灰棚，将灶孔里的灰烬集中起来堆在里面。

而“灰棚厕所”指的就是，如果房子搭建了灰棚，就不再单独建厕所，而是将灰棚的一部分利用起来，使其兼具灰棚和厕所的功能。当然，对于那些家境富裕的两班家族来说，就没这个必要了。因此，灰棚的基本结构也会根据是否兼具厕所功能而有所不同。

首先，兼具厕所功能的灰棚厕所，它的结构既简单又实用。通常情况下，会在灰棚的一角放置两块垫脚石，前面堆满灰烬，后面堆放粪肥。排泄完后，先往上面撒些灰烬，然后用木铲舀起来，扔到另一边就可以了。因此人们又称它为“垫脚石灰棚”。它不仅建造方便、经济卫生，而且堆肥的工作在地面上就可以完成。所以在当时，这种厕所最受老百姓欢迎。

（二）两班家族整洁的两层楼阁式灰棚

朝鲜时代的两班阶层男女有别，身份等级森严，在使用厕所时男女和上下等级的区分也非常严格。通过观察朝鲜时代上流社会的住宅可以发现，住在外门房的长工们使用的“仆人厕所”是单独隔开的，位置就在门房外的田埂边。而男主人和两班使用的外厕位于厢房周围，女子使用的内厕位于里屋周围。

这种厕所共有两层，一楼在半层左右（约 1 米），高度略低。顺着石阶爬上去，二楼有便器，上面有被打通的椭圆形孔，前面堆着灰烬，旁边放着一把用来撒灰烬的木锨。从石阶底部转过去，有一扇通向一二层的大门。打开大门，左边是由两层楼阁组成的厕所下半部分，右边是用来堆粪肥的空间。一二层有相通的地方，每堆上一点粪肥，仆人就会将其单独运到帮助发酵的灰棚里。

这种楼阁式灰棚有它的优点。首先，虽然它在建造方面比起实用性最高的垫脚石灰棚需要更多的人力和费用，但是它可以建在更狭窄的空间里，且外形简洁美观。再者，存放粪肥的空间不大，需要定期处理，虽然因此需投入更多的劳力，但它更加干净，并可以根据需要来进行分类处理，这一点十分有优势，只是还需要人们另外准备保管粪肥且使其发酵的灰棚。

（三）位于斜坡上的寺庙解忧所

寺庙的解忧所是可以观察韩国厕所文化的一个很好的例子。

韩国的佛教在经历了崇儒抑佛的朝鲜时代后，开始深入山中。先是开垦位于山涧的山坡和丘陵，然后造宅旁地，种菜施肥，这样就可以收获足够一年吃的蔬菜。对寺庙僧人来说，解忧所是保障农业丰收的重要场所，它不仅满足了排泄欲望，也消除了这一年对农业收成的担忧。

如果说普通老百姓的房子是存放灰烬的地方兼具厕所功能，那么寺庙解忧所的特点就在于它大多建在山坡上。这样做是有原因的，我们只有正确理解了这一点，才能理解解忧所的生态原理。

首先，寺庙坐落在山中，多是坡地，而修筑和开垦斜坡需要大量的人力，因此在平地上建造了佛堂和寮舍寨等主要建筑，然后在其尽头的斜坡上建了解忧所。坐落在山坡上的解忧所由正面一层、背面两层的楼阁结构组成，这在建筑学上也是非常有意思的空间构造方式——解忧所的上端是寺庙建筑的末端，而下端则是位于寺庙区域下方的菜地前面。将建筑领域和田地领域（或山林领域）分离又连接在一起，这从地政学的角度来看是非常科学的，同时也证明了解忧所是生态循环的重要一环。

（四）埋粪缸的农村回收式厕所

使用回收式厕所时，每当粪尿量满后就需要舀出来。在韩国，这种厕所形态比灰棚更加普遍，这与韩国古时候的社会环境是分不开的。

古时候，在柴火不足的百姓家里，灰烬是非常珍贵的材料，所以另外建造灰棚厕所将粪便堆肥就不太恰当了。另外，当时百姓们是把米糠或稻草等作为日常生活用具，而不是用作粪便堆肥的稀释剂。也就是说，我们可以理解成，在一般老百姓家中，除了人和家畜的粪便外，是没有其他粪肥的。因此，在需要大量肥料的农户家中，能够方便且快速处理粪便的回收式厕所就逐渐被普及开来。

但是，如果不将回收式厕所的尿液和粪便进行分离，不仅会滋生大量蛆虫，而且由于水分多，氧气供应不畅，细菌引起的分解活动缓慢，[①] 就会导致厕所气味刺鼻，且肥效低，再加上随着水分的增多，粪便的肥料成分会因水的流动性大量流失到周围其他地区，因此古时候韩国人在厕所入口处另设了尿桶，将粪便和尿液分开。

尿桶里的尿氮含量高，碳含量比例很低。所以，在秋季，如果把落叶或稻草等碳含量比例高的原料放在堆肥草垛里，再把在尿壶积攒一晚上的尿撒上去，它的碳含量比例就会降低，腐烂的速度会更快。用尿液来调节堆肥的水分之所以最有效果，就是因为它有降低碳含量比例的作用。因此，在回收式厕所里单独放置尿桶是非常有必要的。

（五）猪圈厕所

1. 踏脚板石和猪栏组成的济州岛猪圈厕所

猪圈厕所是指把厕所下方储存粪尿的空间用来建造猪圈的厕所。济州岛经常发生蛇患，而毒蛇最强大的敌人就是猪。这是因为猪的脂肪很厚，无论什么样的毒素都不会穿透血管，它简直是毒蛇的克星。而且对猪来说，蛇还是很好的营养食品。因此，为了防止蛇的入侵，济州岛家家户户都养猪。但由于土壤贫瘠，没有足够的饲料喂猪，人们就把粪便用作猪的饲料。

济州岛的大部分猪圈厕所都是水平式结构，即踏脚板底部与猪圈相连，踏脚板的高度刚好保证可以让猪抬头进来吃食。在其他地区，踏脚板一般是用木头制成，而在济州岛则是用两块宽大扁平且长的板石。因此，在济州岛，板石兼具“踏脚板”和“垫脚石”的作用。如上所述，放两块板石的厕所和猪圈呈水平连接结构，这就是济州岛猪圈厕所的特征。

济州岛猪圈厕所的位置多在石墙外侧，用高度刚好可以遮挡住人的石

---

① 即使发生分解活动也不稳定。

墙围住，并在一角搭了顶棚，用作避雨。而厕所一般是在地基较高的地方铺两块板石，大多没有顶棚。总的来说，猪圈厕所的形状就像锁孔一样，厕所位于呈圆形的猪栏一侧的角落里，没有隔板，猪可以在板石下和猪栏间自由穿梭。

2. 爬梯子上下的智异山区猪圈厕所

智异山脚下的山村位于深山里，这里草丛茂密，因此远离野兽和虫子的楼阁式厕所更受欢迎。在这样的深山或蛇较多的地区，人们会饲养很多猪。山村由于耕地不足，给猪喂食饲料是不太恰当的，那用粪便来喂猪就再合适不过了。

智异山猪圈厕所的结构分为两种。一般来说，如果是山下的平地村庄，多是在平地上建两层，然后利用梯子爬上爬下。如果是在山沟的倾斜处，就像解忧所那样建在斜坡上，且正面一层，背面两层。

现在韩国其他地区的猪圈厕所几乎消失殆尽，但在智异山附近的村庄里仍然随处可见。

（六）利用潮汐的海边厕所

历史上，济州岛经常发生海盗或外敌入侵事件。在这里，厕所没有门或隔板，当地人会利用海边的潮汐来解决排泄物问题。

涨潮时，海水会涌到厕所下方，溶解并稀释粪便，退潮时再将溶解后的粪便带向大海，粪便就被海水完全溶解和稀释了。虽然粪尿进入海中时，海水会暂时变得污浊，但随着粪尿的稀释和扩散，其会因为海水的盐化作用沉淀下来，粪尿中的有机物会因融进海水的氧气而发生氧化作用，最终海水会还原到原始状态。

济州岛的海边厕所利用潮汐（涨潮、退潮）来处理粪便，涨潮时溶解并稀释粪便，处理干净，连厕所内部也在海水的冲洗下得以自动净化。退潮时，排出的粪尿中有许多营养成分，为海洋生物提供营养，起到养鱼的作用。由此可见，以大海为生的岛上渔民们，正是通过厕所体现了“共生・共存”的原理。

（七）梅花架和北水间

梅花架是朝鲜时代君王或王族使用的便携式便器，又称梅雨架。这是将君王的粪尿隐喻为梅花或梅雨而产生的称谓。之所以称为梅花，是因为古时候把皇帝的大小便比喻成“春雨中随风飞舞的梅花”，“梅雨”中的“梅”指大便，“雨”指小便。但是，这些词原本是从“煤灰架”中演变而来的。“煤灰”指的是草木灰，因需要先在便携式便器里面撒上木灰，取其意“装煤灰的架子”。之后，其逐渐用来隐喻皇帝的大小便，并演变成发音类似的“梅花”“梅雨”一词。

朝鲜时代的梅花架是一种木制的座椅式便器，左右两边和后面被堵住，前端敞开，整体呈“匚”字形。下面放着擦得发亮的婴儿马桶式的抽屉式铜器，木架上面铺着红色的羽缎。

使用时，负责管理梅花架的内殿宫女会事先在铜制便器内撒上被称为“梅刍”的“切碎的草料”或煤灰，君王使用完毕后，另一个尚宫会用提前准备好的干净丝巾为王擦拭，然后宫女重新撒上梅刍，从梅花架里取出铜制便器，并送至内医院。内医院的太医会观察君王的大便状态，即观察粪便的浓度和颜色等，有的时候甚至还会尝味道，以此来检查君王的健康状况。

君王的梅花架共准备三处，分别为睡觉的寝殿、处理政事的偏殿以及接见大臣的殿阁。王后或王大妃各准备两处，即偏殿和寝殿的伴寝。之所以使用梅花架，一方面是考虑到在宫中频繁出入厕所会不方便，所以出现这种便携式便器；另一方面，则是为了通过观察粪便的状态来检查君王的健康情况。

而北水间原指寺庙里用来洗下身或洗浴斋戒的地方，后来逐渐传入民间。现代韩国人把在佛国寺发现梅花架的地方称为北水间，就是因为洗浴斋戒和洗下身的地方就是北水间。

北水间这个名字有其自身的含义。在寺庙里，把“后水①”叫作北水，这起源于东方思想，即人们认为身体前端朝南，身体后端朝北。由于东亚

① 即洗下身的水。

位于汉字文化圈，在北半球，背靠冰冷的北风，所以理所当然地会把明亮的南方放在前面。

（八）尿壶

尿壶主要用于妇女、儿童和老弱者，但古代书生们也会在厢房的廊台下放置尿壶作为小便器来使用。

从《朝鲜王朝实录》里我们可以知道，君王也使用尿壶，并且太医们还会通过尿壶里的尿液状态来检查王的身体健康情况。由此可见，尿壶的用途因社会阶层的不同而有所不同。也就是说，尿壶对君王来说是检查龙体的工具，对书生们来说是保持形象的权宜之计，对女性来说是受到社会规范制约的必要选择，对老弱者和儿童来说则是既便利又不可或缺的生活必需品。

尿壶是男女分开使用的，从尿壶的材质上可以看出其家庭的社会地位。既有用瓷器做的高档尿壶，也有用瓦器做的平民尿壶；既有用黄铜做的尿壶，也有将木头挖空后上漆制成的尿壶。据说，那些身份高贵的王公贵族家里，还会为女子专门准备用细绸织得密实的丝绸尿壶，这是为了避免女子在轿子里发出撒尿的声音。

另外，根据用途的不同，尿壶的种类也有很多，如骑马或坐轿旅行时使用的便携尿壶、可以排便的粪尿壶、孩子使用的小尿壶等。尿壶也叫“夜壶”，意为供妇女和老人在夜晚不方便出入厕所时使用。

四、韩国人的厕所哲学

韩国人历经长达几个世纪的时间创造了他们独有的厕所文化。在这个过程中，他们对厕所文化产生了很多哲学性的认识。

（一）厕所是衡量真相的标准

古时候韩国人认为便于思考的最佳场所是马背上、厕所里和床上。书生们把厕所形容为“在忙碌中也可以找到闲暇的地方”，因此又称其为“偷闲”。

住宅基本由“厨房”“卧室”和“厕所”三部分组成。俗话说“厕所可以看出一个家庭的品位”，如何看待和对待起着举足轻重作用的厕所，就成为衡量这个人品位和生活观的一把尺子，毕竟大部分人可能会在别人面前假装优雅、干练且善良。但是我们可以说，一个人在厕所时的行为和对待厕所的态度，才是衡量这个人真正所在层次的标准。

韩国有“똥구멍으로 호박씨 깐다①”的俗语，直译的话就是“用屁眼剥南瓜籽”，是貌是情非的意思，乍一看好像很粗俗可笑，但同时也向我们证明了人的真实性取决于人们如何对待作为隐秘存在的厕所。

（二）厕所是民族文化的宝贵遗产

受地形特征和文化的影响，韩国厕所的形态多种多样，韩国人认为这是属于他们自己的宝贵文化遗产。

从踏脚石灰棚到解忧所、楼阁式灰棚、济州岛的猪圈厕所、回收式生态厕所等，这些都体现了韩国人独有的生态学理念和文化表现形式。

比起千篇一律的水冲式洗手间，韩国多样化的厕所形态反而显得更具魅力。可以说，韩国人利用厕所的原理，根据当时人们的生活条件和不同人的喜好，建造并装饰出多样的厕所形式，为民众树立了韩国厕所文化的认同感，彰显着民族文化魅力。

（三）厕所是回归自然的报恩空间

韩国人对厕所文化有着与众不同的哲学认识。他们认为，厕所是思考的地方，是享受闲暇的地方，是给身体和精神充电的地方，还是身体里的营养重新回归自然的一种报恩的空间。也就是说，通过吸收天地灵气获得的养分，又重新回到天地之间，而提供这个功能的地方就是厕所，其媒介就是粪便。人类吃了东西后，排出体外的排泄物成为肥料回归到自然，再以食物的形式重新呈现到人们面前。所以，我们就应该遵循这样的自然法则去创造人类的厕所文化，这是符合共生循环的自然法则和哲学道理的思维方式。

---

① 形容人表面老实，暗中搞鬼。

（四）厕所是人类文化财富和智慧的产物

近年来，随着地球环境问题的严峻化，利用自然发酵原理的生态厕所的普及工作就显得非常迫切了。

我们要理解生态厕所的含义，就需要对粪便和尿液有一个新的认识。在人类的历史文化里，我们早已经证明，粪便不是需要处理的垃圾，而是人类的粮食、人类的土地以及人类的救援者。人与自然的紧密关系以呼吸、进食和排泄的形式呈现。“呼吸”与“粮食”和“粪便”相互关联、相互循环，所以它们是既不同又相同、既相同又不同的形态。

既然人类的生态循环就是呼吸、进食和排泄，那么这些就成为最基本的生活要求。但是今天人们谈到珍惜生命，却只知道关心吃的问题。因此，韩国人认为，我们应该注重厕所的生态性，摒弃对厕所的偏见，改变老式厕所的陈旧设施。毕竟生态厕所是人类在漫长的历史长河中与自然共存的同时所形成的人类文化财富和智慧的产物。

五、韩国厕所文化的启示

韩国人希望继承并发展韩国的传统厕所文化，然后创造出符合自然生态环境的新厕所文化。他们不仅创造了具有自己特色的厕所文化，还为人类厕所文化的建设提供了重要的启示。

自韩国进入现代化以后，随着产业化和城市化的发展，一些远离泥土的人们开始厌恶排泄物。为了不让它出现在人们的眼前，不产生异味，人们就只关注如何把它送到远处。“水冲式洗手间”就是在这样的背景下得以广泛普及的。但韩国人认为，“水冲式洗手间”导致人类的排泄物从生态循环圈中脱离出来，形成污染源，并带来了严重的社会问题。人类应该遵循共生循环的自然原理建设厕所文化。

第二，韩国人认为，在未来的人类社会中，地球的生态环境是决定人类存亡的关键因素，因此如何看待和解决人类排泄问题显得尤为重要。然而，当今社会的洗手间文化使人类的粪便不能回归自然，导致生态循环圈的断裂。所以，创造新的厕所文化，其目的就是为了让厕所恢复生态特征，遵循生态循环的原理。可以说，厕所文化是衡量一个国家和民族文明的标志，也是衡量一个国家经济社会的发展水平和现代文明程度的标志。

第三，韩国人批判以掠夺自然为本质的现代厕所文化，他们认为人与自然应该是共生循环的关系。韩国传统厕所根据地区和生活条件的不同呈现出多样化的形态，那么现代社会就应该在传统厕所的基础上，依据它的原理对厕所进行改良，然后建成符合当代社会的生态厕所。现在的水冲式洗手间只能是过渡性的，如果今后出现严重的水资源问题，水冲式洗手间就会被生态厕所系统所替代。

参考文献

[1] 조무환. 인터넷을 이용한 퇴비화 기술 [M]. 서울: 신광문화사, 1999.

[2] 김수생, 김희정. 糞尿 · 下廢水汚泥의處理 [M]. 서울: 동화기술, 1989.

[3] 최 정. 흙이 죽어가고 있다 [M]. 서울: 혜안, 1999.

[4] 박승조. 박교수의 변소이야기 [M]. 서울: 신광문화사, 1997.

[5] 서유구. 園經濟志 [M]. 서울: 보경문화사, 1983.

[6] 김영원. 효선리 농부의 세상사는 이야기 [M]. 서울: 종로서적, 1994.

[7] 전경수. 똥이 資源이다 [M]. 서울: 통나무, 1992.

[8] 松崎敏英. 흙과 퇴비와 유기물 [M]. 서울: 동화기술, 1999.

[9] 강영환. 한국 주거문화의 역사 [M]. 서울: 기문당, 1991.

[10] 陈默. 我国古代的如厕文化 [J]. 百科知识, 2012 (15).

[11] 刘勤. 中国厕神研究中的几个首要问题 [J]. 绵阳师范学院学报, 2017 (12).

[12] 朱庆征. 明代紫禁城内寝区的宫厕位置考 [C]. 北京: 中国紫禁城学会论文集（第六辑 下）, 2007.

[13] 虞忠. 中国人的“厕所文化” [J]. 语文建设, 2001 (3).

[14] 傅二黛. 日本人的“厕所崇拜”文化 [J]. 合肥: 恋爱·婚姻·家庭（青春版）, 2015 (9).

[15] 向雯煜. 浅谈各个国家厕所文化 [J]. 青春岁月, 2016 (4).

[16] 闲人. 欧洲人的厕所文化 [J]. 包装世界, 2004 (3).

［17］许焕岗．在韩国感受“厕所文化”［M］．科技潮，2008（3）．
［18］楚蕲．中国人的尴尬——厕所问题再追踪［J］．中外房地产导报，1995（15）．

第一次回归移民潮中俄裔和也门裔犹太女性的对比研究

鲜非霏*

摘　要：由于犹太人历史上的大流散经历，现代以色列的国民来自不同的族群和文化背景。犹太人群体的祖辈也来自东、西方不同的国家。本文将关注第一次回归移民潮中两个不同的群体——俄裔犹太女性和也门裔犹太女性，并结合她们过去的生活方式，了解她们在移民过程中和移民后生活的变化，以及两个群体在以色列土地上的交流和冲突。

关键词：犹太回归移民；犹太女性；东西方犹太人

当代以色列是一个多元人群聚居的国家，以色列的国民源于很多不一样的民族，有着不同的文化背景。主体民族犹太人同样属于不同人群的后代，他们的祖父辈来自东、西方不同的国家，这是源于犹太人历史上长期的大流散经历。自 19 世纪下半叶起，生活在不同国家和文化背景中的犹太人开始移民，回到他们祖先居住的地方——Land of Israel（以色列地），并在以色列地上筹划建国。从那以后，这个各种移民聚集的国家就逐渐变成

---

* 鲜非霏，女，1991 年生，硕士，助教。主要研究方向：大流散时期犹太社群、犹太宗教及其艺术形式。

一个很好的研究东西方比较及融合的地方。

一、两个群体的简单介绍

犹太人在俄国建立的社群可以追溯到俄国向南扩张之前的希腊地区，尤其是在一些近海的城市。埃雷拉（L. Errera）指出，在俄国征服者来到这些地方的时候，他们发现这些地方的犹太社群已经存在很多个世纪了。[①]俄国犹太人中最大的一个群体是从德国西部以及法国南部迁徙过来的阿什肯纳兹犹太人。[②] 从 11 世纪开始，他们在德国和法国遭受迫害而迁至波兰，在随后的两个世纪里，波兰是欧洲唯一的允许犹太人居住的国家。在波兰，犹太人群体迅速繁衍，占据了中产阶级人数的大部分。埃雷拉说道，随着犹太群体的发展，他们逐渐成为当地好战的上层贵族和被奴役的底层农民之间的中间阶层。[③] 这样的描述一直是波兰犹太人的典型形象，直到 18 世纪，俄国开始向西扩张，吞并了大量的波兰犹太社群。

在今天的也门，已经几乎没有什么犹太人聚居了。第一次移民回归潮中的也门犹太社群可追溯至伊斯兰教统治之前的阿拉伯半岛。赫伯特・刘易斯（Herbert S. Lewis）认为，有史料证明，至少早在公元 2 世纪就有犹太人群体居住在阿拉伯半岛的西南角（也就是今天的也门），那个时候距离穆罕默德和伊斯兰教的诞生还有 5 个世纪之久。[④] 鲁宾・阿赫鲁尼（Reuben Ahroni）甚至提出犹太人来到也门的时间还要更早，他说“也门犹太人中最盛行的传统表明了这一事实，那就是最早一批犹太人可能在第一圣殿被毁[⑤]之前 42 年就来到也门”。[⑥] 这里的犹太社群保持着与世界各地

---

① L. Errera, The Russian Jews: Emancipation or Extermination, London: D. Nutt, 1894, p. 4.

② 阿什肯纳兹犹太人：Ashkenazi Jews，德系犹太人，罗马帝国时期迁至今中东欧地区，并定居在那里。

③ L. Errera, The Russian Jews: Emancipation or Extermination, London: D. Nutt, 1894. p. 3.

④ Herbert S. Lewis, After the Eagles Landed: The Yemenites of Israel, Westview Press, 1989. p. 17.

⑤ 公元前 587 年，位于耶路撒冷的犹太人第一圣殿被新巴比伦王国毁灭。

⑥ Reuben Ahroni, Yemenite Jewry: Origins, Culture, and Literature, Indiana University Press, 1986. p. 25.

犹太社群的宗教联系和贸易来往，将古老的传统以口头形式一代一代地传承。他们始终相信自己只是背井离乡，暂时居住在也门，并且期待着终有一天“弥赛亚”① 到来的时候能够回到故土以色列地。根据赫伯特·刘易斯的描述，犹太社群在也门生活期间，有一半的人始终保持和践行对犹太教的信仰，始终关注犹太教思想和文献的新发展，并且帮助和支持西班牙、伊拉克、埃及和巴勒斯坦地区的犹太圣贤和宗教学者发展学术，始终保持着自身的犹太身份认同。②

为了展现19世纪下半叶俄裔犹太女性和也门裔犹太女性在第一次移民回归潮的形象，图像材料是一个不可缺少的途径。1881年，俄国发生了针对犹太人的暴力事件和局部屠杀，在随后的1882年里出台了一部“五月法律”,③ 法案内容仍然充满对犹太群体的敌意。此后，大批犹太人迁出位于俄国境内的栅栏区,④ 其中一部分回到以色列的土地上。图16—1拍摄的是在第一次移民潮中，一群俄裔犹太人乘坐渡轮抵达当时还属于巴勒斯坦地区的雅法港，从女性穿着的西式套装和发型可以看出，俄国犹太群体已经变得西化和世俗化，不再穿戴传统的、具有宗教意义的服饰。图16—2是第一次移民潮中，在耶路撒冷城东边建立的第一个也门犹太人社区哈西洛阿村（Kfar Hashiloach）。图16—2中的也门犹太人仍然穿着传统服饰，一群孩子（多数是男孩）坐在简陋的屋子里，他们中间站着一名年长的男性（可能是老师）。相比图16—1中的俄国犹太人，也门犹太人更加传统、保守，女性形象较少出现在图片中。尼灿·杜扬（Nitza Druyan）指出，也门犹太女性不会接受读写训练，也不会承担正式的宗教或世俗方面的义务，整个社区是一个男权主导的结构。⑤

① 弥撒亚：Messiah，希伯来语中意思为上帝所选中的人，具有特殊的权力，后来一般指救世主。

② Herbert S. Lewis, After the Eagles Landed: The Yemenites of Israel, Westview Press, 1989. p. 17.

③ 五月法律：The “May Laws”，1882年俄国内政部长尼古拉·伊格纳捷耶夫（Nikolai Ignatyev）提出的有关犹太人的临时法规，于1882年5月15日由沙皇亚历山大三世颁布。

④ 栅栏区：Pale of Settlement，是沙皇俄国的西部地区，其边界自1791年至1917年存在，犹太人被允许永久居留。

⑤ Nitza Druyan, Yemenite Jewish Women—Between Tradition and Change, Pioneers and Homemakers, State University of New York Press, 1992. p. 76.

图 16—1　第一次“移民回归潮”

资料来源：The Palmach Archive.

图 16—2　哈西洛阿村社区的也门犹太人

资料来源：The Central Zionist Archive.

从图 16—3 中可以进一步看到俄裔犹太女性的形象。图片拍摄于一个名叫芭提雅的记忆（Mazkeret Batya）的农业定居点，由 11 名来自俄国的复国主义先驱建立于 1883 年。由于在俄国没有土地所有权和使用权，俄裔犹太人在巴勒斯坦地区尤其重视推进农业的发展，男性和女性都积极参与农事。图 16—3 中的女性，穿着欧式服饰，和男性一样参与了以色列建国前的复国主义先驱事业，承担了不同领域的工作。同一时期，从也门回归的犹太女性则保持着古老传统。在图 16—4 中，她们穿着长袍，戴着头巾，很少出现在男性群体中。她们主要从事耕作和养殖家畜等日常生产工作，支持社区中的男性完成宗教义务，[①] 例如学习《托拉》等犹太律法文献。这些传统表明，在较长的时期内，也门犹太女性都处于较男性更低的地位。然而，这种传统家庭、社区中的男女分工反而使得回归以色列地的也门犹太女性有机会结识本群体以外的其他人群，并且与其他群体互相影响，从而逐渐融入以色列社会，改变她们传统的社会地位。

图 16—3　1899 年的芭提雅的记忆农场

资料来源：*מראה ארץ ישראל והמושבות*.

① 女性从事生产工作、养家、支持男性从事宗教的学习和活动是传统犹太教家庭和社区的正常分工，宗教学习和研究被认为是只能由男性参加的神圣的活动。

图 16—4　第一次移民潮中雷霍沃特定居点的也门犹太妇女

资料来源：Central Zionist Archive.

二、选择这两个群体的缘由

1882 年，第一批大量的也门犹太人迁出也门回到以色列地，这次回归潮与东欧犹太人的第一次回归潮在时间上基本重合，而在东欧回归潮中，俄国犹太人在其中占了绝大多数。在 1882—1903 年间，一共有三次也门犹太移民回归，后两次分别在 1890 年和 1900 年。根据尼灿·杜扬的观点，直到 1914 年，也门境内至少 1/10 的犹太人回到以色列地，与其他国家回归的犹太人相比，这个比例是前所未有的。[①] 截至第一次“移民回归潮”结束，俄裔犹太先驱已经建立了 20 多个农业定居点，720 个家庭定居，总人口达 6000 多。[②] 时间上的重合和数量上都具有规模，使得俄裔犹太人和

① Nitza Druyan, Yemenite Jewish Women—Between Tradition and Change, Pioneers and Homemakers, State University of New York Press, 1992. p. 75.

② Hava Ben - Zvi, The First Aliyah 1882 - 1904, Los Angeles: Bureau of Jewish Education, 1981. p. 6.

也门裔犹太人有机会生活在同一片土地上，并且在很多方面相互影响。

俄裔犹太人属于阿什肯纳兹犹太人，源自欧洲的环境和文化，而也门犹太人属于米兹拉希犹太人，[①] 来自阿拉伯国家。尽管他们都是犹太人，但两个群体用不同的方式维持犹太传统，被不同的当地文化影响。因此，要理解他们的行为方式和相互交流就要了解他们不同的生活背景，面对新生活和环境如何表现，选择保持什么和放弃什么。

这两个群体在同一时期回归以色列地，但却是因为不一样的动机。俄国犹太人的回归是因为1881—1882年间的暴力和屠杀，他们带着家人被迫迁出俄国回到以色列地，希望能够摆脱痛苦的过去，改变过去的生活方式，提高生活质量。而也门犹太人与俄国犹太人的被迫迁出恰恰相反，他们被告知并且相信“弥撒亚”来到故土以色列地，他们渴望被救赎，希望回到故土继续传统的生活方式。尼灿·杜扬说道：“对于也门犹太人来说，移民并不意味着与宗教和旧传统切断关系，反而是一个回到圣城更好地延续传统的机会。”[②] 从那段时期开始，两个群体中的女性就经历不同的回归体验，遇到不同的困境，选择保持传统或是做出巨大的改变，这些行为产生的影响至今发挥着作用。

三、为寻求改变而回归的俄国犹太女性

介绍俄国犹太女性的生活之前，让我们先了解一下第一次回归潮之前俄国的犹太人口，以及统治者对他们的态度，他们承担的社会分工和他们的生活条件以及生活方式。

《俄国犹太人》（Les Juifs de Russie）[③] 的数据显示，19世纪末的俄国犹太人口有450万，虽然这一比例不超过俄国总人口的5%，但却占了世界各地全部犹太人的一半以上。埃雷拉建议我们将注意力转移到犹太人聚

---

① 米兹拉希犹太人：Mizrahi Jews，东方犹太人的一种，一般指流散到阿拉伯国家及远东国家并长期生活在这些地方的犹太人。

② Nitza Druyan，Yemenite Jewish Women—Between Tradition and Change，Pioneers and Homemakers，State University of New York Press，1992. p. 79.

③ L. Errera，The Russian Jews：Emancipation or Extermination，London：D. Nutt，1894，p. 23.

集的某些地区，如俄属波兰，由于当局颁布的各种法令，犹太人口越来越拥挤，占整个俄属波兰的13%至14%。[①]

俄国当局很早就对犹太人表现出敌视和蔑视，犹太人在长期居住权，职业选择方面都会受到限制。正如埃雷拉所说，伊丽莎白皇后（Empress Elizabeth）从俄国驱逐了她的医师桑切（Sanchez），尽管他已经为她服务了18年，然而这竟然是因为她突然发现他是犹太人。[②] 由于犹太人在这个农业国家被剥夺了土地财产，因此他们被禁止居住在乡村中。1881年的大屠杀针对犹太人非东正教徒和非俄国人，大量的犹太人沦为受害者。俄国政府在公开谴责暴徒，惩罚那些煽动暴民的人的同时，却暗中鼓励暴徒。埃雷拉说："当暴徒被问及为什么要践踏犹太人时，回答是：'我们亲爱的沙皇就希望这样。'"[③]

在第一次移民回归潮之前的19世纪，俄国犹太女性的生活状况如何呢？犹太社区的大多数家庭都是传统宗教家庭。虽然受到欧洲启蒙运动和哈斯卡拉[④]的影响，但他们中的一些人没有抵制犹太传统带来的影响。波林·温格罗夫（Pauline Wengeroff）在她的回忆录中说："在我们青年时代，我们熟悉了德国和波兰文学，但是我们也花了很多精力研究圣经和犹太先知，因为他们让我们对宗教和传统感到自豪。"[⑤] 此外，犹太社区对女性的教育主要包括宗教指导，例如犹太妇女在准备安息日晚宴时应该做什么、如何做。即使受过良好教育，犹太女性仍然从属于保守的社区，她们在其中没有选择的自由，她们与犹太家庭中的父权有着紧密地联系。正如Pauline Wengeroff所描述的，这就是导致婚姻制度的原因，在这种婚姻制度中，父母为孩子选择伴侣。新娘应该漂亮，聪明且有礼貌，但最重要的

① L. Errera, The Russian Jews: Emancipation or Extermination, London: D. Nutt, 1894, p. 23.

② L. Errera, The Russian Jews: Emancipation or Extermination, London: D. Nutt, 1894, p. 5.

③ L. Errera, The Russian Jews: Emancipation or Extermination, London: D. Nutt, 1894, p. 12.

④ 哈斯卡拉：Haskalah，18世纪犹太教的启蒙运动，源自德国，向东欧传播，此后，欧洲犹太人开始与世俗世界广泛接触。

⑤ P. Wengeroff, Rememberings: the world of a Russian Jewish woman in the 19th century, Md: University Press of Maryland, 2000, p. xiv.

是，她必须是一个博学多才的宗教学者的女儿。[①] 犹太女孩没有机会自己选择未来的伴侣，她们必须接受父母的安排。波林·温格罗夫讲述了姐姐哈薇（Chaveh）的故事，当母亲强迫她与没有爱情、也并不依恋的新郎结婚时，哈薇的脸色苍白，在房间哭晕了过去，母亲对此并不重视。即使在一生中都会感到挣扎，大多数犹太女孩也倾向于保持这种状态，而不是反抗。

然而，现代化和西欧的影响力使传统的家庭生活开始动摇。19 世纪中后期的犹太妇女正处于过渡时期，她们在传统与变革之间挣扎。那个时代的犹太人受到西欧新文化潮流的影响，努力朝着西方各个科学领域的教育迈进。但是，当这些变化触及他们的灵魂深处时，他们感受到了痛苦和耻辱。正如波林·温格罗夫谈到犹太妇女时所说的那样，她们内心深处充满了宗教和传统，即使在受哈斯卡拉影响而不再信奉宗教的家庭中，犹太母亲仍然坚守传统，希望向孩子传授犹太宗教教义和节日、圣经的神圣性和教育意义，西方现代化和犹太传统之间的矛盾使她们遭受到更大的痛苦。在那些采用西方世俗生活方式的家庭中，男人变成养家糊口的人，从事商业和工业活动。除了家庭主妇外，这些家庭中的妇女还可以从事一些商业活动。由于她们在这些工作中不可或缺，她们甚至被授予一些特权，例如熟练的犹太产婆有权在俄国所有地区居住。

犹太人有自己的传统价值观，与大多数人不同。凭借对犹太传统和宗教的自豪感，犹太社区或多或少地与俄国社会隔绝了，犹太人只穿他们的传统服饰，信仰不同的宗教，说不同的语言并从事特定的职业。由于不能拥有土地财产，犹太人只能居住在城镇。然而，在俄国，法律没有对“城镇”下明确的定义，因此任何小镇都可以被宣布为村庄。在这种情况下，犹太人将被驱赶出这些小镇。在城市中，犹太人也被限制只能居住在栅栏区内。在栅栏区中，犹太人受到更多俄国当局的限制：他们被禁止在周日和基督教假日休假；在穿着方面，犹太人还被限制只能穿传统的衣服；在受教育方面，犹太人也受到限制，犹太人一直都尊重科学，这可以从犹太

① P. Wengeroff, Rememberings: the world of a Russian Jewish woman in the 19th century, Md: University Press of Maryland, 2000, p. 80.

教经典文献塔尔木德（Talmud）的一句话中体现出来：“智者排在国王之前。”他们天生对学习充满热情，并且往往学得很好，加之获得大学的荣誉是摆脱苍白之城居住在帝国其他地区的方式之一，犹太人开始大量进入学校接受教育。因此，在 1886 年，俄国开始限制大学可接纳的犹太人数量，在高中，1 万名学生中也只有 48 名犹太学生。[①]

在 19 世纪中叶和后期，现代化和西欧的影响席卷了东方，现代精神突然入侵，不可抗拒地渗透到犹太人的生活中，让他们的思想变得混乱。旧的生活方式被抛弃了，旧的理想消失了，而新的一切还没有出现。

四、为坚守传统而回归的也门犹太女性

与其他大多数犹太人社区相比，也门犹太人与农业的联系更为紧密，这是因为他们在也门可以拥有和经营土地，犹太人将土地租给阿拉伯农民，并付钱给他们耕种。从那时起，也门只有少数犹太人是农民，[②] 大多数犹太人从事手工艺有关的工作，主要是装饰品制作。熟练的工匠被称为“usta”，[③] 很容易受到尊重。他们可以从事很多职业，包括金匠、银匠、铁匠、制皮工、制鞋工、织布和地毯织工、裁缝、面包师、木匠、糖果工、酿酒师和画家。[④] 除了这些职业外，很多犹太人也从事贸易、放债等金融活动。这些活动在也门被称为“suqi”，[⑤] 具有社会价值，但在文化上却被视为是可耻的。也门人看不起既不是贵族也不是农业学家的人，伊斯兰教也不允许信徒从事与黄金和白银有关的工作和高利贷行为，而犹太人填补了这一经济空白，在也门经济中发挥了至关重要的作用。

---

① L. Errera, The Russian Jews: Emancipation or Extermination, London: D. Nutt, 1894, p. 25.

② Lisa Michele Gilad, Yemeni Jewish Women, University of Cambridge, 1982. p. 49.

③ Herbert S. Lewis, After the Eagles Landed: The Yemenites of Israel, Westview Press, 1989. p. 21.

④ Herbert S. Lewis, After the Eagles Landed: The Yemenites of Israel, Westview Press, 1989. p. 20.

⑤ Herbert S. Lewis, After the Eagles Landed: The Yemenites of Israel, Westview Press, 1989. p. 20.

关于也门犹太妇女，一直有这样的描述“kvudah bat melechp'nima”。[①] 意思是也门犹太女性是受限制的“公主”。也门的犹太人社区极端保守，按照传统，女性从婴儿期到成人都受到限制。尼灿·杜扬（Nitza Druyan）说到，尽管他们被允许偶尔参加妇女活动，也门犹太妇女在她的文化生活中几乎没有个人表达或发展的途径。女性在家庭中也没有决策权，不参与社区社交活动或其他公共事务。[②] 从孩提时代起，也门犹太女孩就不会学习读写，也没有希伯来语的祷告、礼拜知识和任何正式的宗教指导。但是，她们要学习家务劳动的各个方面和以后生活中所需的宗教规定，例如饮食法，如肉奶分离、盐腌和犹太洁食，器皿的沉浸仪式、禁食、饭菜和蜡烛的祝祷，着装的规定。[③] 根据刘易斯的说法，女性完全认同男性的价值观，接受宗教学习对男性的重要性，女性是遵循宗教法规和习俗的支持者和维护者。[④] 在村庄里，妇女对收入的使用几乎没有控制权，男性负责家庭预算，女性只提建议。犹太妇女从事农业活动的程度不及穆斯林妇女，但她们大多数学习各种手工艺品，特别擅长制作篮子、缝纫和刺绣，并且可以以此增加家庭收入。尼灿·杜扬说，也门“理想”的犹太女性柔顺、沉默寡言，欣然接受她在家庭和社区中的次要地位。如果一个女人看起来大胆、直言、独立和叛逆，那么她就会被描绘成对丈夫不忠，会给自己和家人带来耻辱和灾难。[⑤] 尼灿·杜杨引用了也门犹太妇女的一首口头诗《我不想要一个老人》[⑥] 描述了她们在个人、家庭和社群生活中的愿望

① Nitza Druyan, Yemenite Jewish Women—Between Tradition and Change, Pioneers and Homemakers, State University of New York Press, 1992. p. 76.

② Nitza Druyan, Yemenite Jewish Women—Between Tradition and Change, Pioneers and Homemakers, State University of New York Press, 1992. p. 76.

③ Nitza Druyan, Yemenite Jewish Women—Between Tradition and Change, Pioneers and Homemakers, State University of New York Press, 1992. p. 76.

④ Herbert S. Lewis, After the Eagles Landed: The Yemenites of Israel, Westview Press, 1989. p. 23.

⑤ Nitza Druyan, Yemenite Jewish Women—Between Tradition and Change, Pioneers and Homemakers, State University of New York Press, 1992. p. 78.

⑥ Nitza Druyan, Yemenite Jewish Women—Between Tradition and Change, Pioneers and Homemakers, State University of New York Press, 1992. p. 78.

和失望。

在也门，大约有 1/5 的犹太人居住在城市定居点，绝大多数人居住在也门北部、南部和中部的村庄。在这些地方，犹太人与穆斯林分开居住，这使得犹太人能够独自生活，遵守自己的宗教和传统而不受干扰。刘易斯认为，与俄国犹太社区的许多宗教家庭不同，也门犹太妇女扮演养家糊口的角色来支持他们男人的宗教学习和整个家庭生活，或者从事社区慈善事业，“这符合塔木德时代犹太教的传统，也符合也门犹太人的禁令，即一个人不应以牺牲社会为代价”。尽管也门犹太人可以在阿拉伯土地上践行自己的宗教信仰，允许妇女露面或用葡萄酿造葡萄酒，这些都是伊斯兰教法禁止的事情，但依然存在许多其他限制。例如，犹太人必须缴纳特别税，禁止他们携带武器和建造比清真寺更高的房屋，不能担任公职，不能在法律诉讼中作为证人指控穆斯林。尽管吉拉德（L. M. Gilad）提出所有这些限制，但他在也门采访的大多数犹太人都不记得与穆斯林之间的冲突，反而都将他们作为朋友和兄弟。

如前所述，也门犹太社区是最偏远的犹太社区之一，不是因为贫穷，而是对现代化和工业革命的无知。正如刘易斯所说的，也门居民基本上不了解现代技术以及西方世界的政治、社会和经济的理论与实践。也门人生活了几个世纪，只知道自己周围的环境，除了最亲近的邻居外，对其他人一无所知。在融入以阿什肯纳兹犹太人为主导的以色列社会时，最大的障碍就在于此。

五、回归后的两个群体的生活状态

在俄国，犹太人被指控从事货币交易，利用贫穷的 Moujik（俄国农民）赚取高利贷，在交易中还被指控欺诈和垄断。此外，据说他们逃避了兵役，拒绝投身于体力劳动，没有能力从事农业工作。因此，犹太人被俄国社会迫害，他们被驱逐出城乡，生意瘫痪了，所有这些都促使俄国犹太人移民，其中一部分人移民到巴勒斯坦，在那里他们可以寻求改变并摆脱过去。但是也门犹太人不一样，他们在也门的生活条件要比俄国犹太人好一些，如前文所说，他们并不是为了寻求改变而移民，而是为了保持自己的传统。正如兽宾·阿赫鲁尼所说的那样，回归以色列最重要的推动力是也门犹太人中普遍存在的坚定信念，即人们对弥赛亚的期望会在1882年这一年实现。

然而，到达以色列地之后，也门犹太人的后续情况比俄国犹太社区更糟。也门犹太人很快意识到，他们的传统职业——工匠和手工艺人，在新环境中几乎没有用。由于他们无法从也门的贫穷犹太社区那里得到财政支持，因此缺乏住房设施，这迫使他们不得不住在受到饥饿、疾病威胁的山谷帐篷和棚子、洞穴和裂缝中。正如兽宾·阿赫鲁尼引述的，“每个人都在关注自己的亲戚：阿什肯纳兹帮助阿什肯纳兹，塞法迪[①]帮助塞法迪……移民的资助是从他们的原籍城市的富人那里获得的，这些钱被发往耶路撒冷为贫穷的移民建造房屋。但是没有人在乎也门犹太人，尽管也门犹太人遇到许经济和社会困难，他们在以色列土地上的表现非常坚韧，他们适应了新环境”。兽宾·阿赫鲁尼描述，他们很快以勤奋的劳动者而闻名，能够以惊人的速度融入发展中的犹太人家园的经济和文化结构中……他们学习了与建筑和建造有关的新行业，这些适应极大地促进了他们的发展。

在第一次回归移民潮中，有两项最重要的活动——农业和普及希伯来语。俄国犹太妇女很少在农场工作，她们大多从事其他工作，如家务劳动和抚养孩子，保持着传统的家庭主妇观念。在农业劳动方面，俄国犹太人非常依赖阿拉伯农民和也门犹太人。人们经常能听到让妇女参与农业的呼声，但是这样的呼吁并没有成功。对于俄国犹太妇女来说，她们在俄国没有农业背景，不像也门犹太人一样拥有土地，妇女也从事农业。因此，在巴勒斯坦，也门犹太人，尤其是妇女与大量廉价和有经验的阿拉伯农民竞争，大大改善了那时缺乏犹太农民的境况。在大多数情况下，只有也门犹太家庭中的妇女才能找到工作，而那些曾经是手工业者或从事宗教研究的男人则不行。根据尼灿·杜扬的说法，这种情况让也门犹太男人面临着重大的危机：受雇妇女因收入的增加而逐渐获得自信，她们在社会上也变得

① 塞法迪犹太人：Sephardi Jews，西班牙、葡萄牙裔犹太人，后因1492年西班牙宗教审判被驱逐，流散至意大利、法国南部、希腊和北非等地中海沿岸国家。

更加成熟，以新的方式获取知识，看到了不同的世界，并开始要求与男工的待遇相同。这种对变革的追求变成一个普遍的问题，也门犹太社区也无法单独解决。尼灿·杜扬在 1902 年提供了一个例子，耶路撒冷最高塞法迪犹太教法院指出：除非受雇者的丈夫允许，否则所有塞法迪和阿什肯纳兹家庭的户主都不得雇用也门犹太妇女作为家庭佣工。法院解释说，这正是回应耶路撒冷也门理事会的一项正式申诉，该理事会无法自行解决该问题。

至于从事农业劳动的俄国犹太妇女，她们几乎在以色列地的犹太社区中扮演着边缘角色。另外，由于俄国犹太妇女的识字率高于也门犹太妇女，她们因此在下一代的教育中发挥了重要作用。教育家和语言学家犹太·古尔（Judah Gur）在 1891 年写道："下一代的美好希望就在于我们的女儿，她们在希伯来语环境中受过教育，她们会将这门语言传给她们的儿女。"因此，针对女孩的教育成为第一次回归移民潮中的一项创新。女童教育被列入国家教育，女童入学是实现复兴民族语言的手段。这间接地提高了俄国犹太女性的文化水平和社会地位。除了希伯来语老师，俄国犹太妇女找到其他合适工作的机会很小，许多人不得不靠兼职工作来生活。直到今天，她们一直面临着职业生涯中的降级。一种典型的说法："我必须学习医学 17 年，才能在疗养院里为失去知觉的老人更换便盆吗？""我的能力不仅是在超市贴标签，以前在反犹太国家里，我们的工作相当于国家的大脑，而现在自己的家园里，我们却像国家的垃圾。"

六、结论

在第一次回归移民潮中，俄国和也门犹太妇女之间存在许多差异，尤其在文化程度和受教育方面。城市和农业居住区的也门犹太妇女是宗教信仰者，是年幼的孩子的母亲，而同龄的俄国犹太女性则是单身，不用承担家庭责任，世俗化且受民族主义意识形态的熏陶。她们在家庭、社区和公共事务中的参与程度也不同。根据尼灿·杜扬的说法，在以色列地的生活中，也门犹太妇女不参与公共生活的任何方面，而俄国先锋犹太妇女则在劳工运动中起着很大的作用。这些差异揭示了犹太妇女在原来国家的不同情况，在也门犹太社区，社区组织仍然只是男人的地方，这些人竭力在所有决策中保留自己的控制权，并为此目的不遗余力地采取极端措施。也门犹太妇女希望改变，然而在过渡时期她们很难组成抗议运动。她们仍处于沮丧状态，并且缺乏能够为自己带来改变的自信。她们集中精力改善女儿的命运，这成为革命趋势的一部分，女儿们渐渐实现了母亲们脱离婚姻、接受教育、过现代生活的愿望。在后续的经历中，也门犹太裔女孩脱离家庭、追求新生活的例子变得很常见。与也门犹太妇女不同，俄国妇女在移民到以色列之前就已经在俄国改变了传统的角色。因此，正如尼灿·杜扬所说，这两个群体之间的宗教和社会文化鸿沟太大了，无法弥合第一代移民的差异。

此外，第一次回归移民潮既创新又保守，摒弃了也保留了许多文化遗产，尤其是也门犹太人的艺术遗产。他们从也门带来了丰富的舞蹈、音乐、珠宝首饰和民间文学艺术，以其独创性和鲜明特色而著称，许多遗产都由妇女保留。他们的艺术在当今的以色列中扮演着重要角色，代表着古代中东犹太传统的延续。

参考文献

[1] David Berger, The Legacy of Jewish Migration: 1881 and Its Impact, New York: Brooklyn College Press, 1983.

[2] Hava Ben - Zvi, The First Aliyah 1882 - 1904, Los Angeles: Bureau of Jewish Education, 1981.

[3] Herbert S. Lewis, After the Eagles Landed: The Yemenites of Israel, Westview Press, 1989.

[4] Larissa Remennick, Russian Immigrants in Israel, Jewish Women's Archive, 1999. https://jwa.org/encyclopedia/article/russian - immigrants - in - israel.

[5] L. Errera, The Russian Jews: Emancipation or Extermination, London: D. Nutt, 1894.

[6] Lisa Michele Gilad, Yemeni Jewish Women, University of Cambridge, 1982.

[7] Margalit Shilo, The Transformation of the Role of Women in the 1st Aliyah 1882 - 1903, Jewish Social Studies, New Series, Vol. 2, No. 2, 1996.

[8] Nitza Druyan, Yemenite Jewish Women—Between Tradition and Change, Pioneers and Homemakers, State University of New York Press, 1992.

[9] P. Wengeroff, Rememberings: the world of a Russian Jewish woman in the 19th century, Md: University Press of Maryland, 2000.

[10] Reuben Ahroni, Yemenite Jewry: Origins, Culture, and Literature, Indiana University Press, 1986.

[11] The Central Zionist Archives, http://www.zionistarchives.org.il/en/Pages/Default.aspx.

[12] The Palmach Archive, http://www.palmach.org.il/Web/English/TheMuseum/Default.aspx.

浅析缅甸槟榔文化*

张惠美**　白　纯***

摘　要：缅甸人食槟榔的习俗历史悠久，槟榔食俗文化深入缅甸人的各个方面，它不仅是日常小食品，还是传统节日庆典和红白喜事不可缺少的物品。本文通过梳理缅甸人食槟榔的历史渊源，分析其中蕴含的文化意蕴。

关键词：缅甸；槟榔；习俗；文化

一、引言

槟榔是东南亚、南亚、中国大陆南方及台湾地区的物产之一，人们嚼食槟榔的历史悠久。中国、印度、斯里兰卡及东南亚地区的缅甸、越南、柬埔寨、马来西亚、菲律宾等国的槟榔文化最为丰富。考古资料显示，槟榔作为人类食品至少已有4000 多年历史。它首先是东南亚半岛和南亚大陆

---

* 本文为2019 年四川外国语大学重庆非通用语学院研究项目 KY201903 阶段性研究成果。

** 张惠美，女，1990 年生，硕士，助教。主要研究方向：缅甸语言文学。

*** 白纯，女，1993 年生，硕士，助教。主要研究方向：缅甸语言文学、缅甸语教学研究、缅甸国别研究。

这片广大区域的物产之一。最早嚼食槟榔的先民是东南亚半岛的南岛语系民族，随着东南亚半岛族系的民族向东南亚陆地移民，槟榔进入东南亚陆上的越南、泰国、缅甸、老挝等地并成为日常消费的嚼食食品。① 缅甸位于亚洲的东南部、中南半岛西部，大部分地区位于北回线以南的热带地区，光照充足、雨量充沛，热带作物耕种发达，槟榔就是其中极为典型的一种。据《云南记》记载，我国云南种植的大腹槟榔、椰子、娑罗树、老缅瓜等植物都是从缅甸引种到我国云南的。② 在缅甸，槟榔得到广泛种植，食槟榔也成为一种传统风俗代代流传，一直延续至今，不仅为缅甸的饮食文化增添了色彩，也在缅甸人民的社会生活中扮演了重要的角色。食槟榔在缅甸不仅是一种传统习俗、一种传统食俗的延续，更是一种独具缅甸特色的民俗文化——槟榔文化。

二、缅甸槟榔文化的起源

嚼食槟榔也叫作吃槟榔。在缅甸，吃槟榔的习俗由来已久，早在太公王朝时期吃槟榔的习俗就传入了缅甸宫廷，③ 据说是当时来自印度的太公国国王在统治太公国时期带来了吃槟榔的习俗。在阿奴律陀统一缅甸之前，蒲甘王国已经经历了近 200 年的发展，蒲甘附近地区土地肥沃、物产丰富，当时被称为“大泽之乡”。从蒲甘时期的碑铭看，蒲甘附近地区当时已种植水稻、高粱、豆类、冬瓜、茄子、胡椒、葡萄、甘蔗、槟榔等 61 种农作物。④ 这也说明在蒲甘王朝时期，槟榔和其他农作物一样受到重视，并成规模种植。

吃槟榔曾在缅甸封建王朝时期盛极一时，上至国王、后妃、高僧大德，下至官员、百姓，大多有此嗜好。蒲甘时期的阿南达碑文中就有关于

① Thomas J. Zumbrioch. The origin and diffusion of betel chewing: a synthesis of evidence from south Asia, Southeast Asia and beyond [J]. Electronic Journal of Indian Medicine Volume 1, 2007/2008: 77, 81, 86, 89. 转引自阮氏芳簪. 越南槟榔食俗及其意义阐释——以越族和戈族为例 [D]. 中央民族大学硕士学位论文, 2010: 2.

② 何芳川主编. 中外文化交流史（上卷）[M]. 北京: 国际文化出版公司, 2007: 415.

③ 李谋，姜永仁编著. 缅甸文化综论 [M]. 北京: 北京大学出版社, 2002: 121.

④ 贺圣达著. 缅甸史 [M]. 昆明: 云南人民出版社, 2014: 33.

国王布施槟榔的记载。① 据缅甸历史书记载，蒲甘王朝阿奴律陀王的父亲宫错王（Kun Hsaw Min）曾是前任国王色垒鄂奎（Sale Nga Hkwe）的侍槟榔官。宫错王的名称因此而来，宫错（Kun Hsaw）意即侍奉君王吃槟榔的人。② 在那时，只有国王最信得过的人、国王的亲信才能担任侍槟榔官一职。初期，吃槟榔只盛行于王公贵族和僧侣之中，普通老百姓和奴隶们是不能吃槟榔的。在宫廷中除有专门侍奉国王和王妃、王子们吃槟榔的侍槟榔官外，还有抬着盂盛放吐出来的槟榔汁、槟榔渣的侍从官。侍槟榔官的职责除了给国王侍奉食用槟榔以外，还需要统筹安排准备槟榔的相关事务事务。

在宫廷中，吃槟榔是一种高雅的活动，同时槟榔盒、槟榔罐的样式与外观也是最能体现身份地位的。《琉璃宫史》中提到的皇室御用的槟榔盒、盂的样式很丰富。御用的槟榔盒有：金槟榔盒、金槟榔箩、嵌红宝石一圈的八角槟榔杯、嵌红宝石三圈的八角槟榔杯、嵌红宝石槟榔盒、八角槟榔杯、八角槟榔盒、六角槟榔盒、六角槟榔杯、三角槟榔盒等十余种。相应的皇家御用的盂有：嵌红宝石金痰盂、嵌两圈红宝石金痰盂、嵌三圈红宝石金痰盂、金痰盂、金铜合金痰盂等。此外，也会在槟榔盒、槟榔杯身上雕刻狮子、妙声鸟、蛇龙等动物画像。这些有严格的等级区分槟榔器具或是国王赏赐给王妃、王子、公主们使用，或是按级别配发。一般大臣使用的是木制的槟榔盒或槟榔杯。《琉璃宫史》中记载有在公元 1171 年，明因那拉登卡王时期，国王为体现出自己的三位王妃地位平等，赐给三位王妃使用的槟榔盒、槟榔罐、盂都是一样的。③ 除上述提到的这些之外，还有用藤条、木材、竹篾等制作而成的槟榔盒、槟榔盘和陶制的盂。古代，宫廷中盛槟榔的高脚盘（ကွမ်းကလပ်）也被叫作盛花高脚盘（ပန်းကလပ်），槟榔也曾经被叫作花，它是拜神节会上必备的五种花之一。④ 1468 年出生于阿瓦京都的僧侣作家信摩诃拉塔达（ရှင်မဟာရဋ္ဌသာရ）在他的《丹瓦拉》比釉

① 德贡纳新著．缅甸传统槟榔习俗［M］．仰光：文学宫出版社，1972：4.

② 德贡纳新著．缅甸传统槟榔习俗［M］．仰光：文学宫出版社，1972：5.

③ 李谋，姚秉彦，蔡祝生，汪大年等译注．《琉璃宫史》（上卷）［M］．北京：商务印书馆，2010：261.

④ 德贡纳新著．缅甸传统槟榔习俗［M］．仰光：文学宫出版社，1972：8.

诗（သံဝရပျို့）结语部分的诗句中就把ကွမ်း（槟榔）叫作ကွမ်းပန်း（槟榔花）。[①]笔者以为这与槟榔在当时祭神活动中扮演的重要角色相关，祭神时需要的五种祭品被称为祭神的五种花，分别是彩色爆米花、槟榔、茶叶、椰子和芭蕉。

所以，缅甸人从古时候起就有嚼食槟榔的习俗，有的甚至吃得上瘾。缅甸人吃槟榔还有一套很讲究的程序。吃槟榔之前得先制作槟榔包，槟榔包要用蒟酱叶包起来，处理蒟酱叶的时候，先把叶柄和叶子的尖端部分剪去，据说在蒟酱叶的叶柄处有恶神保护，在叶子尖端部分则有邪神保护，所以在包槟榔之前得去除两端后才能使用。[②] 处理好蒟酱叶后，把叶子铺开，在背面刷上石灰，放入槟榔籽、儿茶、甘草、豆蔻等物。一般每片蒟酱叶中包入 2—3 粒槟榔籽或是按照个人喜好调整槟榔籽的数量，还可以依据个人喜好放入其他调料，如烟丝、茴香籽等。在古代并不是所有人都能吃得上槟榔，一些买不起槟榔籽的穷人就用马桂榄树的树皮来代替槟榔籽，包入蒟酱叶中进行嚼食。[③] 一片蒟酱叶或半片蒟酱叶卷一包槟榔。街面上卖槟榔的小贩，都是成袋的兜售槟榔，每袋中含有 5 个左右的槟榔包。在缅甸仰光，遇上堵车的时候就会有手提着槟榔、矿泉水、缅甸卷烟、鲜花串、报纸等物品的小贩向司机和乘客们售卖，仰光的出租车司机、公交车司机、售票员大多有吃槟榔的癖好。民众普遍认为，吃槟榔可以提神醒脑，舒筋活络，促进血液循环，增强抗拒山野瘴气的能力。特别是姑娘们吃起槟榔来，很快便嘴唇泛红，脸蛋也像涂上了胭脂似的，起着直接美容的作用。约 1483 年的缅甸古代僧侣作家信摩诃拉塔达写过一首题为《纯金般的美女》的三段雅都诗，诗中写道“……槟榔汁将玉齿染成彩虹一样，粉色的指尖才是美丽的象征……”[④] 由此说明在古代缅甸，女性嚼食槟榔还具有美容的作用。

适宜的气候条件和槟榔的广泛种植为人们对其享用需求提供了物质前

---

① 德贡纳新著．缅甸传统槟榔习俗［M］．仰光：文学官出版社，1972：9.

② 德贡纳新著．缅甸传统槟榔习俗［M］．仰光：文学官出版社，1972：37.

③ 信漂觉昂登著．缅甸民间传统习俗［M］．仰光：国家荣誉文学出版社，2009：79.

④ 姚秉彦，李谋，杨国影著．缅甸文学史［M］．广州：世界图书出版广东有限公司，2014：67.

提。从古时候起，东南亚、南亚地区就是盛产槟榔的地区，在公元前504年的印度古籍中就记载有槟榔。据北魏杨衒之《洛阳伽蓝记》中所载：“从孙典国（今缅甸丹那沙林）北行三十日至扶南国（今柬埔寨），方五千里，南夷之国……饶槟榔。”① 这是我国有关缅甸槟榔的较早的记载之一。从地理环境方面来看，缅甸地处热带，气候炎热，雨量充沛，土壤肥沃，正适宜槟榔的种植，得天独厚的自然条件使缅甸成为较早种植槟榔的地区之一，槟榔的广泛种植为人们对其的享用需求提供了一定的物质前提。在缅甸有句这样的俗语：တော်သလင်း လူပျင်းကွမ်းစိုက်။（taw dh – lin：lu byin：kun：sait）缅历六月，懒人种槟榔。② 是说在缅历六月的时候是最适合种槟榔的时节，即使是懒人种的槟榔也会成活。缅历6月即公历9月，正值缅甸雨季时期，气候炎热、降雨量大很适合槟榔的生长。在缅甸农村地区，房前屋后都会种植槟榔。槟榔叶又名蒟酱叶（蒌叶），为胡椒科植物，也名浮留藤（《新修本草》）、扶留藤、蒌藤（《纲目》），③ 主要生长在湿热地区，下缅甸气候炎热潮湿，盛产槟榔叶。适宜的自然地理条件为缅甸槟榔、槟榔叶的生长提供了得天独厚的条件。贡榜王朝时期曾担任过侍槟榔官的诗人鲁吴敏（Lu – u：Min：）在其作的槟榔诗中写道：အမေလေးက လောကွက်သယ်၊ လူလာရင် 德达吴（Tada – U）的槟榔嫩又黄，鄂妙（Ng – Myo）的烟丝，东吁（Taun Ngu）的槟榔，实皆（Z – gain：myo'）的石灰，卑谬（Pyi Myo'）的儿茶，慢慢嚼吧，慢慢嚼了再吐。④ 贡榜王朝时期，德达吴、东吁产的槟榔是皇室的御用品，可见这些地方自古代起就盛产槟榔。直至今日，德达吴地区依然是缅甸盛产槟榔的地区之一。

三、缅甸槟榔文化的表现形式

槟榔在缅甸人心目中占有重要地位。随着时间的推移，槟榔逐渐成为

① （北魏）杨衒之著．洛阳伽蓝记卷四·永明寺［M］．中华书局，1963：174．转引自廖建夏．亚洲槟榔文化圈探析［D］．东南亚纵横，2011．

② 缅文协会著．缅甸俗语［M］．仰光：缅文协会出版社，1996：84．

③ 来自：https：//baike. baidu. com/item/蒟酱/757493．

④ 德贡纳新著．缅甸传统槟榔习俗［M］．仰光：文学宫出版社，1972：73．

缅甸传统民族文化的特殊表象，吃槟榔也成为一种富有美好意义的生活方式，贯穿于缅甸人民的社会生活之中。

（一）待客

如果说烟酒总是与节日庆典活动密不可分，那么在整个东南亚地区，槟榔则为日常社交的润滑剂。① 缅甸人热情好客，当客人到访的时候主人家会拿出槟榔、茶叶拌豆、茶水、水果、小吃等款待。除缅族以外，掸族、克钦族、克伦族、克耶族、孟族、若开族等民族都有吃槟榔并用槟榔款待客人的习俗。特别是在农村地区，很多人家中都会有制作槟榔的材料。在缅甸的一首插秧歌中这样写道：အမေလေးက လောကွတ်သယ်၊ လူလာရင် အစ်နီကြီးနဲ့ ကွမ်းဆီးလို့တည် သလေ့၊ ကွမ်းတည်ရင် တကယ်မမှတ်နဲ့ မောင်လေးရယ် မင်းပုံဖမ်းလို့ ဥာဏ်စမ်း တယ်လေးလေ့။②歌词的大意是：妈妈热情好客，客人来了就端上红色槟榔盒来招待客人，千万别忘了用槟榔招待客人呐！体现出了人们热情好客、备好槟榔以款待来客的习俗。在缅甸语中还有“同吸一锅烟卷，同嚼一包槟榔”的成语。③ 这些都表现出人们热情好客、以槟榔待客的习俗。良渊时期的女诗人信宁梅（ရှင်ငြိမ်းမယ်）在她的嗳钦诗《没钱没势的人》中写道“……当官脾气大，嘴中口水又滴下，怨咱不把咸茶递，怨咱不把槟榔拿……”④ 从诗句中可以看出良渊时期有吃槟榔并用槟榔待客的习惯，也反映了穷苦民众吃不起槟榔而不能用槟榔招待官员的场景。

（二）婚配嫁娶

从古代封建王朝时期起，槟榔在婚庆嫁娶中就扮演了重要的角色，在白象之主勃印囊王的女儿结婚的时候，勃印囊王给公主的成婚礼品中就有：侍奉槟榔饮水的官员 10 名、嵌三圈红宝石的八角槟榔杯、金痰盂等，

---

① ［澳］安东尼·瑞德著，吴小安、孙来臣译．东南亚的贸易时代：1450—1680 年（第一卷季风吹拂下的土地）［M］．北京：商务印书馆，2010：51.

② 信漂觉昂登．缅甸民间传统习俗［M］．仰光：国家荣誉文学出版社，2009：79.

③ 寸雪涛，赵欢．缅甸传统习俗研究［M］．北京：民族出版社，2008：236.

④ 姚秉彦，李谋，杨国影．缅甸文学史［M］．广州：世界图书出版广东有限公司，2014：105.

并在从王宫到水池的道路两旁挂上了成串的槟榔和椰子等物品。① 在现代，波克伦人在结婚当日需要凌晨三点就起床准备祭品，新郎需要准备2个椰子，新娘要准备300个槟榔，以及烟、槟榔盒、糯米、姜黄粉、五色米等物品，在天亮之后穿上神服在同伴的簇拥下去神塔或神龛敬拜“多威”神。② 爱意的象征：掸族男女青年在找结婚对象的时候，如果姑娘吃了某个小伙子给的烟、槟榔则表示姑娘已经看中他，愿意与他交朋友，其他小伙子这时就会知趣地走开，不会再来打搅这个姑娘。③ 婚礼的邀约“请柬”：若开族在婚礼前一天，办喜事的主家人要派发槟榔包、咸茶包邀请亲朋好友参加婚礼。④ 婚礼的聘礼：孟族结婚的时候新郎要准备喜篮和喜饼盒，结婚当天带着去新娘家。喜篮为南瓜状，里面放有一肘尺高的槟榔树苗、椰子树苗的一棵，槟榔、卷烟、茶叶、辣椒、葱、米、油、盐少许，并用毛巾把篮子包好。喜饼盒内装有糖果、槟榔、卷烟、茶叶，并用纱笼盖好。⑤ 直至今日，在缅甸有些农村地区，槟榔在婚配嫁娶中仍扮演着重要的角色。

（三）丧葬

缅族土葬挖坑前要用茶包、槟榔请土地神赐予死者葬身之地。若开族安葬完逝者回到家以后要请前来帮忙的人一起吃槟榔、抽烟，之后再碾碎槟榔叶，放在鼻子下闻一闻，闻完后放于身后以祛除晦气。孟族则在出殡的时候送葬的队伍要由头顶布施物品、供品、槟榔、卷烟的妇女们领路。⑥

---

① 李谋，姚秉彦，蔡祝生，汪大年等译注．琉璃宫史（中卷）［M］．北京：商务印书馆，2010：657、659.

② 钟智翔，尹湘玲著．缅甸文化概论［M］．广州：世界图书出版广东有限公司，2014：159.

③ 钟智翔，尹湘玲著．缅甸文化概论［M］．广州：世界图书出版广东有限公司，2014：161.

④ 钟智翔，尹湘玲著．缅甸文化概论［M］．广州：世界图书出版广东有限公司，2014：164.

⑤ 钟智翔，尹湘玲著．缅甸文化概论［M］．广州：世界图书出版广东有限公司，2014：168.

⑥ 钟智翔，尹湘玲著．缅甸文化概论［M］．广州：世界图书出版广东有限公司，2014：196－197.

（四）祭仪

槟榔在祭仪中的作用，在下面的诀术歌《求雨歌》中可以体现出来。

雨啊，下吧！下吧！
槟榔嫩叶，装入盘中，献给雨神。
村头榕树，代表神仙，虔诚供奉。
夜里闪电，快点下吧！
雨啊，下吧！下吧！
槟榔嫩叶，装入盘中，献给雨神。
村头榕树，代表神仙，虔诚供奉。
夜里闪电，快点下吧！①

从该首诀术歌中可以看出在求雨时，槟榔嫩叶是主要的祭品，表现出槟榔叶在求雨仪式中的作用，也体现了槟榔叶在祭仪中的作用依然延续至今。在缅甸钦贡乡一带的人们在进山谋生之前，有供奉林神、山神的习俗，祭品一般会用香烟、槟榔等。②

四、缅甸槟榔生存现状

在很长一段时期中，槟榔在缅甸人生活中扮演了重要的角色，它不仅仅是日常小食，更是各种节日庆典中不可缺少的物品，同食槟榔更是族群认同的民族心理体现。但随着科技的进步，时代的发展，人们对槟榔认识加深的同时也有了观念上的转变，重新对槟榔籽、槟榔叶以及附带的其他咀嚼物的价值进行了评估，槟榔籽和蒟酱叶虽然具有一定的药用价值，例如具有消毒杀菌、消食祛痰、降火明目、祛除异味等功效。但是随着医药

① 寸雪涛，陈仙卿著．语境理论视域下的缅甸本部民间口头文学研究［M］．广州：世界图书出版广东有限公司，2015：97.

② 寸雪涛．文化和社会语境下的缅族民间口头文学［M］．广州：世界图书出版广东有限公司，2012：145.

卫生条件的改善，槟榔的药用功效已被替代。而且，嚼食槟榔还会引发各种疾病。其次，随着社会经济水平的发展，现代人的生活方式发生了改变，各类食品糖果在一定程度上替代了槟榔作为日常小食的作用。再次，由于人们嚼食槟榔的方式是嚼而不吞，鲜红色的槟榔汁水随地乱吐，对环境卫生以及市容市貌造成巨大的影响。缅甸政府明文规定在公共场合不能吐槟榔汁液，在仰光这样的大城市中不能在人多的场合摆设槟榔摊位，并下达了减少槟榔摊位的指令。这在一定程度上对缅甸槟榔市场造成影响。值得注意的是，缅甸国内吃槟榔的人数虽然有所减少，但仍占有很大比重。据说，缅甸每天有超过700万人在嚼食槟榔，可见缅甸人嚼食槟榔数量之大。

参考文献

［1］寸雪涛，陈仙卿．语境理论视域下的缅甸本部民间口头文学研究［M］．广州：世界图书出版广东有限公司，2015.

［2］寸雪涛．文化和社会语境下的缅族民间口头文学［M］．广州：世界图书出版广东有限公司，2012.

［3］李谋，姚秉彦，蔡祝生，汪大年等译注．琉璃宫史（中卷）［M］．北京：商务印书馆，2010.

［4］德贡纳新．缅甸传统槟榔习俗［M］．仰光：文学宫出版社，1972.

［5］［澳］安东尼·瑞德著，吴小安，孙来臣译．东南亚的贸易时代：1450—1680年（第一卷 季风吹拂下的土地）［M］．北京：商务印书馆，2010.

［6］信漂觉昂登．缅甸民间传统习俗［M］．仰光：国家荣誉文学出版社，2009.

［7］姚秉彦，李谋，杨国影．缅甸文学史［M］．广州：世界图书出版广东有限公司，2014.

［8］廖建夏．亚洲槟榔文化圈探析［D］．东南亚纵横，2011.

［9］缅文协会著：缅甸俗语［M］．仰光：缅文协会出版社，1996.

［10］钟智翔，尹湘玲．缅甸文化概论，广州：世界图书出版广东有

限公司，2014.

［11］阮氏芳簪．越南槟榔食俗及其意义阐释——以越族和戈族为例［D］．中央民族大学硕士学位论文，2010.

［12］何芳川主编．中外文化交流史（上卷）［M］．北京：国际文化出版公司，2007.

［13］李谋，姜永仁编著．缅甸文化综论［M］．北京：北京大学出版社，2002.

［14］贺圣达．缅甸史［M］．昆明：云南人民出版社，2014.

韩国社会婆媳关系研究

——以《媳妇的全盛时代》为例

冯　倩*

摘　要：婆媳关系一直是古今中外一个普遍的话题。婆媳关系是以婚姻为开始，在家族之间建立的新的人际关系。传统的韩国社会是大家族社会，由于人口很多，人际关系也比较复杂，所以矛盾也会随之产生，儒家文化至今仍在韩国的家庭关系中起着指导性作用，家庭关系的核心是父母与子女的关系，子女对父母的总括性伦理体系，用一个字概括则为“孝”。“孝”文化是传统儒家文化中的重要内容，韩国传统的“孝”文化即来源于此。在传统社会特别是以儒家思想为根基的韩国社会，儿媳妇总是以“孝”为标准行事，所以婆媳关系保持友好的情况也是很多的。此外，当今韩国社会家庭发生了改变，以核家庭制度①为主要形式，婆媳的文化修养提高了，分家单过的情况增加，这样就大大减少了婆媳之间的矛盾。本文就以传统社会向现代社会过渡时期的婆媳关系为出发点来考察变化中的韩国社会的婆媳关系问题。

关键词：韩国；家庭关系；婆媳关系；孝；儒家思想

---

* 冯倩，女，1986 年生，山东淄博人，硕士，讲师，四川外国语大学重庆南方翻译学院朝鲜语专业教师。主要研究方向：韩国文化语言学。

① 核家庭是指丈夫、妻子以及孩子组成的生活集体。

一、韩国的家庭制度

在韩国，家庭是由结婚后结合在一起的夫妇和他们生的子女组成的。但是，这种婚姻和血缘关系只是家庭成员的结合契机，并不是家庭条件的全部。如果说家庭关系是家庭成员之间的人际关系的话，那么核家庭关系就确立了夫妻、父子、母子、父女、母女、兄弟、姐妹、兄妹等8种关系。如果这种关系扩大为家庭，那么家庭内部可能存在的关系就会达到数十种，其关系也会变得非常复杂。概括这样的家庭关系，以支配性关系为中心进行分类，可以分为夫妻中心型、父子中心型、母子中心型和兄弟中心型。其中，父子关系占主导地位就不用说了，指的就是父系社会中的父权家庭。

在韩国，传统的家庭实行的是大家族制度，其是传统的家族结构方式，以祖父母为中心，各个兄弟率领他们的妻子和儿女在同一个屋檐下生活，即子女们即使结了婚也不会单独搬出去住，要侍奉父母，是一种许多代人一起生活的模式。

大家族制度的优点是，子女因为受到祖父母的影响，会成为有礼貌的人，知道对老人要恭敬；因为家族成员多，所以会觉得生活丰饶，有安定的感觉；容易传承，可以跟随父母、祖父母学习到很多基本的传统和礼仪；可以解决现在的老年人赡养的问题；因为是共同体，可以增加社会性；夫妻纠纷时有调停者；对子女的教育可以有很多人分担责任。大家族制度也有其短处，如有严重的婆媳矛盾、严格的上下级关系；和每个家族成员和谐相处不是一件容易的事情；应该照顾弱者的情况成为家庭成员的负担；与夫妻间的爱情比起来，更重视家门的存续力；家庭成员多的话，个人的生活空间不足，私密性得不到保障；如果是女孩子的话，不能把全部时间用来学习，要帮助做家务事。

韩国的家庭关系中，居住规定是父处制，家庭中存在强有力的父权，可以说是父权家庭，因此以父子为中心的家庭关系是韩国社会家庭的一般形态。值得注意的是，这种家庭关系对家庭内部的气氛起着决定性作用，因此它对子女的影响很大。

韩国家庭关系十分密切，彼此之间有着密不可分的关系。韩国家庭不仅追求每个家庭成员的幸福，同时也重视家庭成员间的和睦，重视家庭内部的上下顺序和秩序。在家庭里，父母、祖父母要教导子女尊敬长辈。父母和子女关系很特别。因为韩国父母对子女的爱是至高无上的。有时这种爱会很苛刻，会导致子女依赖父母。从成年子女与父母之间的关系看，在赡养父母方面，“直系家庭规范”有所弱化，但交流在增加，关系质量也在改善。虽然对父母的赡养责任感在降低，但是赡养父母的意识却比其他国家要高，父母自立的意识也在提高。

韩国的家庭生活具有与其他国家不同的固有特性。韩国的家庭文化因家庭、地区而有所不同。韩国传统上受到儒家文化的影响，因此韩国家庭文化虽然与儒家文化圈国家有很多相似之处，但经过迅速的产业化发展，韩国的家庭文化也在逐渐发生变化。现代韩国家庭因为多样的社会构造因素正在发生变化。特别是，低结婚率（非婚）、高离婚率、低出生率、社会老龄化、以男性为中心的家庭制度的变化、有利于女性发展的信息化、社会变化等因素都对韩国现代家庭的多样性产生很大的影响。韩国废除了长期世袭的户主制，合理缩小禁婚范围，允许子女改姓，在离婚后的抚养和侵权问题上强化了国家的监护功能，新设了养子制度。由此，以家长制和父系血统为中心的世袭家族制度发生了巨大变化。

韩国家庭因低生育率和少子女化的影响，家庭的规模正在缩小，而且因核家庭原理的扩散，核家庭模式逐渐增加。核家庭是指由夫妻和他们的未婚儿女组成、以夫妇为中心生活或者只有夫妇生活的家族。核家族的长处是重视夫妻间的爱情；家族长辈的干涉少，生活相对比较自由。随之也有一些短处，比如夫妻间纠纷的时候没有调停者，离婚率高；因为家族的范围变窄，向子女们展示的人际关系少，子女们对于家人关系的处理没有大家族下生长的孩子好；因为生的子女少，所以孩子们在父母的保护下长大，容易长成自私、没有礼貌的人；因为父母主要在工作，所以照顾孩子和做家务的时间少，对孩子的教育问题费的心思也相对少，孩子接触礼仪的机会少了，礼仪教育方面自然有所欠缺。

大家族制度和核家族制度的差异在于：普通的大家族是婆婆当家，婆婆在上面下达命令，以媳妇为中心做家务事；核家族则没有当家人，有妈妈上班、爸爸做家务的情况，也有孩子做家务的情况。大家族的生活形态是子女们向祖父母学习家训和家风，父亲和父亲的兄弟们做农活，母亲和妯娌们做家务，大家之间相互帮助，对子女的教育严格；核家族不像以前那样对子女要求严格，父母与子女之间的关系像朋友一样，家人一起分担家务，对家风和家训的认知较少。

二、婆媳关系的定义

在家庭关系中一般有着三种关系，即血缘关系、婚姻关系和非血缘关系。婆媳关系是由婚姻关系派生出来的非血缘的家庭关系。婆媳关系是以婚姻为开始、在家族之间建立的新的人际关系，婆就是丈夫的母亲，媳就是儿子的妻子，婆媳关系的中心是以儿子也就是丈夫为纽带构成的。婆媳关系简单地说就是女性通过与丈夫的婚姻为中介而形成的和丈夫母亲直接的关系。婆媳关系既缺乏血缘关系的稳定性，又不具备婚姻关系的亲密感，因此往往会形成家庭关系中最微妙、最复杂的一种关系。婆媳同在一个家庭中生活，有共同的归属，自然也就有着共同的经济利益，双方也自然希望家庭兴旺发达。这是婆媳利益一致的一面。但婆媳也常常会在家庭事务管理权、支配权等方面发生分歧，出现矛盾，甚至明争暗斗。韩国家庭中有“男治外、女治内”的传统，婆婆做了几十年的内当家，把权力交给媳妇，媳妇在家庭事务中唱起了主角。对于这种角色的转换，做婆婆的往往不易适应。有的婆婆虽已年过花甲，却仍希望继续保持在家庭中的经济支配权，或者难以接受完全由媳妇掌握家庭经济大权的事实；而做媳妇的也往往不甘心让步，这就难免发生矛盾。即便是婆婆和媳妇共同持家，由于各自的地位不同，考虑问题的角度不同、需要不同，也容易产生分歧。

三、韩国传统社会婆媳关系考察

（一）传统社会婆媳关系的理论背景

韩国社会是父系社会，父亲在家庭中占主要地位，有支配家庭其他成员的权利，且韩国社会的序列意识很强，传统的父系社会中女性的地位是很低的，特别是因为婚姻进入家庭的儿媳妇是家庭中地位最低的，比起享受权利来说更多地是履行义务。婆媳间的矛盾主要是通过儿媳妇在婆家的家庭生活表现出来的，婆婆作为母亲与年长者，比儿媳妇占据了更有利的地位，对儿媳妇的不满一般通过日常家庭生活得到发泄。儿媳妇即使是遇到不公平的待遇，但是考虑到道德与严谨的家族制度，也不得不忍耐。无论对婆婆的处事有多么不满，作为儿媳妇也一定要无条件地服从婆婆的指示。无论正确与否，传统社会对儿媳妇以道德、孝为精神束缚，以社会伦理规范来压迫儿媳妇。传统社会中，婆婆拥有主妇权、经济权、家事管理权，儿媳妇则只有服从婆婆的义务。传统韩国社会婆媳关系是在男性权力以外两个女性间建立起来的一种特殊的女性关系，即所谓的婆媳关系。

这种婆媳关系被认为是韩国传统社会中的独特关系的理由是，婆婆跟儿媳妇都是因婚姻而进入一个家庭并成为这个家庭的一个成员，婆媳关系可以说是一种对立的关系。

（二）《媳妇的全盛时代》中的传统婆媳关系

电视剧《媳妇的全盛时代》中经营猪脚店的婆婆吴香心（奶奶）和儿媳妇许美顺（妈妈）的关系就是韩国社会中典型的传统婆媳关系。

1. 婆婆吴香心

吴香心是集各种权力于一身的家庭中的管理者（奶奶），在长春洞经营一家猪脚店已有 60 个年头了，性格非常顽固耿直，脾气像火一样暴躁。一个 77 岁高龄的老奶奶，统管着整个家族。吴香心是韩国传统社会中婆婆的典型代表，对自己的儿媳妇许美顺非常苛刻，一点自由也不给，甚至曾经把媳妇许美顺赶回娘家，即使儿媳妇做得再好也不满意。吴香心为了维持自己的家庭地位，甚至连儿子的存折都不给儿媳妇。

2. 儿媳妇许美顺

许美顺原来是鸡脚店的三女儿，在家里也过着仆人一样的生活，当时正好遇到去服兵役的李水吉，便跟着他坐上火车离开了家。许美顺本来期待着自己的生活能发生改变，但没有想到只是从鸡脚店到了猪脚店而已，生活并没有一点儿改变。作为儿媳妇的许美顺真的是很合格的，非常勤快，对婆婆也非常好，是韩国典型的传统儿媳妇形象，不分黑夜白天地在猪脚店里认真工作，对性格固执、脾气暴躁的婆婆一直都忍耐着。

（三）传统社会婆媳关系的特点

婆婆因为自己年长，又因为自己为这个家奉献了很多，所以觉得自己比儿媳妇的地位要高，再加上父系社会的秩序原则、长幼有序的社会基准的影响，儿媳妇就被放在了不平等的位置上。婆婆是掌管家中大权的人，儿媳妇因为忠孝思想，只有服侍婆婆的义务，在韩国社会以传统儒家为规范的情况下，儿媳妇对于婆婆的这种不满只能忍耐。电视剧中吴香心跟许美顺就是这样，吴香心掌管家里一切事情，许美顺处于家庭最低的地位，没有可享受的权利，只有应尽的义务。

四、现代社会的婆媳关系考察

（一）现代社会婆媳关系理论背景

自 1961 年“5・16”革命起，现代社会随着产业化与城市化的发展，韩国传统的家庭制度和家庭意识开始急剧变化，新的家庭伦理对韩国的日常生活产生了很大的影响。经过近代启蒙期，学者围绕早婚、纳妾制、寡妇改嫁等问题进行了全面的讨论。因此，家庭伦理意识发生了巨大变化。同时，围绕这一问题的家庭矛盾也日益凸显。另外，日本帝国主义强占期后盛行的整体改良论、改造论以核心家庭的改造为对象展开。在这一时期，传统的父系中心大家庭制度、宗家为中心的宗门规范等开始向以小家庭为导向的家庭规范转变。这模仿了西方的核家庭规范，也受到日本式户主家庭制度的影响。家族形态也在发生改变，逐渐从大家族制向核家族制转变，但是这种家庭内外变化的均衡性没有保持好，反而出现过度的现象，随之便出现一些问题，西欧核家庭的理念与传统的家庭意识有冲突，这样也使得家庭中的人际关系产生了一些矛盾。这些新的矛盾也毫不例外地出现在现代韩国社会婆媳关系之间，一直接受传统思想的婆婆跟受到现代教育甚至西方价值观影响的儿媳妇在家庭意识上自然是不一致的，这也使传统意义上的婆媳关系在一定程度上发生了变化。

家庭的变化主要体现在两个方面：一方面，通过与西方世界的接触，韩国的社会结构发生变动，导致制度层面的近代化；另一方面，直接受到西欧近代思潮的影响而产生意识的近代化。前者是随着韩国从过去的自给自足的农耕社会转变为近代的产业国家，家族集团为了从功能上应对这一变化而进行了制度性、法制性变化。后者主要是通过大众交流及学校教育传播西方的男女平等观、个人主义思想等，从而发生了家庭意识的变化。而这种变化在光复后进一步加快。

（二）电视剧《媳妇的全盛时代》中的现代婆媳关系

电视剧《媳妇的全盛时代》中，婆婆许美顺跟儿媳妇赵美珍的关系就是典型的现代婆媳关系的代表类型。

1. 婆婆许美顺

许美顺作为儿媳妇，是非常勤快善良的，但婆婆却是传统的婆婆向现代的婆婆过渡的类型，现代社会的婆婆许美顺比传统社会的婆婆地位要低很多，有时候甚至也要向儿媳妇让步。虽然许美顺对于将要成为儿媳妇的赵美珍不是很满意，但最终还是决定让步。许美顺为了教育儿媳妇完全模仿婆婆吴香心的做法，但是对于现代女性美珍来说，这是很难被接受的。许美顺也像吴香心一样在儿子结婚以后还要继续管理儿子的存折，但是现代派的儿媳妇赵美珍想要自己管理丈夫的存折，这种矛盾就是传统观念跟现代观念的冲突。儿媳妇赵美珍把自己的意见详细地跟婆婆说明，最后婆婆许美顺做出让步。如果是在传统社会，这是做梦都不可能发生的事情，通过存折风波可以看出，现代社会媳妇的地位提高了，而婆婆的地位降低了。

2. 儿媳妇赵美珍

赵美珍是个非常聪明、口才很好、对事业充满欲望的职业女性，是富裕家庭中长大的独生女，是一个从小就受到家人宠爱的、有自己主见的女孩。由于李福水的家庭条件不好，美珍的妈妈不同意美珍跟福水结婚，但是美珍经过一番斗争之后终于说服了妈妈。婚后美珍想跟婆婆分家，婆婆许美顺自然不同意，但最终还是做出了让步，这也是现代婆媳关系的特点之一。

美珍怀孕以后还是坚持去上班甚至当上了村子的活动代表，这也是现代社会儿媳妇的特点，开放的社会带给女性参加社会活动与就业的机会，这使得婆媳在家庭接触的时间变少了。儿媳妇美珍受到现代的社会教育，价值观提升了，这也是现代社会儿媳妇的特点之一。赵美珍在家里的地位升高了，有了财政权，对婆婆不满的时候也可以把自己的意见说出来，赵美珍就是现代韩国社会中儿媳妇的代表。

（三）现代社会婆媳关系特点

第一，生活的主导权慢慢向儿媳妇过渡，儿媳妇的地位在慢慢上升，婆婆的地位在慢慢降低。

第二，婆媳间不满的表现形式也发生了改变，儿媳妇可以向婆婆表达自己的意见，对于不当的意见也可以表示抗议。

第三，婆媳间的接触时间在缩短，现代社会因为儿媳妇要工作以及分家的情况在增加，婆媳接触的时间不断减少。

第四，现代社会儿媳妇更自由了，也可以参加社会活动，儿媳妇的教育水平也提高了。

五、结论

本文通过《媳妇的全盛时代》考察韩国传统社会和现代社会的婆媳关系问题。通过电视剧《媳妇的全盛时代》中两代婆媳关系可以看出韩国现代社会婆媳关系的变化，并针对韩国婆媳关系变化及其原因得出以下结论。

1. 在传统社会儒家观念长幼有序的家庭规范的影响下，婆婆完全处于家长的地位，拥有经济权、家事裁判权，儿媳妇只能尊重婆婆的意见，只有义务没有权利。现代社会随着追求平等等西方观念的进入，儿媳妇的家庭地位提高了，儿媳妇也拥有了财政权、主妇权等权利。

2. 传统社会儿媳妇完全受婆婆支配，没有自由，对婆婆的指示完全没有意见。现代社会大家庭制向核家庭制转化，儿媳妇跟婆婆分家生活的情况变多，所以现代社会儿媳妇变得更自由了，而且受到西方平等民主等价值观的影响，儿媳妇可以对婆婆的不满进行反抗，表达自己的意见。

3. 传统社会儿媳妇要跟婆婆一起住，不能出去工作，所以跟婆婆接触的时间很多，产生矛盾就很自然了。但是现代社会女性接受的教育水平提高了，可以外出去工作和参加社会活动，跟婆婆接触的时间变少，产生的矛盾自然变少了。

参考文献

［1］金道晔．韩国现代家族小说中的儒家文化［D］．四川：四川师范大学 . 2017.

［2］娄小琴．从韩国俗语看韩国现实生活中的婆媳关系［J］．浙江：浙江旅游职业学院学报 . 2007.

［3］陈婧雅．中韩家庭伦理剧婆媳形象构建研究［D］．浙江：浙江师范大学 . 2012.

［4］梁银化．中韩青年受众对韩剧“孝”文化的接受比较研究——以高校学生调研为重点［D］．辽宁：辽宁大学 . 2016.

［5］刘先彩、张汉芳．儒家家庭伦理对韩国家庭的影响［J］．福建：教育评论 . 1996.

非通用语教育教学研究

“一带一路”倡议下葡萄牙语专业建设现状、困难及对策
——以四川外国语大学为例

唐思娟*

摘　要：“一带一路”倡议提出后，自2016年以来，不断有葡萄牙语国家表达了加入“一带一路”沿线国的热切愿望，由此，中国对葡萄牙语人才尤其是符合国家战略的复合型人才的需求不断增强。本文以四川外国语大学葡萄牙语专业为例，结合中国葡萄牙语教学现状，从专业定位、人才培养、师资建设等方面剖析葡萄牙语专业建设的现状和困难，并提供相应的可行性建议，希望对“一带一路”背景下全国葡萄牙语专业的建设和发展提供一些启示。

关键词：葡萄牙语；非通用语；“一带一路”

一、前言

（一）葡语国家和“一带一路”倡议

2016年8月17日，习近平主席出席推进“一带一路”建设工作座谈

* 唐思娟，女，31岁，巴西圣保罗大学语言学硕士，四川外国语大学西葡语系葡萄牙语专业讲师。主要研究方向：葡萄牙语语言和文化、巴西国别国情研究。

会并发表重要讲话，特别强调聚焦政策沟通、设施联通、贸易畅通、资金融通、民心相通，聚焦构建互利合作网络、新型合作模式、多元合作平台，让“一带一路”建设造福沿线各国人民。民心相通，则是其他方面互通的基石，而民心相通的重中之重就是“语言相通”。“一带一路”建设包含软件和硬件两部分，而语言是“一带一路”软件建设的重要内容之一，也是“一带一路”软件建设的一个切入点和关键点，它可以为“一带一路”软件建设“铺路”“搭桥”，我国不能忽略“一带一路”建设中的语言问题（张治国，2016）。

为了更好地服务国家“一带一路”倡议，加强与葡语国家的经贸、政治、文化联系，中国高等院校葡萄牙语专业的建设和科学发展显得尤为重要。葡萄牙语虽然被归为非通用语种行列，其使用范围及规模却远远广于绝大部分非通用语种。目前，世界上有葡萄牙、巴西、安哥拉、莫桑比克、几内亚比绍、佛得角、东帝汶、圣多美和普林西比以及中国澳门地区将葡萄牙语作为官方语言，其使用地域横跨亚洲、非洲、欧洲以及南美洲，葡萄牙语是世界上使用最广泛的语种之一，全世界共有 2.3 亿多人正在使用。随着中国逐步成为有世界影响力的经济体，我国与葡语国家的经贸往来也日趋频繁。据中国社科网的数据（2014 年）显示，2013 年巴西是中国在拉美的第一大贸易伙伴，中国则是巴西第一大贸易伙伴、第一大进口来源国和第一大出口目的地；非洲的安哥拉由于近些年对基础设施建设的庞大需求，吸引了多家中国企业入驻安哥拉。2016 年 10 月，部长级会议于 11—12 日在澳门举行，本次会议确定 2017—2019 年中国与葡语国家经贸合作方向、合作领域和合作方式，签署了相关文件，并引入“一带一路”的倡议和理念。2018 年 12 月，应葡萄牙总统德索萨邀请，中国国家主席习近平于 12 月 4—5 日对葡萄牙进行国事访问。5 日，在会见葡萄牙总理科斯塔后，两国领导人共同见证了《中华人民共和国政府与葡萄牙共和国政府关于共同推进“一带一路”建设的谅解备忘录》等多项双边合作文件的签署（2018）。此外，巴西、安哥拉等葡语国家的高级领导人也相继表达了加入“一带一路”倡议的热切愿望。

（二）中国内陆地区葡萄牙语专业发展历程

自 20 世纪 60 年代，北京广播学院（现中国传媒大学）开设葡萄牙语专业以来，中国内地高校开设葡萄牙语专业已经历经 60 个年头了。一路走来，在专业建设上遇到不少困难，尤其是为了响应中国国际化道路的发展需求，自 2006 年以来，中国高校的葡萄牙语专业规模进入了快速扩张时期。开设葡语专业的高校从 2006 年的 5 所增长到 2016 年的 23 所，这个数据不包括非本科院校，如果将非本科院校计算在内，开设该专业的高校达 30 所之多（刘罡，2012）。开设葡萄牙语专业的高校主要分为三大类，传统外语类院校，如北京外国语大学、上海外国语大学、广东外语外贸大学、北京语言大学、北京第二外国语学院、西安外国语大学、四川外国语大学等；综合性大学，如北京大学、南开大学、中山大学、中国传媒大学等；还有一些综合性大学下属的独立学院或其他民办独立本科院校，如中国传媒大学南广学院、四川外国语大学成都学院、河北传媒学院、广东外语外贸大学南国商学院等。从招生规模来看，葡萄牙语的招生模式大多为每届招生，有个别院校采取隔年招生的方式，班级人数一般不超过 30 人，属于小班授课的模式。从专业设置方面看，葡萄牙语专业的课程大多专注于语言和文学类，课程围绕葡萄牙语听、说、读、写进行设置，开设有葡萄牙语精读、泛读、视听说、听力、写作、口语、文学赏析等课程。

（三）四川外国语大学葡萄牙语专业开设情况

经教育部及市教委批准，2011 年四川外国语大学（以下简称川外）西班牙语系葡萄牙语本科专业正式获批筹建。因全国葡萄牙语专业人才极度缺乏，所以 2011 年川外先开设了二外葡萄牙语课程，又经过一年多的悉心筹备，川外葡萄牙语本科专业于 2012 年 9 月正式开始招生。川外也是西南地区最早招收葡萄牙语本科生的高校。每届招收 1 个班，生源来自全国各地，生源质量总体较好。该专业的主干学科为基础葡萄牙语、中级葡萄牙语、高级葡萄牙语、葡萄牙语阅读等科目，并设有葡萄牙语技术词汇、西葡语国家经贸状况研究等特色课程。该专业旨在培养具备扎实的葡萄牙语听、说、读、写、译等语言基本技能，掌握对象国和地区语言、文学、历史、经济、文化、宗教和社会等相关知识，以培养学生创新精神和实践能力为目的，强化实践教学，突出实际操作能力，致力于培养毕业后能够从事外交、外经贸、文化交流、新闻出版、教育、科研等工作的德才兼备并具有国际视野的复合型人才。该专业依托川外的平台优势，积极开展国际交流合作，与葡萄牙阿威罗大学、葡萄牙米尼奥大学、巴西圣保罗大学等签订校际交流协议，双方互认学分，川外的学生和对方校学生可以在三年级进行互换交流学习。川外葡语专业教师团队目前拥有 8 位专职教师，其中 6 位为中国教师，2 位为外国教师（1 名葡萄牙人，1 名巴西人），教师团队的平均年龄为 31 岁，所有教师均具有对象国留学或访学背景，教师队伍中无具有高级职称或博士学位的人员。学生就业情况较好，自 2016 年以来，目前已经向社会输送 4 届毕业生，就业率在 95% 以上，学生大多去往国家部委、工程类大型国企、国外读研和一些新兴的互联网公司。

二、“一带一路”背景下国内高校葡萄牙语专业建设中的问题

（一）专业规划面临挑战，学生就业后劲不足

纵观全国多所开办葡语专业的传统院校，课程基本围绕“听、说、读、写和译”等几个方面展开，课程着重训练、夯实学生的语言基础。“基本功”对于语言学者而言确实是基石，但是随着葡语毕业生的增加，学生的反馈集中在，由于大学期间仅仅涉及葡萄牙语语言和翻译知识的学习，在企业工作期间容易被用人单位锁定在“翻译岗位”。转岗难，随之而来的便是晋升难，工作职责单一且缺乏锻炼性和再学习的动力。此外，企业也反馈，倾向于将葡语专业的毕业生放置在专门的“翻译岗位”，或者给予“海外专员”等类型的岗位，但是实则还是做翻译相关的事务或者其他后勤类工作。学生和企业的共同困惑，反映出一个现实问题，目前大部分开设葡萄牙语本科专业的高校所制定的以“学生语言技能”为根本的人才培养方案已经无法满足当今社会企业的用人需求，更不利于葡语专业学生在用人单位的长远发展。2015 年，国家发改委、外交部、商务部经国

务院授权发布了《推动共建丝绸之路经济带和21世纪海上丝绸之路的愿景与行动》，从中可以看出，我国与沿线各国的合作领域十分广泛。从交通、能源基础设施建设到通信干线网络建设，从煤炭、油气、金属矿产的开发到水、核、风电与太阳能等清洁能源开发的技术协作，从货币联通、贸易投资到金融监管合作，从艺术、文化、旅游到科技等领域的交流，涉及行业众多。这些丰富的合作形式对非通用语人才的培养质量提出了需求，主要体现在两个方面：一是要培养一批语言基本功扎实，且熟知对象国国情与文化的，能够从事翻译、文化交流等工作的单一语种类非通用语人才；二是要培养大量具有国际视野兼具某一学科专业知识、能够从事专门行业建设、参与国际事务的复合型非通用语人才（孙琪，刘宝存，2018）。川外葡萄牙语专业为响应国家“一带一路”建设的需求，对本科人才培养方案进行了调整，尝试了复合型人才的培养模式，尤其是在课程设置上，增加并强化了一些其他复合型课程，例如葡萄牙语技术词汇（葡语+工程词汇）、经贸葡萄牙语（葡萄牙语+经贸），但是由于师资和学分的限制，这些复合类的课程只能是蜻蜓点水，教师备课、授课压力较大，学生学时不够，学习效果不理想。

（二）葡语教师职称学历偏低，教学科研任务挑战大

从2011年开始，葡萄牙语专业在全国开始呈现“爆炸式增长”，不论是从开设高校的数量还是招生的规模来看。高速发展的时期总是伴随着专业储备力量不足等问题的存在，叶志良（2014）曾在《中国葡萄牙语发展现状》中指出，中国高校葡萄牙语专业规模的迅速扩张主要伴随了以下两大问题：第一就是师资短缺，更确切地说是有资质教师的资源的匮乏。他解释道：很多高校的葡语教师都是由刚刚毕业的本科生担任，并且直接对本科生进行授课，这本身就是很大的问题；另外他还表示出对葡语教学教材不足的担忧：“葡语专业课程设置类别很多，但是却没有配备相应的教材，这对本身经验和学历水平不足的新教师就是很大的挑战。”从川外葡萄牙语专业师资情况也能管见全国葡语师资的整体现状：（1）教师结构年轻，且有断层的现象，专业发展缺少教学科研经验丰富的带头人。（2）葡语教师教学任务重，学历职称结构在全校属于偏低水平（2011年入职的葡

语教师中至今没有一人完成博士学业，也没有任何教师符合高级职称评定要求），这也进一步导致青年教师的困境——教学上，由于缺乏指导，无法开拓创新；科研上，由于精力和经验的双重问题，无从下手，科研工作量常常完不成或质量不高。“一带一路”倡议对教师提出了更高的要求，拥有复合型和国际视野能力的学生必然需要拥有更广阔视野的教师。

（三）葡语教材匮乏，缺乏与时俱进的教材

《中国葡萄牙语发展现状》中指出，很多葡萄牙语教师在执教过程中，经常面临没有教材的局面，高年级的情况尤其突出，葡萄牙语专业课程设置门类多，但是很多课程没有配备相应教材（叶志良，2014）。与英语、日语、德语等发展相对完善的传统外语学科相比，从人才培养方案的制定来看，葡语专业学生学习的科目并不比以上提到的传统外语少，但是却很难找到与每一个科目相配备的教材，更不用提教辅、教参等能给青年教师提供教学引导的书籍了。这使得青年教师备课任务艰巨，需要通过互联网或者其他方式获取上课的资料，一方面加重了教师的备课任务；另一方面，零散的材料让学生的学习不具备系统性，教学效果大打折扣。由于教材的缺乏，仍有教师使用出版年限 10 年以上甚至更早的教材（唐思娟，2015），语言是不断变化的，对象国的国情、经济、文化也在不断变化，滞后的教材给学生带来的也是相对滞后和已经跟不上时代步伐的知识。为了更好地服务“一带一路”倡议，对教材做出与时俱进的更新势在必行。

三、葡萄牙语专业建设的可行性建议

（一）借用在线慕课平台培养“多语种 +”的国际复合人才

针对如何培养具有国际化视野的复合型人才问题，葡萄牙语专业可以借鉴其他院校已经开展的先进尝试，例如美国高校开展的“非通用语种 + 专业”的模式（文秋芳，2016）；“非通用语种” + “文科类专业”，如：对外汉语、旅游管理、国际经济与贸易等（张晓勤，2009）。另外，继续推进深化学生的国际化流动，比如“3 + 1”的学生培养模式，即 3 年国内

学习+1年葡语国家的交流。四川外国语大学西班牙语系葡萄牙语专业目前也做了相应的尝试：在葡语专业本科专业必修科目中，增开了“葡语国家概况”“经贸葡萄牙语”“技术词汇”等“复合型”课程，力求学生通过这些课程的学习，能够学习到除语言技能之外的其他专业知识，例如：了解葡语国家当地的历史、风土、人情、经贸和时事等状况，让学生具备更为开拓的国际视野，并且成为新时代更需要的“复合型人才”。当然这些对于培养真正的、合格的“复合型人才”是远远不够的，还达不到“一带一路”倡议对于经贸、金融、工程、医疗、法律等“葡萄牙语+”的专门复合型人才的要求。由于学生学分课时的限制，以及高校内部不同院系之间师资难以相互授课的情况，单纯的增加学生的复合专业课时或是让不同院系的老师交叉授课都面临着实施困难的限制。随着在线慕课平台的兴起，越来越多的外语院校也加入到了生产在线课程内容的队伍中来，通过充分借鉴在线课程和慕课平台的优势，比如对专业知识点进行细化拆分并构建科学的教学逻辑，围绕一个知识点制作结合讲解和拓展训练的教学课件或时长不超过15分钟的教学视频等，将它们与翻转课堂模式相结合，鼓励引导学生进行课外自主拓展学习（傅菡钰，2016）。通过在线课程的方式，不仅缩短了学生的“被动学习”时间，精简了知识点，突破了时间和空间的限制，同时增加了学生“主动学习”的兴趣，学习的过程变得更加个性化。同时，对于复合型人才的课程开设，则可以考虑由葡语老师和其他专业老师共同打造，例如“葡语+国际关系”，在葡语老师授课时，可以侧重国际关系内的专业词汇、国际新闻视频或者音频的解析，而国际关系的老师则是结合葡语国家的国情来引入，再进行理论知识的讲解。这样的合作打破了时间和空间的壁垒，也不是单纯的让葡语教师和另一个复合专业教师进行单独的另一个学科的授课，相互融合的课程尽管在制作上需要较长的磨合期，但是成品可以反复使用，不限人数和空间，这样的模式也可以在“葡语+金融”“葡语+法律”等各类复合型线上课程进行尝试。

（二）以政策、制度加大对师资的投入

针对师资学历和科研水平不高的问题，一方面，各个已经开设葡萄牙语专业多年的传统院校应该发挥好带头作用，积极成立研究生点、博士生

招收点，尤其是需要加强关于“葡语教学专业”硕士或者博士课程的设立。目前，广东外语外贸大学已经和葡萄牙科英布拉大学联合开办了关于“葡萄牙语作为第二语言教学专业”的硕士点，并且已经启动第一批招生，这对于为葡萄牙语专业提供优质师资并且提升教师学历是一次极有益的举措。另一方面，国家和学校可以从经费和项目给予葡萄牙语教师不断提升学历和科研水平以支持。美国于 2006 年发布了一项重要语言战略，即国家安全语言计划（National Security Language Initiative，NSLI）。NSLI 计划致力于增加美国学习关键外语的人数，同时在小学阶段就增加讲授重点需求语言的教师数量。NSLI 计划有几点值得借鉴：一是为非通用语教师提供专项海外短期进修项目，快速提升专业教学水平；二是为教师提供海外攻读高一级学位机会，改善非通用语教师学历结构；三是加强研究生教育阶段的非通用语人才培养，有意识地进行引导，以为未来储备师资（孙琪，刘宝存，2018）。这不仅有利于教师提高学历，短期的对象国访学更能保证教师更好地了解对象国国情，以便给学生传递最前沿的学科知识；面对教师科研乏力的问题，可以通过设置系部以及学校的相关研究中心，例如成立“葡语国家研究中心”，鼓励相关科研成果的产出并出台一些奖励措施。

（三）鼓励教师编写教材，中葡语教材双管齐下

针对葡语教材资源的短缺以及陈旧等问题，青年教师教学经验不够丰富，难以独立担纲教材的编写工作，教材的产出一定需要多位葡语教学届教学经验丰富的老师一起参与调研、编写等工作。因此，一方面，开设葡语专业较早的院校应该通力协作，通过召开葡萄牙语学术论坛或葡萄牙语学术研讨会等契机，联合各个学校的优势力量，为青年教师提供一个通力合作的平台。另一方面，葡语教材的缺乏并不仅仅体现在对内的输入方面，随着“一带一路”倡议的推广和实施，中国需要让葡语国家更加广泛地了解中国的语言和文化，应该鼓励葡语教师和其他中国文化及中文领域专家进行合作，为葡语国家的民众编写中文和中国文化相关的教材，以此促进中国和葡语国家的人文交流，做到真正的“民心相通”。

四、结语

保证优质的葡萄牙语人才供给是保障国家“一带一路”倡议在葡语国家成功实施的重要条件。尽管目前全国已经有30余所高校（截至2019年，只包括本科院校）开设葡语专业，但是无论是从数量和质量上仍然无法满足国家“一带一路”倡议发展对葡语人才的需求，尤其是在专业规划、师资、教材和课程设置等方面问题凸显，相信随着国家的专项政策和资金扶持，葡萄牙语专业建设中的问题一定能得以解决。

参考文献

[1] 傅菡钰．借力在线课程培养葡语专业“多语种+”国际化人才[J]．教学实践研究，2016.

[2] 刘罡．葡萄牙语专业开办高校数目及招收人数[DB]．来自谷歌数据库实时统计信息，2012.

[3] 刘梦．中国与葡萄牙签署“一带一路”合作文件 积极发展“蓝色伙伴关系”[N]．中国一带一路网，2018-12-6.

[4] 唐思娟．需求和困难：浅谈葡语教材作为师生的互动工具[D]．巴西圣保罗大学电子图书馆，2015（10）.

[5] 叶志良．中国葡语教学高速发展的一些思考[C]．中国葡萄牙语现状，2014.

[6] 文秋芳．“一带一路”语言人才与培养[J]．语言战略研究，2016.

[7] 王雪梅，赵双花．一带一路”背景下我国高校非通用语种专业建设：现状、问题与对策[J]．外语电化教学，2017（4）.

[8] 王飞．中国和巴西经贸关系的现状、机遇与挑战[N]．国际论坛，2014-9-1（4）.

[9] 张晓勤，欧阳常青．“专业+非通用语”面向东盟复合型人才培养的探索与实践——以广西民族大学为例[J]．教学管理研究，2009.

[10] 张治国．“一带一路”建设中的语言问题[J]．语言文字应用，2016（11）.

葡萄牙语对比学习中的困难与教学策略*

——以四川外国语大学葡语专业学生为例

刘梦茹**

摘　要：对比学习是中国学生在学习除英语外的其他语种较多采用的学习方法之一。本文以中介语（Selinker，1972）的理论作为基础，以四川外国语大学葡萄牙语专业本科学生作为研究对象，通过收集数据分析汉葡、英葡对比学习的情况，找出这些情况产生的原因，就发现的困难提出解决策略，从而让学生更有效地进行对比学习。从学生对于对比学习的态度来看，对比教学法在外语教学上是很有意义的，但也应意识到对比教学也会带来一些问题，对此要采取相应的策略，减少可能因对比教学而造成的偏误，才能更好地提高葡萄牙语教学质量，培育更优质的葡萄牙语人才。

关键词：对比学习；葡萄牙语教学；偏误

---

* 本文获得重庆市高校国际化人文特色建设项目（非通用语）科研团队项目："中欧班列"沿线非通用语重点交往国国际产能合作研究团队；重庆市高校国际化人文特色建设（非通用语）研究项目："中亚—中东欧"非通用语重点交往国投资贸易合作价值研究（项目编号：CIISFTGB1906）资助。

** 刘梦茹，女，1989 年生，在读博士，讲师。主要研究方向：葡萄牙语语言、葡萄牙语教学、中葡跨文化交流、葡语国家研究。

一、引言

葡萄牙语作为世界第六大语言，是在世界上广泛使用的语种之一。无论是从其语言使用的地域分布上看，还是从其语言使用的领域分布上看，葡萄牙语在非通用语中均占有举足轻重的地位。葡萄牙语作为葡萄牙、巴西、安哥拉、莫桑比克、几内亚比绍、佛得角、圣多美和普林西比、东帝汶及中国澳门的官方语言，其使用的地域横跨欧亚非三大洲，也是连接欧亚非三大陆的纽带。语言是沟通与交流的工具，是促进不同文化相互理解、相互融合的桥梁，更是实现“民心相通”的基础。近年来，在非“葡萄牙语作为官方语言国家”中，各领域各行业对于葡萄牙语人才的需求一直呈上升趋势，原因在于葡萄牙语人才不仅能利用其语言优势服务于外交领域，也能为新闻媒体、科技等领域提供一手资料，更能为经贸合作等其他领域提供最根本的交流基础。

十几年来，由于对葡萄牙语语言人才的需求不断增加，开设葡萄牙语本科课程的高校成倍增长，但在这种背景下，高等教育机构的培养目标就不仅限于培养葡萄牙语人才，而应致力于培养“更全面的、更有针对性的、更高质量的”葡萄牙语人才。因此，有必要明确葡萄牙语教学中遇到的困难，并提出解决对策。

从明确“汉语作为母语”“英语作为外语”“葡萄牙语作为外语”的基本概念出发，在中介语（Selinker，1972）的理论下，同时考虑到母语为汉语的中国学生在学习葡语前已经学习过英语，而汉语作为母语和英语作为外语的习得过程形成了一定的语言学习系统，提出这一系统可能会导致学生自觉性地进行汉葡或英葡对比学习这一假设。本文以四川外国语大学葡萄牙语专业学生填写问卷的相关数据作为支撑，证实是否存在对比学习的现状，以及对比学习可能会产生的一些问题，并提出建议。

二、理论框架

（一）基本概念的明确

母语（Língua Materna）指的是出生后首先接触并在所处环境中学习的语言，区别于第一语言。第一语言指的是三岁前在幼年时期习得的语言（Saville - Troike，2008：5）。显然，对于一部分人来说，母语与第一语言是相同的，而对于另一部分人来说则是不同的。在少数民族中，首先接触并在所处环境中加以运用的是少数民族语言，而并非是普通话（Mandarim），比如，藏族人首先学习的是藏语（母语），而后习得的则是普通话（第一语言）。但对于葡萄牙语教学研究对象（中国学习葡萄牙语的学生）来说，母语应考虑为汉语（普通话）。

第一语言（L1）与第二语言（L2）的不同在于，第一语言的习得是一个自然的、非自主意识的、通过环境不断渗透的过程，而第二语言则是被动的、通过在学校接受教育的方式习得的语言。对于具有两个或两个以上官方语言的国家或地区来说，第一语言与第二语言的区分就非常之明显。例如，东帝汶的官方语言有两种，分别是德顿语和葡萄牙语，德顿语作为通用语和主要的民族语言，也是第一语言，而葡萄牙语则应视为第二语言。通常来说，学习第二语言的动机往往是由于历史原因、政策因素（Leiria，2004：1）等方面的刺激产生的。东帝汶曾是葡萄牙的殖民地，葡萄牙语对于社会、文化等层面的渗透并不会随着东帝汶的独立戛然而止，不管是生活、工作，还是接受教育都需要在学习并掌握葡萄牙语的前提下才能进行，而将葡萄牙语设为官方语言这一政策也更加引起人们对于葡萄牙语的重视。因此，从各个层面上看，葡萄牙语在东帝汶具有相对固定的语言环境和刺激，视为第二语言。

无论是从社会环境，还是从语言政策来看，外界对于外语（LE）的关注度与重视程度均小于第二语言（L2）。外语的学习动机来源于两方面，一是客观因素，二是主观兴趣或主观选择。例如，对于处在义务教育阶段的中国学生来说，由于英语是世界上通用程度最高的语言，学习英语是走向世界舞台的必经之路，但对于从儿童时期或者在义务教育阶段就学习英语的中国学生来说，英语究竟是第二语言还是外语呢？

从社会环境的角度来看，虽然在课堂上有一定的语言环境，但生活中，绝大多数的中国学生仍然使用汉语进行交流。前者的“课堂语言环境”与后者的“社会语言环境”差异巨大，“课堂语言环境”是随性的，可依据教师本身的教学特点设定，因此使用的比例与频率不固定且弹性较大。但“社会语言环境”存在一个“交流”的必要性，只要交流，就有可能需要使用这样的一门语言。因此，相对于英语作为官方语言的国家而言，这种“社会语言环境”所产生的刺激与非英语官方语言国家设定的“课堂语言环境”之间显然是有差别的。从政策因素的角度来看，虽然英语已被纳入义务教育的必修课程之内，但由于不承担官方语言的政策角色，除了课堂之外的其他环境中需要使用英语的情况极为有限。因此，英语对于绝大多数在义务教育阶段学习英语的中国学生而言，更为恰当的概念是“外语”。

通过明确上述概念可以看出，对于葡萄牙语教学研究对象（在四川外国语大学学习葡萄牙语的中国学生）而言，母语是汉语，英语和葡萄牙语虽然习得先后顺序不同，但均不是第二语言而是外语。

（二）中介语

在应用语言学领域中，错误分析理论（Corder，1967）的产生对于语言教学研究来说意义重大，但这一理论只是从目标语言的角度出发，而忽略了学生在外语学习过程中自身的语言系统。Lado（1957）提出对比分析假说和母语“迁移”的概念，母语与目标语的相似点与差异点分别会对学习者产生积极影响或消极影响，母语与目标语相似的地方会产生正迁移，母语与目标语不同的地方会产生负迁移。

但是否相似点就会使得习得容易而差异点就会使得习得困难？由于汉语词汇当中没有阴阳性的区分，对于母语为汉语的学生来说，葡萄牙语中物主代词的阴阳性（meu－minha，teu－tua，seu－sua，nosso－nossa，vosso－vossa）与名词、形容词的阴阳性一样，都是全新的概念。而对于母语为西班牙语的学生来说，西班牙语与葡萄牙语同属印欧语系，也有阴阳性的区分，在很多地方非常之相似，但西班牙语物主代词的第一人称单数、第二人称单数与第三人称单数没有阴阳性的变化（mi，tu，su），这反倒容易造成一些偏误。因此，相似性使得习得容易而差异性导致习得困难这一理论就存在一定局限性。如果单纯地从差异性的角度来分析，不同语言之间的差异程度不同，但并非差异小的就能减少偏误的发生，而差异大的就能增大偏误发生的可能性。比如，对母语为西语的学生来说，虽然母语与目标语之间存在差异，但由于西葡语言本身的相似程度极高，在某些语法结构上反而会更容易产生偏误。

但可以确定的是，无论是哪种偏误，都是非正确的表达方式，既不属于母语，又不属于目标语，比如母语为西班牙语的学生写出 a ＊meu casa 则是既反映了目标语（葡萄牙语）中的单词（a－定冠词、meu－我的、casa－房子）、名词与冠词阴阳性匹配（定冠词的阴性形式 a 匹配名词的阴阳性）及物主代词置于名词之前（meu 置于 casa 之前）的特点，同时也反映了母语（西班牙语）中物主代词不发生变化（meu 未发生变化）的特点。介于两者之间且同时具有两者痕迹的普遍现象，称为中介语（Selinker，1972）。

以中国学生学习葡语为例，“rapariga ＊bonito”这一偏误很明显地体现了学习者母语（汉语）或者其他外语（如英语）迁移的特点，由于母语或英语中并不存在形容词与名词搭配阴阳性的问题，学生由于缺乏相应的知识会造成初期学习的困难。再比如，“A universidade fica ＊perta da montanha.”这句话中则体现的是语法规则过度泛化的特点，即学生在经过一段时间的学习后，了解到葡萄牙语中需要匹配名词、形容词、代词、冠词、（个别）数词等的阴阳性，且在不断学习葡语的过程中已将其纳入自身的语言知识系统，但却过度地使用在副词当中，造成偏误。从上述例子中也可以看出，偏误的形成是从靠近母语开始慢慢过渡到靠近目标语的动态变化过程，这一过程与学生不断接受和学习相关知识的过程息息相关。

中介语理论（Selinker，1972）的提出，在一定程度上解释了错误分析所不能解释的偏误类型，也明确指出在语言习得过程中并非所有的错误都是母语干扰导致的，也与学习者从小的语言环境（是否学习过其他语言，有相关的语言认知系统可以利用）、学习能力（不同能力的学习者对于语言现象的接受和归纳能力有差异）等密切相关。

此外，虽然母语习得过程中所产生的思维模式极大地影响了第二语言与外语的学习，但语言学习能力是一个动态的变化过程，是指在学习外语的过程中，逐渐对不同于母语的语言系统有所认知，从而不断积累与总结，形成“外语学习系统”。中国学生在这一系统上会体现出一定的共性与特性，共性的产生源于母语（汉语）的相同，及母语与目标语（葡萄牙语）的较大差别。但由于接触外语时间有早有晚、接触外语种类或多或少、接受外语教育方式或传统或现代，在这一系统上也体现出一些特性。比如，对于在高等教育机构攻读西班牙语本科课程的学生，在选择辅修作为第二专业时，明显在语音上的接受度、进度和完成度均优于其他专业，原因在于在西班牙语作为外语学习的过程中，逐渐形成对于“印欧语系”的认知体系，并渗透到“外语学习系统”中，成为自身语言学习能力的一部分，在后续学习葡萄牙语的过程中，有意识地迅速利用自身已形成的知识系统，对极为相似的地方进行匹配，从而加速学习进程。

三、数据收集与分析

本文研究的对象是四川外国语大学葡语专业的本科学生，分为三个部分进行调查，具体是《川外一年级学生学习葡语问卷调查》《川外二年级学生学习葡语问卷调查》《川外高年级学生学习葡语问卷调查》。分开调查的原因在于不同年级的学习内容不同，一年级还处于语音和基本语法的学习阶段，未涉及太多的时态和语式，而二年级还处在虚拟式现在时基本用法的阶段，因此分开调查有利于明确各年级的具体情况。

调查旨在通过搜集数据的方式明确学生是否采用了对比学习的方式，在哪些方面采用了对比学习的方式，而在学习过程中又遇到哪些困难，觉得这一方式对他们是否有帮助，以数据为基础分析这些困难产生的原因，哪些是由于原有语言学习系统中缺失的而哪些是由于语言相似性导致的。对此，共收集了 32 份川外一年级学生问卷、32 份川外二年级学生问卷和 38 份高年级学生问卷。具体的数据如表 20—1 所示：

表 20—1　调查内容各年级分布比例

调查内容	占比				
	一年级		二年级	高年级	平均值
学习字母表时会与英语相联系	90.63%		100%	92.11%	93.33%
学习初期对于名词、形容词阴阳性概念是否理解	不理解	0.00%	5%	2.63%	0.02%
	不太理解	78.13%	45%	44.74%	56.67%
	理解	21.88%	50%	52.63%	41.11%
在学习前置词时是否比较	与英语比较	78.13%	80%	76.32%	77.78%
	与汉语比较	28.13%	20%	13.16%	20%
	都不比较	12.5%	20%	21.05%	17.78%
在学习单复数时是否比较	与英语比较	84.38%	70%	68.42%	74.44%
	与汉语比较	12.5%	15%	21.05%	16.67%
	都不比较	12.5%	20%	26.32%	20%
在学习动词变化时是否比较	与英语比较	59.38%	35%	60.53%	54.44%
	与汉语比较	6.25%	2%	36.84%	12.22%
	均不比较	37.5%	65%	18.42%	45.56%

资料来源：作者自制。

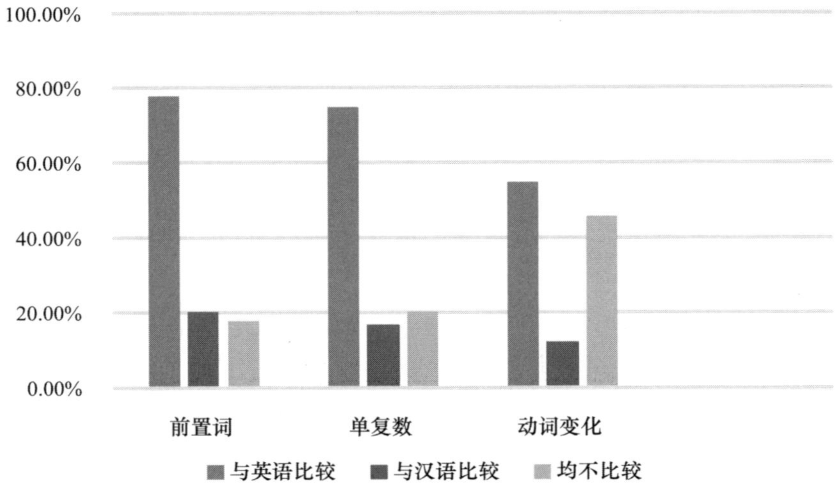

图 20—1　汉葡、英葡比较占比条形图（均值）

资料来源：作者自制。

通过表20—1中的数据和图20—1的曲线图可以很明显地看出，学生在学习的过程中会或多或少与自身已习得的语言进行对比学习，其中学习葡语字母表时与英语的联系性学习也得到了很好地证实。大部分的学生对于阴阳性概念的不理解是取决于在自己学习母语（汉语）和外语（英语）的过程中，并没有在自己的语言学习系统中储备相关的知识，因此初期理解较为困难。另外，在学习动词变化时均不比较的比例相对来说较其他语法点高，原因在于葡萄牙语的动词变位较英语复杂得多，在储备的知识并不能满足当下的学习时，学生会选择通过均不比较的方式接受新的知识。

除了对上述的语法结构进行问卷调查之外，笔者还搜集了关于葡语学习难点的相关数据，具体如表20—2所示：

表20—2　葡语学习难点各年级分布比例

调查内容	占比			
	一年级	二年级	高年级	平均值
发音规则	65.63%	25%	15.79%	35.56%
名词与形容词的单复数变化	53.13%	0%	10.53%	23.33%
名词与形容词的阴阳性匹配	50%	5%	18.42%	26.67%
前置词	40.63%	65%	52.63%	51.11%
动词的变化	93.75%	55%	68.42%	74.44%
陈述式、虚拟式、命令式与不定式	84.38%	85%	89.47%	80%
其他	6.25%	5%	5.26%	5.56%
	句子结构（主谓宾）、资源不丰富	单词量	不规则名词性的记忆、单词相近	

资料来源：作者自制。

图20—2从难点的角度进行分析，折线图中显示了发音规则、名词与形容词的匹配（阴阳性和单复数）随着学习时间的不断延长，会出现从难到易的变化过程，动词变化的难易程度在二年级之后相对趋于平稳，陈述式、虚拟式、命令式和不定式的学习过程则一直是困难的语法点。从均值来看，动词变化和语式是学生学习的难点，由于葡语的动词变化较英语复

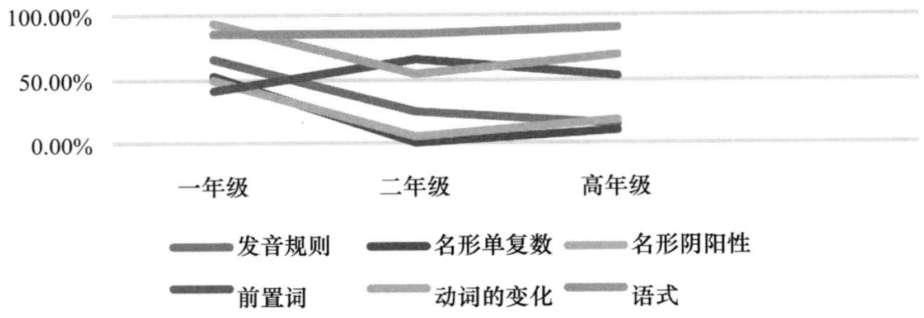

图 20—2　不同年级难点变化曲线图

资料来源：作者自制。

杂得多，而汉语中的动词则不像葡语那样发生变化，因此学生在学习动词变化时若利用英语语言学习系统中的知识储备是远远不够的，语式的学习也是同样的情况。

调查时还就学生认为汉葡、英葡对比学习是否有一定的帮助和对比学习过程中究竟遇到什么样的问题也做了相关的数据搜集，具体内容见表 20—3：

表 20—3　对比学习的帮助和问题占比

调查内容		占比			
		一年级	二年级	高年级	平均值
是否有帮助	没有比较学习、无帮助	3. 13%	0%	2. 63%	2. 22%
	几乎没有帮助	3. 13%	0%	0%	1. 11%
	有少许帮助	28. 13%	30%	13. 16%	16. 67%
	有一些帮助	53. 13%	55%	52. 63%	33. 33%
	非常有帮助	12. 5%	15%	31. 58%	21. 11%
问题	没有比较学习过	9. 38%	15%	10. 53%	11. 11%
	相似导致犯错	90. 63%	85%	92. 11%	90%
	其他问题	6. 25%	0%	2. 63%	3. 33%
		1. 语法复杂，与英语相比有很多差别，难以适应 2. 英葡语发音相互影响 3. 相似的单词在不同语言中意思不同			

资料来源：作者自制。

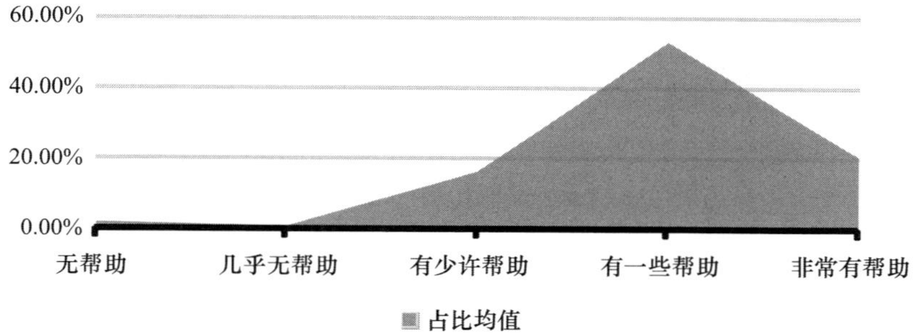

图 20—3 对比学习“是否有帮助”面积分布图

资料来源：作者自制。

图 20—3 中明确显示了几乎所有的学生都认为在葡语学习过程中英葡或汉葡的对比学习对他们有一定的帮助，但在问题的占比中也可以很明显地看出在对比学习的过程中 90% 以上的学生认为语言相似部分容易发生错误。

综上所述，对比学习是学生在已有语言学习经验的基础上容易采用的策略之一，学生也认为对比学习会产生一定的帮助，同时也会带来一些问题。对于中国学生来说，英葡较汉葡的对比学习更为常见，但在一些语法知识点上，由于已有语言学习系统中相关知识的空白，学生也会选择不采用对比学习的方法进行学习。

四、语言教学中的对比分析策略

以中介语的理论为基础，以所收集的数据为支撑，可以看出在语言习得的动态过程中，明确母语、其他已习得语言与目标语之间的相似点与差异处是非常必要的。就中国学生的教育现状来看，母语、英语与葡语的交叉比较在课堂教学中可以使得学生在很多层面上获益。比如，学生在语音阶段对于拉丁字母的接受能力，对于葡语前置词（de、em）的用法的掌握，对于特殊疑问词（quanto、quando、como、onde、o que、qual）的运用等，都可以适当地采用英葡对比的方式进行教学。当然这种教学方式也具有两面性，优点在于学习者能够很快地接受并进行实际运用（语法结构与英语相似），但缺点在于容易忽略葡萄牙语本身的语法规则，比如“＊Onde são eles？／＊Onde são eles de?”，在将 onde 和 where 进行对比时，若学生没有注意表达“来自哪里”时英葡之间存在的差异，则会发生上述两种偏误，是由于英语中“Where are they from?”这句话的语法规则“负迁移”所导致的。因此，在使用对比分析进行语言教学时，明确语言之间的相似点与不同点是非常重要的。

对于母语作为汉语、英语先于葡萄牙语作为外语的中国学生来说，在初期葡萄牙语的学习过程中，拉丁字母的写法受益于英语学习的知识积累，但要特别注意发音之间的区别。学习元音与辅音的发音规则是一个几乎全新的过程，虽然个别的发音与英语相同（如 fax 中 x 的发音在英语和葡语中的发音相同），但绝大多数发音规则的学习都是要依靠学生的主动记忆和不断练习。此外，在教学过程中还需要引入一些较为陌生的基本概念，如名词与形容词的阴阳性、名词的搭配（concordância nominal）。

是否明确阴阳性概念会直接影响到学生的写作能力与口头表达能力，对此概念的不明确会直接导致名词的搭配问题。例如“＊a professor bonita”，这里面体现的偏误有两处：第一处是定冠词与名词的匹配不当，应为“o professor”；第二处是形容词与名词的匹配不当，应为“professor bonito”。可以看出，以名词为中心、冠词与形容词均应与其正确搭配，因此，正确的表达方式则为“o professor bonito”。在教学过程中，还有一些学生会将这一规则理解成“阴阳性”是由说话人的性别“男或女”决定的，假如说话人是女孩，则认为所使用的名词、形容词、冠词或其他有阴阳性区分的词均应使用阴性，反之则用阳性。这种概念的不明确会直接导致大量偏误的发生，但实际原因在于这一概念既不出现在汉语中，也不出现在英语中，是一个全新的概念，中国学生会不自觉的将“阴阳”与“男女”联系在一起，很难理解为什么像“桌子（mesa，f.）、床（cama，f.）、书（livro，m.）、手机（telemóvel，m.）、电脑（computador，m.）”等这类非生命体的名词会有“阴阳性”的区分，更加无法理解为什么只起到修饰作用的形容词也会有这一概念。而“阴阳性”掌握得是否牢固在学生主动纠错能力上的体现也会非常明显，尤其是在写作过程中，掌握特别牢固的学生会自觉地将名词视为中心，所有修饰它的形容词与冠词均与其合理搭配，但对于阴阳性概念意识不强或模糊不清的学生，就容易发生偏误且没有纠错意识。

对于汉语或英语中已有的类似概念，或者说学生的“语言学习系统”中具备可加以利用的知识储备时，教师需要尤其注意如何进行对比教学。单复数的变化、前置词、动词的变化都或多或少的与汉语或英语有交叉点。具体来说，汉语与英语均有单复数的概念，因此中国学生对于这一概念的理解和接受并不难，如“学生（student，aluno）——学生们（students，alunos）”，其单复数的变化均可视为在词尾加上后缀，英语相较于汉语与葡语更为接近，但难点在于冠词（定冠词与不定冠词）出现时所发生的变化。汉语在很多情况下体现不出与葡语对等的冠词的概念，比如汉语在表达“（他的）学生”时其实是一个指定的对象，在葡语中则需要定冠词辅助表达指定的概念，即为“o aluno（dele）”，在变成复数“os alunos（dele）”时冠词也需要发生相应的变化，但英语中定冠词 the 并没有复数形式（the student－the students），因此，定冠词在单复数上的变化是汉葡或英葡对比教学过程中需要注意的一个方面。

前置词对于已有基础的中国学生来说并不是一个全新的概念，与英语有相似之处，比如葡语前置词 em 与英语前置词 at 都用于表达“位于……、在……”，葡语中的“de”与英语中的“of”都可用于表达“所属”的概念，这些相似点的对比可以帮助学生尽快地熟悉这类前置词的一些基本用法，但要特别注意对比教学时应采用“横向”比较、而非“纵向”比较的策略。以前置词 de 为例，应比较的是“de”在表达“所属”概念时与英语“of”的相似点，而并非将 de 的所有用法都与 of 进行比较，因为前者比后者的用法丰富得多，不仅可表达时间、空间上“从……”，如“de Paris a Lisboa－从巴黎到里斯本”，还可表达“性质”，如“professor de português－葡语老师”。

动词的变化是葡萄牙语教学中的一个重点，同时也是一个难点。动词的变化不仅限于动词在使用不同人称时的变位，还包含主被动语态中动词的变化，陈述式、虚拟式与命令式之间动词的变化，以及在不同时态中动词的变化。中国学生葡语学习困难最根本的原因在于两点：第一，汉语中不存在这一动词的变化；第二，葡语较英语的动词变化复杂得多。因此，在葡萄牙语初期教学过程中，应向学生着重并反复强调这一概念，让学生提前形成意识。在明确概念时不需要拿具体的动词向学生讲解动词的变位规则，而仅需要借助于基本的日常用语，如“（Eu）sou a Maria. /（Tu）és o José. /（Ele）é o Nuno.”让学生有个基本的概念输入。

在葡萄牙语动词变化的教学过程中，无法借鉴复数和前置词的汉葡或者英葡对比法进行教学，这是一个理解 + 记忆的过程，也是一个不断形成“印欧语系学习过程”的难点。除了要反复强调动词变化的概念之外，在作为第一个接触的时态——陈述式现在时（含陈述式现在进行时）的教学过程中，需要加强练习动词的变位，可以采用两种基本的方式实现：匹配人称或匹配句子。以动词 estudar 为例，两种方式分别是：eu estudo – tu estudas – você/ele/ela estuda – nós estudamos – vocês/eles/elas estudam（匹配人称），或 eu estudo português，tu estudas português，você/ele/ela estuda português，nós estudamos português，vocês/eles/elas estudam português（匹配句子）。通过这种加上人称或者在具体句子中练习动词变位的方法，让学生形成条件反射，使得无论是在口头表达上还是在写作上，只要人称出现，就能马上匹配正确的动词变位（这里不考虑葡语中省略动词的情况）。

五、结语

在外语学习的过程中，学生在有意识地、有目的性地对于自身已经形成的外语学习系统加以运用时，特别要明确一个基本的概念——比较。比较是语言研究的基础，也是语言学习的必要手段。无论是学生，还是教师，只有通过合理的比较，在明确共同点和不同点的基础上，才能更为有效地利用知识系统，将共同点的部分直接运用，而将不同点的部分作为新的知识输入“外语学习系统”。

本文以中介语（Selinker，1972）的理论作为基础，将四川外国语大学葡萄牙语本科学生作为研究对象，通过数据收集证实了学生在学习过程中采用对比学习的情况，以此为基础分析学生在不同语法点上的具体情况并解释了相应的原因，同时提出有关教师在教学时如何更有效地采取比较教学的策略建议。

属于汉藏语系的汉语与归于印欧语系的葡萄牙语之间差异巨大。从最基本的发音规则到词法、句法、语意、语用等层面，葡萄牙语的教学都是一个不断纠正、不断探索、不断完善的过程。而从葡萄牙语多年的教学经验来看，对于在高等教育机构学习葡萄牙语的中国学生来说，学习的困难及由此而产生的偏误不仅仅体现在母语（汉语）与目标语（葡萄牙语）的差异上，还体现在作为大多数接受高等教育的学生先于葡萄牙语学习的英语上。

在外语教学中采用与其他语言进行对比分析的策略是一个有争议的话题，但需要承认的是，中国学生在学习葡萄牙语的过程中几乎都会有意识或无意识地与母语或其他外语进行联系或比较。葡语教学中对比分析的策略有益于拉近学生与目标语言的距离，增强亲近感，更易于接受，但也会产生一些问题。对比教学的策略主要倾向于相似点，但学生在自主学习的过程中很容易利用自己“外语学习系统”中的知识储备将“差异点”（“伪相似点”）当作“相似点”进行学习，简单来说，就是将英语的语法规则不恰当地用在了葡语中，从而形成偏误。因此，教师还需要利用自己的经验，帮助学生明确易错点，从而尽可能地避免偏误的产生。

参考文献

[1] Corder, P. (1967) “The Significance of Learner’s Errors”, IRAL: Internacional Review of Applied Linguistics in Language Teaching; 5, 4; Periodicals Archive Online.

[2] Lado, R. (1957). Linguistics across Culture, Ann Abor, Michigan: University of Michigan Express.

[3] Leiria, I. (2004). Português língua segunda e língua estrangeira: investigação e ensino. In: Idiomático. Revista Digital de Didática de PLNM, n° 3, Centro Virtual Camões.

[4] Saville－Troike, M. (2008). Introducing Second Language Acquisition. Beijing: Foreign Language Teaching and Research Presse & Cambridge University Press.

[5] Selinker, L. (1972). Interlanguage, IRAL; Internacional Review of Applied Linguistics in Language Teachiling.

“一带一路”背景下非通用语人才培养模式研究

——以波兰语专业学习为例*

黄钇娴** 白 纯***

摘　要：“一带一路”倡议对于非通用语语言学习者而言，既是机遇，也是挑战。当今世界格局和国内发展的大环境刷新了语言学习的目标与要求，衡量语言人才的标准也随之发生改变。面对新的国际形势，非通用语语言教育的思路和人才培养目标也应该进行一系列优化，结合当前教学中发现的问题，进一步完善非通用语人才的培养模式，提高非通用语人才培养的质量。

关键词：“一带一路”；人才培养模式；教育改革

随着国际地位的不断提升，我国在国际社会拥有越来越高的话语权，而且与各国之间的交流往来也愈加密切。“一带一路”倡议的提出更是大大促进了我国和沿线国家的经贸互动。“一带一路”沿线共有 65 个国家（地区），语言种类众多庞杂。据不完全统计，“一带一路”沿线国家的官

* 本文是“2019 年四川外国语大学重庆非通用语学院研究项目 JG201902”的阶段性研究成果。

** 黄钇娴，女，1995 年生，学士，助教。主要研究方向：波兰语语言文学、波兰语教学研究。

*** 白纯，女，1993 年生，硕士，助教。主要研究方向：缅甸语言文学、缅甸语教学研究。

方语言有53种。① 单以这53种官方语言为例，按照语言学一般规定，其近七成语言归属为"非通用语"。② 可以说，"一带一路"把非通用语推进大众视野，这对非通用语学习者和教学者来说既是机遇，也是挑战。在"一带一路"倡议提出之前，可以说非通用语在国内并没有收获过多的关注，甚至有些非通用语专业只有国内少数院校开设。这些非通用语由于开设时间较短，开设院校较少，所以与之对应的教学模式、培养目标相对英语等通用语而言较为不成熟。文秋芳、王雪梅、赵双花、张天伟认为目前非通用语人才培养尚存在诸多不足：培养模式科学性不足、培养目标不够明确。③ 总体来说，目前我国的非通用语人才培养体系还需要进一步的补充和完善，结合我国当今新形势下的发展，语言学习者不仅仅需要过硬的语言能力，同时还需要具备国际视野、通晓国际规则、能够参与国际事务和国际竞争。在世界局势发展与转变的同时，需要及时发现我国非通用语教育所面临的挑战，并积极开展迫在眉睫的教育改革。本文将以波兰语人才培养模式为研究对象，针对培养计划、课程开设、教学内容、培养模式四个内容来研究当前教学中存在的困难与问题，并结合自身经验提出相应的改革办法。

一、发展战略对波兰语人才培养的需求

本文讨论波兰语专业的人才培养目标，主要以《关于深化高等学校创新创业教育改革的实施意见》（国办发〔2015〕36号）、《普通高等学校本科专业类教学质量国家标准》以及"一带一路"国家战略需求为依据。

2018年1月30日教育部发布的《普通高等学校本科专业类教学质量国家标准》内指出的三大特点：（1）既有"规矩"又有"空间"，既对各专业类提出统一要求、保证基本质量，又为各校各专业人才培养特色发展

① 王辉，王亚蓝．"一路一带"沿线国家语言政策概述［L］．北华大学学报：社会科学版，2016，17（2）：23－24.

② 张天伟．国家语言能力视角下的我国非通用语教育：问题与对策［L］．外语界，2017，179（2）：44－50.

③ 文秋芳．"一带一路"语言人才的培养［J］．语言战略研究，2016（2）：26－32.

留出足够的拓展空间，形象地说就是“保底不封顶”；（2）既有“底线”又有“目标”，既对各专业类提出基本要求，兜底线、保合格，又对提升质量提出前瞻性要求；（3）既有“定性”又有“定量”，既对各专业类标准提出定性要求，又包含必要的量化指标。[①] 在“一带一路”发展的推动下，中波双边经贸往来不断增加；中欧班列的开设，推动了中波间的物流往来；成都市和波兰罗兹市建立友好城市关系；中波之间的交流互通往来频繁，国内对于波兰语人才的需求量也在逐渐上涨。结合当今新形势和新发展，对于波兰语人才的定义不再停留于过往对语言能力上的要求，新形势下的语言人才需要掌握更全面的知识，并能够适应国内发展的需求，补充国际大环境下新型语言人才的空缺。

《光明日报》2017 年 8 月 3 日文章《莫让小语种人才稀缺影响“一带一路”脚步》中提到：随着“一带一路”建设的快速推进，小语种人才需求呈井喷态势，各相关语种人才供应纷纷告急……能够满足“一带一路”需求的复合型、实用化的职业翻译人才及语言服务人才十分缺乏。[②] 从上述文字可以看出，“一带一路”建设需要大量的非通用语人才，非通用语人才不仅需要精通于自己本专业的语言，还需要通晓其他一门乃至多门外语，成为“复语型”人才；同时还要发展“复专业”，单只是本专业的知识已经无法满足国际复杂的形势需求，语言人才除了语言外还需要掌握经济、政治、贸易、法律等其他专业的知识，这样的人才才是具有国际视野、专业知识和跨文化交际能力的人才，并能够在学习过程中开展区域国别研究，发挥外语优势，深入开展语言对象国或者所属区域的研究。

二、改革的主要原因

当前形势下所需要思考的主要问题是，应该如何优化波兰语专业本科人才培养方案和模式。改革后的外语非通用语人才培养目标和规格发生巨

---

① 教育部．普通高等学校本科专业类教学质量国家标准［EB/OL］．2018 年 1 月 31 日．http：//www. moe. gov. cn/jyb_xwfb/xw_fbh/moe_2069/xwfbh_2018n/201801/t20180130_325932. html.

② 罗旭．莫让小语种人才稀缺影响“一带一路”脚步［N］．光明日报，2017－8－3（15）.

大的变化，《教育部关于加强外语非通用语种人才培养工作的实施意见》要求加快培养和储备具有国际视野、通晓国际规则、能够参与国际事务和竞争的应用型、复合型非通用语种人才。中国外语非通用语教学研究会指出，中国外语非通用语教育不仅要培养纯语言型人才，更要培养具有中国情怀和世界眼光，具备跨文化交际能力和出众外语水平的高层次复合型“一带一路”人才，包括“翻译家”“国别通”“民间大使”“传诵者”“专门家”“守护神”“智囊团”。[①]

对于复合型非通用语种人才的需求，促使我们除了要培养学生本专业的能力以外，同时也要鼓励学生学习其他语言和专业。这就需要通过强调“复语+复专业”的培养模式，来优化人才培养方案。据观察学生在结束大学四年学习生活后，大多数学生的波兰语语言能力可达到 B1、B2 水平，较为优秀的个别学生可以达到 C1 的水平。由于基本所有波兰语专业的大一新生都是零基础学习者，起点较低，所以在学习初期需要投入大量的时间与精力，而且在大学四年中除了波兰语的专业课程学习外，还穿插有其他通识课程的学习；在学生的学习时间和精力是有限的情况下，如果学生再选修一门同样是零基础的语言作为复语，显然并不合适，因为人的学习精力是有限的，复语的学习可能达不到预期的效果，还有可能耽误了本专业的学习。而大多数学生在初高中六年的学习中都接触过英语，有一定的英语语言功底，所以选用英语作为复语，在原有的基础上进行深入学习，强化英语语言能力，对未来的工作和学习都是十分有益的。

在我国发展格局不断扩大的今天，对于波兰语语言学习者来说，单单只是掌握波兰语专业知识还是远远不够的。为了优化人才培养，在本专业的基础上加之“复专业”的培养，扩大语言学习者其他层面的知识，对于今后同学们继续深造和就业都具有十分重要的意义。陈海燕认为应将中国文化纳入国际化人才的培养体系，当前我国对外交流急需能在外语语境中阐明中国观点和中国立场的人才，这要求国际化人才必须深植于本土文化

① 中国非通用语教学研究会第八次代表大会暨第 16 次学术研讨会在云南师范大学召开［EB/OL］. http：//www. ynnu. edu. cn/info/1099/13750. htm，2016. 11. 14.

之中，讲得清历史的中国、当代的中国及其二者之间的文化传承关系。[①]从翻译所需知识、工作所涉领域、我国文化传播等方面出发，复专业的选读方向可以大致为：汉语言国际教育、国际经济与贸易、法学、政治学、新闻学等。

而“应用型人才”“跨文化交际能力”的培养则需要通过国际化办学的方式来提升。应当适当地增加实践教学的时间和比重，加强学校和实习单位的合作机制，让学生在实践当中应用知识、熟悉知识，并把课堂所学内容转换为自己的知识储备。通过国际化办学，让学生们多走出去看一看，切身体会对象国的风土人情和文化，同时提高学生的跨文化交际能力。

三、改革的主要内容

学术界指出，“教育正在转变成学习将是21世纪教育变革的本质特征”，而“学生如何学会自主学习、终身学习、创造性学习”，[②] 成为21世纪教育改革的核心内容。为培养学生的各项能力，应该在课程设置、国际联合办学、教材使用和考核方式等方面进行改革和优化。

课程设置：课程设置是人才培养方案中非常重要的一个版块，也是课程构架好坏的关键。首先专业课可以细分为：基础课程、专业发展课程和应用型课程。在大一、大二由于同学们是从零基础开始学习，还处于波兰语语言适应和语言学习的初期，需要一定的知识积累和储备，所以低年级以基础课程为主要课程；到了大三，当同学们具有一定的波兰语语言能力并了解一定的波兰文化，课程开始由广到精，由浅到深，具体细分为各个有针对性的专业发展课程；再到大四，学生们马上就会面临继续升学或者是就业的压力，所以大四将主要开展一系列应用型课程，该类型课程旨在解决当下学生所面临的问题。除此之外，将尝试提出有关区域国别研究的

① 陈海燕．“一带一路”战略实施与新型国际化人才培养［J］．中国高教研究，2017（6）：52－58.

② 谈松华．21世纪教育：学习［J］．中国远程教育，2003（8）.

相关课程，并开设一些其他专业的课程，帮助学生将波兰语知识与其他专业知识系统的融合在一起，比如说：新闻学、法学、社会学、金融学等方面相关课程，让同学们在完成四年的本科学习后能够成为一名满足社会需求的复合型人才。

在本科学习过程中，应鼓励学生利用课余时间积极参加学校举办的各项学生赛事，参与社会活动与实践，从而提高实践创新能力，培养学生们的社会责任感和爱国情怀。在此基础上，引导学生利用课余时间观看慕课，听取其他优秀教师的指导，提升学习技巧与自我学习能力。

国际化联合办学：大力开展国际化办学，由于国内师资和教育资源有限，国内大多数开设波兰语专业的院校都与波兰的高校达成一系列合作，共同开展联合办学，学习波兰语的同学在大二或者大三的时候都将有机会到波兰进行交流学习，体会波兰本土师资力量的教学特色，强化同学们的发音和口语交流能力，在对象国的学习经验将大大丰富学生的知识积累，鼓励学生勇于开口，提升学生的波兰语口语交流能力。目前国内波兰语专业的相关教材较为短缺，教师资源相对匮乏，与国内高校达成联合办学共识的相关波兰院校教学资源较为充足，师资力量雄厚，拥有丰富的图书馆馆藏书籍，同时这些院校相对都有较长的波兰语语言教学经验，同学们可以在该校享受等同于本国学生的待遇，让波兰语专业的同学们有机会与当地学生一起交流学习，融入波兰社会，领略波兰文化的风采，体验波兰式教育的魅力，对同学们提高整体学习能力和技巧是具有里程碑意义的。同学们在学习期间也拥有更多的选择方向，不再局限于波兰语语言学习，同学们可以根据自己的兴趣和专长选择专攻语言学、文学、教育学、对外教育等方面的波兰语语言学习，让同学们学到更专业、更精准、更具有针对性的语言知识。学生可以根据经济状况和自身需求选择到波兰交流学习的期限，可以是"1+3+1"，即在国内学习一年，在波兰学习三年，第五年回到国内学校来完成国内学校的毕业答辩，最后在毕业时同时享有国内外两个高校的毕业证书；也可以选择"1+2+1"或者"2+1+1"的交换模式，"2+1+1"是国内最主流的交换培养模式，目前笔者所在的四川外国语大学也是采用这种联合办学模式。

教材使用：目前国内现有的中文版波兰语教材较少，可以说近乎于无，国外的教材又涉及版权问题，所以大多数教师使用的教材都是自编讲义。从国外的网站上或者国外的书籍上借鉴和收集相关材料，自行翻译成中文后再给学生使用。其中有些教材编纂的时间较早，其中内容已经发生改变，所以在教材的使用上尽量选择出版时间较近的教材。同时在给学生选用阅读资料时，尽量挑选波兰本土的素材，让学生在阅读中不仅提高知识储备，同时也加深对波兰文化的了解。课堂素材最好源于生活，比如说在听力课上可以收听波兰本土的天气预报、新闻联播、电影、话剧等听力素材，在阅读课上可以阅读经教师筛选后的波兰本土报刊杂志、广告、短文等，提高学习的趣味性，让同学们喜欢上阅读，爱上听力，同时在完成听力练习和阅读的过程中汲取到与波兰相关的社会信息，使听力课不仅仅只是听听力，阅读课也不再单单只停留在阅读层面，进而上升到汲取知识的层面。

考评方式：考核方式不再只局限于传统意义上的期中期末两次笔试，期末和期中考试分别增设了口试、听力、翻译部分，全面考核同学们的听说读写译的能力；除期中期末两次考试以外，平时表现也按一定的比例配比到最后的考核分数中，学生不得无故迟到早退和旷课，这都将影响平时成绩；设置平时考核，在完成一个模块或者一个知识点的学习后，在课堂上对同学进行相应的内容考核，考核方式为写作、翻译、口语对话等，平时成绩也将按一定比例记录到最后的成绩当中。

四、问题及对策

在改革的过程当中，难免遇到一些突发情况和问题，不同院校之间由于所在地区不同、学校性质不同、生源不同等所遇到的问题也不尽相同，“非通用语人才的培养发展出多种模式，每一种模式都有其各自的优缺点，哪种模式是最好的仍然有待时间的证明”。①

人才培养目标一致。各地区各高校之间的波兰语人才培养目标可能存

① 段召阳．“桥头堡”战略背景下云南省非通用语人才培养模式研究［A］．中国外语非通用语教学研究：第四辑［C］．广州：世界图书出版广东有限公司，2015.

在一致的情况，这将导致在同一门语言中，可能出现人才培养方向扎堆的情况，比如说：出现大量的翻译型人才，而缺少对外教育型人才。应该创建相应的管理机制，调节各高校之间的人才培养方向，各地方各高校发展地方优势或者是学校专业优势，打造出一批语言能力同样优秀，而特长又各不相同的波兰语人才。

师资队伍的建设。师资队伍的组成与能力，是实现人才培养目标的关键。调查表明，“非通用语专业学生虽然少，但一名教师所承担的课程类型非常多，有些课程连他们自己也没有学过”，“一般而言，高校教师都有自己的专攻方向。但非通用语外语教师往往各个方向都需要涉及”。[①] 由此可以看出，非通用语专业教师任重而道远，需要不断地学习来充实自己，与时俱进，注重对课堂节奏和气氛的把控，调整好课程内容的配比。新教师除了上课之外，也应该多去听听其他语种或者专业资深教授的课，取长补短，来丰富自己的文化修养，提高自身的课堂把控能力，吸引学生的学习兴趣，调动学生的学习积极性。

翻译能力的提升。根据《欧洲语言共同参考框架：学习、教学、评估》，语言能力包括听、说、读、写四种能力。[②] 除了以上提到的这四种能力之外，我国还强调要培养学生的翻译能力，根据四川外国语大学波兰语专业的课程设计，在大三新加入一门“波兰语翻译”课，在这节课上将同时训练同学们的基础口译能力和基础笔译能力。并在这节课的基础上，在大四把“波兰语翻译”课细分为“波兰语口译”和“波兰语笔译”这两门课，旨在全面培养学生的翻译能力，希望学生在结束大学四年学习后，可以进行一般性的商务陪同、笔译，争取具备同传和交传的能力。

教材的编撰。由于国内开设波兰语专业的院校并不多，波兰语专业人才数量有限，目前国内的波兰语教材存在着品种少、质量不精、历史久远等问题。希望各大高校之间加强交流合作，集思广益，联合编撰出适应当今国情和专业需求的教材。

---

① 文秋芳，张虹．我国高校非通用语外语教师面临的挑战与困境：一项质性研究［J］．中国外语，2017（11）：98－99.

② 刘骏，傅荣等译．欧洲语言共同参考框架：学习、教学、评估［M］．北京：外语教学与研究出版社，2008.

在外学生的管理。同学们到波兰进行交流学习期间由于地域上距离的原因和时差的原因，存在着管理难的问题。同学们出国期间可能受到外界一些思想的诱导和物质的诱惑，放松了对本专业的学习，把精力集中在一些不必要的事物上。国内相关专业的辅导员和老师应该密切关注国外学生的动态，及时掌握学生的心理动态，了解同学们生活学习上所遇到的问题，进行开导和教育，保证海外同学的身心健康。

五、结语

我国的战略发展对我国非通用语人才提出了新的要求，这对于波兰语专业的师生来说既是机遇也是挑战。针对国家的发展规划和人才目标，波兰语专业的教学改革重心应该在人才培养方案上，这是人才培养方向的基本思想与内容。本文认为国际联合办学有助于提高同学们的跨文化交际能力、语言能力和促进区域国别研究，也能够暂时缓解国内教师资源和教材资源的问题；但是教材紧缺和师资力量的不足仍是目前所遇到的最大挑战，需要抓紧解决，希望在各大高校的共同努力下，国内波兰语专业能够更好更快地发展。

参考文献

［1］韩莹，周游，范文亭．“一带一路”背景下中国葡语人才培养模式研究［J］．学科探索，2019（6）．

［2］文秋芳．“一带一路”语言人才的培养［J］．语言战略研究，2016（2）．

［3］王辉，王亚蓝．“一带一路”沿线国家语言政策概述［J］．北华大学学报（社会科学版），2016（2）．

［4］于大春．新时代外语非通用语教育改革问题与对策——以哈尔滨师范大学波兰语专业改革为例［J］．文教资料，2018（27）．

［5］教育部．国家中长期教育改革和发展规划纲要（2010－2020年）［EB/OL］．2010－07－29［2018－1－27］．http：//old. moe. gov. cn//publicfiles/business/htmlfiles/moe/info_list/201407/xxgk_171904. html.

捷克教育改革之特蕾莎教育改革*

杨杏初**

摘　要： 教师被誉为人类灵魂的工程师，而学校则是人类灵魂塑造的摇篮，教育教学法是塑造灵魂的关键。学校、教育是每个国家历史中始终存在且必将继续存在的概念，教育教学的发展无疑会受到教育改革的影响，通过实施教育改革建立教育系统，并且逐步进行完善。捷克的教育发展几经改革，其中玛利亚·特蕾莎女王推行的教育改革无疑是捷克教育史上浓墨重彩的一笔，实行义务制教育、大学教育改革、设立教师培训机构等都有着深远的意义。

关键词： 捷克；义务制教育；特蕾莎教育改革

一、引言

教育是社会发展的基础，是国家发展的希望，科技和社会的飞速发

* 本文是四川外国语大学教改项目“课程思政下《基础捷克语》教学模式研究（项目编号：502011025009）”阶段性成果之一。

** 杨杏初，女，1995 年生，学士，助教。主要研究方向：历史学和区域国别研究。

展，对人才培养提出更高的要求，各国纷纷寻求教育改革的路径，以优化教育体系。回顾历史中的重大教育改革，可以在立足现实的基础上，为现代教育改革提供有益的参考和借鉴。捷克现有的较为完备的教育体系是经过几次教育改革后逐步形成的，回顾捷克历史上意义重大的教育改革，一方面可以加深对捷克教育体系的了解，另一方面可以为中国的教育教学改革提供借鉴。

义务制教育现今在捷克乃至世界绝大多数国家的教育中是普遍存在的，那么义务制教育是从什么时候开始在捷克普及的？原因是什么？

捷克义务制教育普及的开端可追溯到玛利亚·特蕾莎推行的教育改革，此次改革不仅颁布了法令，开始了义务制教育，还实施了一系列开创性的举措，如大范围地修建学校、设立教师培训机构、成立教育委员会、为女孩提供教育等。本文将首先简单介绍玛利亚·特蕾莎女王的生平，然后大致梳理玛利亚·特蕾莎推行的改革，最后重点讲述特蕾莎教育改革的背景、目的、政策及其带来的影响。

二、玛利亚·特蕾莎及“特蕾莎改革”

玛利亚·特蕾莎（1717—1780 年）是唯一一位登上捷克王位的女性，她的一生神秘而辉煌，令人惊叹。她是哈布斯堡王朝的首位女王，是“特蕾莎系列改革”的总指挥，是罗马皇帝弗朗西斯（1708—1765 年）的妻子，也是 16 个孩子的母亲，后被称为“欧洲丈母娘”。

玛利亚·特蕾莎的父亲——查理六世（1685—1740 年）由于没有男性继承人，在其执政的后半期致力于推广务实政策，并努力获得欧洲其他国家对务实政策有效性的承认。务实政策规定，在没有合法的男性继承人的情况下，女性可以合法继承王位。查理六世过世前，务实政策已经获得大多数欧洲国家的认可，尽管他死后各国统治者立即拒绝承认政策的有效性。但正是务实政策的颁布，为玛利亚·特蕾莎继承王位创造了可能性。1740 年查理六世过世，由于没有男性继承人，根据务实政策的规定，玛利亚·特蕾莎成为继任者，从而继承了当时欧洲最大的君主制王朝之一的哈布斯堡，成为哈布斯堡王朝的第一位女王。随后，她在 1741 年加冕成为匈牙利女王，1743 年加冕为捷克女王。1745 年，玛利亚・特蕾莎的丈夫弗朗西斯成为罗马皇帝后，她也被称为“玛利亚・特蕾莎女皇”。

但统治一个王朝并不是一件简单的事，更遑论让一名毫无从政经验的公主去治理一个濒危的王朝，在她长达40 年的统治中，纷乱不止，战争不断，尤其是与邻国的普鲁士国王弗里德里希二世（1712—1786 年）为争夺西里西亚地区进行了多年的战争。利益面前无道义，弗里德里希二世并没有给这位新上任的女王适应的时间，玛利亚・特蕾莎即位后，他立即派部队毫无预警地占领了西里西亚地区。由此，一场为期八年的奥地利遗产战争开始了，随后又爆发了争夺西里西亚的七年之战。虽然没有任何的治理经验，但聪慧如她，很快就适应了统治者的角色。为了捍卫整个王朝的统一性和完整性，增强军事力量，她大胆创新，逐步推行了一系列改革，涉及经济、军事、文化和教育等各个领域，这些改革后被统称为“特蕾莎改革”。“特蕾莎改革”对捷克社会的发展产生了极大影响，并确立了玛利亚・特蕾莎在欧洲历史上的非凡地位。其中教育改革是“特蕾莎改革”中最著名的，也是最重要的一部分，意义重大，影响深远。

为改变内外交困的处境，从普鲁士手中重新夺回西里西亚地区，玛利亚・特蕾莎在各领域推行了改革，包括行政改革、经济改革、军事改革等。

行政改革：限制地方自治，建立君主专制的中央集权，使国家行政管理专业化，提高了行政效率，为后期改革的进行创造了条件。

经济改革：首先进行了税收改革，为其他改革的推行积累资金。随后推行了货币改革、统一长度和重量单位、统计人口等一系列措施，推动了经济的发展。

军事改革：为尽快提升军队实力，从各个方面推进军事改革：改善士兵训练，保证军需供应，确保国家安全，建立现代化的军事学院和学校，如维也纳新城的军事学院、维也纳的军事理工学院、炮兵学校等。[①]

上述改革的实施，不仅促进了经济、军事发展，增强了国力，也为玛

---

① HORA - HOŘEJŠ，Petr. Toulky českou minulostí 5 ［M］. Praha：Bonus Press，1993，s. 36.

利亚·特蕾莎实施教育改革创造了有利的环境。

三、特蕾莎的教育改革

（一）改革背景

长年的战争和无数次的战败经历使玛利亚·特蕾莎意识到改革的必要性和紧迫性，她开始在各领域实施改革，进行政治、经济改革，促进经济的发展，重建军队，增强军事力量，改善教育体系，其最终目的是捍卫哈布斯堡王朝的统一。

教育改革无疑是特蕾莎时代最重要的改革之一，可以说这是不亚于引入义务教育的革命性行为。在改革实行之前，捷克的 16 个地区内约有 1500 所学校在运作，这一事实可充分证明教育体制在奥地利，[①] 尤其是在捷克有着悠久的历史。但是在 18 世纪下半叶，由于财政支持的缺乏和各地区治理的不一致，整个王朝教育的发展开始落后于其他欧洲发达国家。[②]

教育改革作为“特蕾莎改革”的重要组成部分，实行于玛利亚·特蕾莎执政的后半期，即“七年之战”结束后。战争的结束使国家迎来了一段较长时间的和平，为之前改革计划的实施，包括司法改革、教会改革、长度和重量单位统一改革等，创造了有利条件，而这一切均为教育改革的实施提供了便利。

实行教育改革的初衷是促进整个王朝的发展，保证王朝的完整性，同时这也是发展经济、提升新兴工厂手工业者受教育水平的需要。1773 年教皇克莱门特十四世废除耶稣会的法令直接促使国家开始解决教育问题，在此之前，耶稣会成员是主要参与教育活动的人，废除耶稣会的法令，使得国家不得不另找人参与教育教学活动。[③] 耶稣会的动产和不动产被转移到

---

① 18 世纪下半叶前的奥地利王国内。

② HORA – HOŘEJŠ, Petr. Toulky českou minulostí 5 [M]. Praha: Bonus Press, 1993, s. 42.

③ JANUSOVÁ, Jana a Otakar KÁkar JejíeVeličenstvo Marie Terezie [M]. Praha: Mladálfronta, 1987. Archiv (Mlada fronta), s. 119.

新成立的学习基金，成为即将进行的教育改革的经济基础。①

（二）教育改革内容

1. 大学改革

玛利亚·特蕾莎首先将注意力集中在最高水平的教育改革上。大学改革最早开始于18世纪40年代，由杰出的妇产科医生、女王玛利亚·特蕾莎的私人医生格哈德·范·斯威登推行。1745年，他从荷兰来到维也纳，应女王特蕾莎的要求，关注大学教育情况，为大学改革工作提出建议。当时的大学教育存在很大的缺陷，斯威登起草了布拉格大学的改革建议：为改善学习效果，禁止听写书，并要求出版教科书。②

斯威登留意到当时维也纳医学院的情况：缺少专门的研究部门，如化学系、物理系、植物学系，且每5年至6年才举行一次毕业典礼，因此大量学生选择在国外毕业。③ 以上都通过改革得以纠正，玛利亚·特蕾莎发布了一项决定，明确指出不允许任何本国学生在国外完成学业，并且同意每年举行毕业典礼，但学生在此之前必须通过系统的考试。④ 通过举办定期讲座，施行新的学习和考核规定，在医院进行实地教学等手段，理论讲座得到实践的补充，医学研究也得到极大发展。⑤

神学院、哲学院和法学院也相继进行了改革。哲学院的任务是为未来的医生、律师和神学家提供更高水平的通识教育，即为学生提供医学、法学和神学的准备性课程。法学院的教育教学也开始考虑国家公务员教育的实际需求。大学逐渐开始重视独立的学科研究，实际上变成第一批科学研究所。⑥

---

① HORA – HOŘEJŠ, Petr. Toulky českou minulostí 5 ［M］. Praha：Bonus Press, 1993, s. 40.

② HORA – HOŘEJŠ, Petr. Toulky českou minulostí 5 ［M］. Praha：Bonus Press, 1993, s. 46.

③ JANUSOVÁ, Jana a Otakar KÁkar JejíeVeličenstvo Marie Terezie ［M］. Praha：Mladálfronta, 1987. Archiv (Mlada fronta), s. 114.

④ JANUSOVÁ, Jana. Marie Terezie：legendy a skuteč nost ［M］. Ostrava：Amosium servis, 1991. Amosium servis pprvis p, s. 97.

⑤ JANUSOVÁ, Jana a Otakar KÁkar JejíeVeličenstvo Marie Terezie ［M］. Praha：Mladálfronta, 1987. Archiv (Mlada fronta), s. 115.

⑥ HORA – HOŘEJŠ, Petr. Toulky českou minulostí 5 ［M］. Praha：Bonus Press, 1993, s. 46.

2. 教育委员会

1759 年，教育委员会在维也纳成立，① 通过在各省设立的省级教育委员会管理教育改革的实施，关注教育的方方面面。教育委员会隶属于维也纳公共财政事务局，直到 1774 年，玛利亚·特蕾莎开始自己管理。教育委员会的设立成了学校管理发展的基石，但若想确保教育改革的顺利进行，使学校发展到最好，那就必须保证经济和社会政治这两个因素，第一阶段的“特蕾莎”改革已完成这两项改革，这也预示了教育改革实施的质量和速度。②

教育委员会最先关注基础教育，以确保民众的素养，直至此时，仍由耶稣会负责基础教育的建设，他们一直致力于增加以宗教为重点的受教育人口。③ 教育委员会在确保学生的基础读写能力后，可致力于更高层次教育体系的建设。

3. 基础教育

玛利亚·特蕾莎将当时著名的教育家约翰·伊格纳修斯·费尔比格尔邀请到奥地利，费尔比格尔同时也是一位出色的教育改革家，因其独创的字母和表格教学法而闻名，曾在普鲁士推行教育改革。1774 年的春天，费尔比格尔来到维也纳，并于同年制定了《普通学校条例》（Všeobecný školní řád），该条例于 1774 年 11 月 6 日正式推行。他受到启蒙精神和扬·阿莫斯·科梅纽斯慈善教育思想和观念的启发，提出对 5—12 岁儿童进行义务初级教育的要求。④ 那个时候，10 岁左右的孩子除了周日和公共假期外，通常一年四季从早到晚都在纺织工厂工作，所以这些想法的提出确实意义非凡。

为提高民众的基本素养，费尔比格尔建立了三种面向所有民众的新型学校：基础学校（triviální škola）、中心学校（hlavní škola）和模范学校（normální škola）。

基础学校通常由一名教师教授学生三个基本科目：写作、阅读和计数，

---

① HLEDÍKOVÁ, Z., JANÁK, J., DOBEŠ, J. Dějiny správy v českých zemích od počátku státu po současnost [M]. s. 147.

② JŮVA, V., LIŠKAŘ, Č. Úvod do srovnávací pedagogiky [M]. s. 32－33.

③ KÁDNER, O. Stručné dějiny pedagogiky [M]. s. 22.

④ HORA－HOŘEJŠ, Petr. Toulky českou minulostí 5 [M]. Praha: Bonus Press, 1993, s. 42－43.

再辅以一定的宗教教育。基础学校应设在小镇、乡村教区和教堂分支等各个地方，只要应入学儿童的数量达到80—100个。[①] 学校教育的内容是根据当时的经济和经济需求确定的，基础学校应该教授学生基本的三项科目：阅读、写作和计算。教学内容包括宗教、圣经历史、字母知识、音节、阅读手写和印刷的作品、写作以及基本数字运算等，[②] 教育经费由当地政府提供，在捷克地区的小学教育中普遍使用捷克语。大规模建设基础学校是特蕾莎教育改革中不可或缺的一部分，为后期更高水平学校的建设打下了基础。

与基础学校相比，中心学校的主要任务是为学生提供水平相对较高的教育。中心学校一般设在各县城，除了基本科目，还教授拉丁语、地理、历史、科学、绘画、几何学和基础的工业知识。[③] 各县城负责中心学校的运营，由教育基金（耶稣会的财产）为中心学校提供资金。

模范学校代表了当时最高水平的民间教育。模范学校仅在中心城市布拉格和布尔诺设立，四年一届，为学生提供中心学校的拓展课程。这类学校不仅教授学生，还为教师提供培训——学校设有专为低层学校教师准备的特殊课程。[④]

4. 中学教育

建立起有效的基础教育体系后，玛利亚·特蕾莎便开始更高水平的教育体系改革。捷克的耶稣会被废除时，文法学校共有57所，但大多数被废止，只剩下25所。1775年，一项新的针对文法学校的教育规定获得批准。[⑤] 根据这项规定，中学五年为一个周期（之后被改为六年），一至三年级用德语教学，随后用拉丁语。[⑥] 学生主要来自中心学校和模范学

① HORA - HOŘEJŠ, Petr. Toulky českou minulostí 5 [M]. Praha: Bonus Press, 1993, s. 43 - 44.

② VESELÁ, Z. Vývoj českého školství [M]. s. 9.

③ HORA - HOŘEJŠ, Petr. Toulky českou minulostí 5 [M]. Praha: Bonus Press, 1993, s. 43 - 44.

④ HORA - HOŘEJŠ, Petr. Toulky českou minulostí 5 [M]. Praha: Bonus Press, 1993, s. 43 - 44.

⑤ ČAPKA, F., Dějiny zemí koruny české v datech [M]. s. 411.

⑥ JŮVA V., JŮVA V. ml. Stručné dějiny pedagogiky [M]. s. 74.

校，旨在培养未来的大学生或贸易和工业发展的专家，故文法学校的哲学研究被认为是大学学习的过渡。在新兴经济背景下，各种类型的职业学校建立了：如1752年，在维也纳新城建立了军事学院，在摩拉维亚建立了真实学校，即今天的中等职业学校；1754年，成立了维也纳东方生活语言研究学院，以促进王朝与东方国家之间的贸易往来；1756年，哈布斯堡王朝的第一所纺纱学校在波西米亚开设。①

5. 义务教育和《普通学校条例》

义务教育：1774年颁布的《普通学校条例》通常被认为是在捷克国家教育中引入六年义务义务教育的条例。但事实是，签署这份文件的玛利亚·特蕾莎女王并没有明确提出儿童必须去学校接受教育。她仅仅是建议强制性出勤，即所有儿童去学校接受教育，但并没有真的实施。这可以从两个方面解释：首先，违反行为不会受到任何惩罚，即便有儿童不去上学，也不会受到任何惩罚；第二，允许（如贵族家庭）对儿童进行家庭教育。② 但把《普通学校条例》的发布视为义务制教育的开始也可以理解，毕竟在一个封建君主专制的王朝中，女王的任何建议或愿望都绝对等同于专制王朝的法律。

《普通学校条例》：条例的全称是《所有普通帝国世袭国家的德语模范学校、中心学校和基础学校的通用条例》（Všeobecný školní řád pro německé normální, hlavní a triviální školy ve všech c. k. dědičných zemích）。正如条例名称所言，该条例针对的是使用德语教学的学校，并没有提及母语教学（非德语）的学校。实际上，波希米亚和摩拉维亚地区的绝大多数基础学校仍在使用捷克语进行教学，反而是许多的捷克父母要求中心学校教师使用德语教授自己的孩子，这不仅是为了迎合社会政治趋势，也是为了能够更好地生活。捷克当局当然更倾向于德语教学的发展，因为德语是当时哈布斯堡王朝的官方用语，因而每一位用德语授课且学生在德语方面表现出进步的老师，都得到极大的奖励。《普通学校条例》的另一大新颖之处是，设立的学校不仅向男孩提供教育，还应向女孩提供教育。虽然直到1780年

---

① HORA - HOŘEJŠ, Petr. Toulky českou minulostí 5 [M]. Praha: Bonus Press, 1993, s. 44.

② HORA - HOŘEJŠ, Petr. Toulky českou minulostí 5 [M]. Praha: Bonus Press, 1993, s. 43.

才在一些城市开设了第一批女生班，在此之前都没有女孩去学校接受教育，但教育之门自那时起已开始向女性敞开。随着时间的流逝，接受教育的女生渐渐增多，在许多地方男生和女生共同接受教育也变得普遍。①

6. 辅助性教育改革

教育改革除了改革学校本身外，还伴随着许多辅助性改革。1775 年在布拉格开设了一家国家书店，专门为学校出版教科书。同年，第一个教师培训机构创建，小学老师需接受为期 3 个月的培训，中学老师则需要接受 6 个月的培训。教师培训机构的毕业生如果年满 20 周岁，且在学校担任过至少 1 年的助教，则可以申请教师考试。成功通过考试后，他们将会获得一份证明，说明“可以成为老师”。当时的教师队伍中大量混杂着退伍军人、随机选择的当地居民或学生，虽然开设教师培训机构不是解决问题的最佳选择，但却是解决教师队伍水平参差不齐问题的第一步，教师专业化改革的进程由此开始。②

（三）影响及评价

从辩证法的角度看特蕾莎的教育改革，可以发现改革仍有许多不足之处——未能为教师提供足够的物质酬劳，改革措施不能确保为学校配备充分的物资设备，虽提倡义务教育，但对此的管理十分宽松。此外，学校在一定程度上仍依赖教会，这反映在教学内容（宗教教育）等方面。有学者认为改革与捷克出现的德国化现象有关，因为在模范学校和中心学校基本用德语教学，后来还曾尝试过在基础学校也引入德语，但未能成功，因为在小城镇或乡村的师生常常不会德语。③

虽不能否认当时出现的某些德国化倾向与特蕾莎的教育改革有一定的联系，但正如在上文关于《普通学校条例》中讲述过的，玛利亚·特蕾莎颁布的条例针对的仅仅是德语教学的学习，并未要求非德语的学校一定要

① František Morkes：Tereziánská reforma v českém školství ［OL］. 2006－10－18，［2019－09－27］.

② František Morkes：Tereziánská reforma v českém školství ［OL］. 2006－10－18，［2019－09－27］.

③ VESELÁ，Z. Vývoj českého školství ［M］. s. 11－12.

使用德语。事实上，捷克基础学校基本使用捷克语教学，有部分中心学校和模范学校也在使用捷克语。捷克社会出现德国化是众多因素综合的结果，如德语被当作官方语言、捷克当局对德语的鼓励政策等，特蕾莎的教育改革并不是捷克社会出现德国化倾向的主要原因，最起码不是唯一的原因。

特蕾莎教育改革带给捷克的总体结果无疑是积极的，教育改革不是单方面且一次性的，而是系统性的。正是因为教育改革的实施，一个有效的教育体系形成，配备了包括教学课程和方法在内的内部规定。教育改革实施过程中虽面临许多不利因素，但本着特蕾莎改革精神，捷克的教育体系逐步壮大。特蕾莎教育改革的实施大大提升了民众的基本素养，满足了新兴经济发展的需求，推动了经济的发展。这是捷克历史上意义重大的事件，特蕾莎的教育改革为捷克所有的年轻人打开了一扇受教育之门，使捷克整个国家的教育和文化水平得以迅速上升。

四、结语

玛利亚·特蕾莎实施的系列教育改革，不仅在当时促进了社会的发展，也为后继者深化教育改革、完善教育体系奠定了基础，教育改革中的一些政策被沿用至今，产生了深远的影响。回顾捷克教育史中影响深远的教育改革，有助于加深对捷克的教育发展和教育体系的了解，促进人文交流。具体分析特蕾莎教育改革的背景、目的、过程及实施效果，可以总结改革经验，取其精华，去其糟粕，从而助推我国教育改革的深化。

参考文献

[1] [捷克] Č APKA, František. Dějiny zemí Koruny č eské v datech [M]. Praha: Libri, 1999. ISBN 80 - 7277 - 000 - 4.

[2] [捷克] František Morkes: Tereziánská reforma v českém školství [OL]. 2006 - 10 - 18, [2019 - 09 - 27].

[3] [捷克] Hledíková Zdeňka, Janák Jan, Dobeš Jan. Dějiny správy v č

eských zemích od počátku státu po současnost [M]. Praha: Nakladatelství Lidové noviny, 2007. ISBN 978 - 80 - 7106 - 906 - 5.

[4] [捷克] HORA - HOŘEJŠ, Petr. Toulky českou minulostí 5 [M]. Praha: Bonus Press, 1993. ISBN 80 - 85621 - 18 - 5.

[5] [捷克] JANUSOVÁ, Jana. Marie Terezie: legendy a skutečnost [M]. Ostrava: Amosium servis, 1991. Amosium servis přátelům. ISBN 80 - 85498 - 05 - 7.

[6] [捷克] JANUSOVÁ, Jana a Otakar KÁŇA. Její Veličenstvo Marie Terezie [M]. Praha: Mladá fronta, 1987. Archiv (Mladá fronta),

[7] [捷克] JŮVA, Vladimír. Stručné dějiny pedagogiky [M]. Brno: Paido, 2003. ISBN 80 - 7315 - 062 - X.

[8] [捷克] JŮVA, V., LIŠKAŘ, Č. Úvod do srovnávací pedagogiky [M]. Praha: Státní pedagogické nakladatelství 1982.

[9] [捷克] KÁDNER, O. Stručné dějiny pedagogiky [M]. Praha: Č eská grafická unie a. s. 1922.

[10] [捷克] VAŇKOVÁ, Lucie. Reformy v habsburském soustátí se zaměřením na oblast školství a vzdělávání v letech 1740 - 1790 [D/OL]. Č eské Budějovice, 2014 [2019 - 09 - 27].

[11] [捷克] VESELÁ, Zdenka. Vývoj českého školství [M]. Praha: Státní pedagogické nakladatelství, 1988.